中国旅游院校五星联盟教材编写出版项目
中国骨干旅游高职院校教材编写出版项目

厨政管理

（第二版）

主　编○戴桂宝

中国旅游出版社

出 版 说 明

把中国旅游业建设成国民经济的战略性支柱产业和人民群众更加满意的现代服务业，实现由世界旅游大国向世界旅游强国的跨越，是中国旅游界的光荣使命和艰巨任务。要达成这一宏伟目标，关键靠人才。人才的培养，关键看教育。教育质量的高低，关键在师资与教材。

经过20多年的发展，我国高等旅游职业教育已逐步形成了比较成熟的基础课程教学体系、专业模块课程体系以及学生行业实习制度，形成了紧密跟踪旅游行业动态发展和培养满足饭店、旅行社、旅游景区、旅游交通、会展、购物、娱乐等行业需求的人才的开放式办学理念，逐渐摸索出了一套有中国特色的应用型旅游人才培养模式。在肯定成绩的同时，旅游教育界也清醒地看到，目前的旅游高等职业教育教材建设和出版还存在着严重的不足，体现在教材反映出的专业教学理念滞后，学科体系不健全，内容更新慢，理论与旅游业实际发展部分脱节等，阻碍了旅游高等职业教育的健康发展。因此，必须对教材体系和教学内容进行改革，以适应飞速发展的中国旅游业对人才的需求。

上海旅游高等专科学校、浙江旅游职业学院、桂林旅游高等专科学校、南京旅游职业学院、山东旅游职业学院等中国最早从事旅游职业教育的骨干旅游职业院校，在学科课程设置、专业教材开发、实训实习教学、旅游产学研一体化研究、旅游专业人才标准化体系建设等方面走在全国前列，成为全国旅游教育的排头兵、旅游教学科研改革的试验田、旅游职业教育创新发展的先行者。他们不仅是全国旅游职业教育的旗帜，也是国家旅游局非常关注的旅游教育人才培养示范单位，培养出众多高素质的应用型、复合型、技能型的旅游专业人才，为旅游业发展做出了贡献。中国旅游出版社作为旅游教材与教辅、旅游学术与理论研究、旅游资讯等

出版说明

行业图书的专业出版机构，充分认识到高质量的应用型、复合型、技能型人才对现阶段我国旅游行业发展的重要意义，认识到推广中国骨干旅游高等职业院校的基础课程、专业课程、实习制度对行业人才培养的重要性，由此发起并组织了"中国旅游院校五星联盟"教材编写出版项目暨中国骨干旅游高等职业院校教材编写出版项目，将五校的基础课程和专业课程的教材成系统精选出版。该项目得到了"五星联盟"院校的积极响应，得到了国家旅游局人事司、教育部高职高专旅游专业教学指导委员会、中国旅游协会旅游教育分会的大力支持。经过各方两年多的精心准备与辛勤编写，在国家"十二五"开局之年，这套教材终于推出面世了。

"中国旅游院校五星联盟"教材编写出版项目暨中国骨干旅游高等职业院校教材编写出版项目所含教材分为六个专业模块："**旅游管理专业模块**"（《旅游概论》《旅游经济学》《旅游管理基础》《旅游市场营销实务》《旅游服务业应用心理学》《中国旅游资源概论》《旅游电子商务》《旅游职业英语》《旅游职业道德》《旅游礼宾礼仪》）；"**酒店服务与管理专业模块**"（《酒店概论》《酒店前厅部服务与管理》《酒店客房部服务与管理》《酒店餐饮部服务与管理》《酒店财务管理》《酒店英语》《酒店市场营销》《调酒与酒吧服务与管理》）；"**旅行社服务与管理专业模块**"（《旅行社经营管理》《旅游政策与法规》《导游业务》《导游文化基础知识》《旅行社门市业务》）；"**景区服务与管理专业模块**"（《景区规划原理与实务》《景区服务与管理》《旅游资源的调查与评价》）；"**会展服务与管理专业模块**"（《会展概论》《会展策划与管理》《会展设计与布置》《实用会展英语》）；"**烹饪工艺与营养专业模块**"（《厨政管理》《烹饪营养与食品安全》《面点工艺学》《烹饪原料学》），共计34本。本套教材实行模块主编审稿制，每一个专业模块均聘请了一至三位该学科领域的资深专家作为特邀主编，负责对本模块内每一位主编提交的编写大纲及书稿进行审阅，以确保本套教材的科学性、体系性和专业性。"五星联盟"的资深专家及五校相关课程的骨干教师参与了本套教材的编写工作。他们融合多年的教学经验和行业实践的体会，吸收了最新的教学与科研成果，选择了最适合旅游职业教育教学的方式进行编写，从而使本套教材具有了鲜明的特点。

1. 定位于旅游高等职业教育教材的"精品"风格，着眼于应用型、复合型、技能型人才的培养，强调互动式教学，强调旅游职业氛围以及与行业动态发展的零距离接触。

2. 强调三个维度能力的综合，即专业能力（掌握知识、掌握技能）、方法能力

（学会学习、学会工作）、社会能力（学会共处、学会做人）。

3. 注重应用性，强调行动理念。职业院校学生的直观形象思维强于抽象逻辑思维，更擅长感性认识和行动把握。因此，本套教材根据各门课程的特点，突出对行业中的实际问题和热点问题的分析研讨，并以案例、资料表述和图表的形式予以展现，同时将学生应该掌握的知识点（理论）融入具体的案例阐释中，使学生能较好地将理论和职业要求、实际操作融合在一起。

4. 与相关的行业资格考试、职业考核相对应。目前，国家对于饭店、导游从业人员的资格考试制度已日臻完善，而会展、旅游规划等的从业资格考核也在很多旅游发达地区逐渐展开。有鉴于此，本教材在编写过程中尽可能参照最新的各项考试大纲，把考点融入教材当中，让学生通过实践操作而不是理论的死记硬背来掌握知识，帮助他们顺利通过相关的考试。

"中国旅游院校五星联盟"教材编写出版项目暨中国骨干旅游高等职业院校教材编写出版项目是一个持续的出版工程，是以中国骨干旅游高职院校和中国旅游出版社为平台的可持续发展事业。我们对参与这一出版工程的所有特邀专家、学者及每一位主编、参编者和旅游企业界人士为本套教材编写贡献出的教育教学和行业从业的才华、智慧、经验以及辛勤劳动表示崇高的敬意和衷心的感谢。我们期望这套精品教材能在中国旅游高等职业教育教学中发挥它应有的作用，做出它应有的贡献，这也是众多参与此项编写出版工作的同人的共同希望。同时，我们更期盼旅游高等职业教育界和旅游行业的专家、学者、教师、企业界人士和学生在使用本套教材时，能对其中的不足之处提出宝贵意见和建议，我们将认真对待并吸纳合理意见和建议，不断对这套教材进行修改和完善，使之能够始终保持行业领先水平。这将是我们不懈的追求。

中国旅游出版社
2011 年 3 月

再版前言

《厨政管理》是中国骨干旅游高职院校教材编写出版项目中的一本，本书是一本高职院校烹饪及餐饮相关专业厨政管理课程的必备教材。该教材的出版，是为了弥补当今餐饮行业现状，即厨师长多为经验型管理人才，有些虽受过专业培训，但厨房政务知识和能力有所欠缺的情况，着重介绍了如何运用现代科学管理知识和先进技术管理厨房，为厨政管理人员提供一些方法和依据，其目的是培养和造就更多的优秀厨政管理人才。因此《厨政管理》教材对提高厨政管理从业人员的专业水准和社会地位，都有积极的作用。

《厨政管理》教材全书由十二章组成，每一章都设有学习目标、案例、相关链接、复习与思考等栏目。内容上，着重对厨政管理工作作了较为详细的概述，从理论和实践的层面，以厨政管理的视角，审视厨房的实际管理需要，运用现代的管理理念和方法作了详细的叙述。书中引述的多为企业的现实素材，内容翔实，观点新颖，应用性强，对现代厨政管理具有实际的指导意义。

本教材有如下特点：

1. 针对性强：针对餐饮部后厨管理的现状和存在的问题。
2. 实用性强：结合现代厨房政务管理的实际需要，强化职业素质和能力。
3. 可读性强：图（表）文并茂，穿插案例和相关链接于章节之中。

全书由浙江旅游职业学院戴桂宝主编，杭州西湖国宾馆沈军、浙江旅游职业学院史涛等参加编写。具体分工为：戴桂宝（第一章、第三章、第四章、第五章、第十章、第十一章、第十二章第二、第三节），史涛（第二章、第六章、第七章、第八章、第十二章第一节），沈军（第九章），全书由戴桂宝确定大纲和统稿。在编写过程中邀请了学校、企业、职业鉴定中心各方面的专家进行座谈，听取大家对厨

再版前言

政管理员的工作要求；并得到了杭州西湖国宾馆、杭州大华饭店、浙江外婆家餐饮有限公司、杭州饮服集团、杭州开元旅业集团的大力支持。在编写过程中也参考和引用了许多书籍和图片素材，在此一并表示衷心的感谢。

限于编者水平、学识有限，在本次编写过程中仍难免会有错误和不当之处，恳请读者批评指正并予以反馈，以便我们不断改进和完善。

浙江旅游职业学院

戴桂宝

2018 年 2 月

目 录
CONTENTS

第一章 厨政管理概述 ·· 1
 第一节 厨政管理的概念、目的、目标及任务 ·········· 2
 第二节 厨政管理员职业特征 ······························ 5
 第三节 厨政管理员的职业要求 ··························· 6
 复习与思考 ··· 9

第二章 厨房设计与布局 ······································ 11
 第一节 厨房结构与功能 ····································· 13
 第二节 厨房设计与布置 ····································· 17
 第三节 厨房作业间的设计与布局 ······················· 24
 复习与思考 ··· 35

第三章 厨房组织管理 ·· 37
 第一节 厨房组织结构的设置 ······························ 39
 第二节 厨房各部门的职能 ································· 43
 第三节 厨房岗位职责的制定 ······························ 45
 第四节 厨房与其他部门的协调 ··························· 66
 复习与思考 ··· 69

第四章 厨房原料管理 ·· 70
 第一节 原料采购管理 ·· 72

目 录

第二节	食品原料的验收管理	79
第三节	食品原料库房管理	83
第四节	原料的发放与盘存管理	89
复习与思考		93

第五章 厨房生产流程管理 ... 95

第一节	中餐厨房生产流程管理	96
第二节	原料初加工的运行管理	99
第三节	热菜厨房的运行管理	105
第四节	冷菜厨房的运行管理	111
第五节	点心厨房的运行管理	114
第六节	西餐厨房的运行管理	118
复习与思考		124

第六章 厨房设备管理 ... 126

第一节	厨房设备的统计与折旧管理	128
第二节	厨房器具的使用与保养	131
第三节	常用厨房设备的使用	134
复习与思考		145

第七章 厨房成本控制 ... 147

第一节	成本的基本概念	150
第二节	成本核算的方法	154
第三节	成本的控制措施	157
第四节	健全成本核算体系	166
复习与思考		167

第八章 厨房食品卫生与安全管理 ... 169

第一节	厨房卫生和个人卫生	171
第二节	食品容器卫生要求	174
第三节	烹饪加工卫生	177

第四节 厨房安全规则 ………………………………………… 181
复习与思考 …………………………………………………… 191

第九章 员工培训与管理 …………………………………… 194
第一节 人员的合理配备 ……………………………………… 196
第二节 合理取酬 ……………………………………………… 202
第三节 招聘与培训 …………………………………………… 207
第四节 制度与考核 …………………………………………… 215
复习与思考 …………………………………………………… 225

第十章 菜点设计开发与创新管理 ………………………… 227
第一节 菜点的设计方法 ……………………………………… 229
第二节 菜点创新的管理 ……………………………………… 233
第三节 菜点命名设计 ………………………………………… 237
第四节 菜单设计制作 ………………………………………… 241
复习与思考 …………………………………………………… 260

第十一章 美食活动策划与管理 …………………………… 262
第一节 宴会组织和实施 ……………………………………… 264
第二节 宴会台面设计 ………………………………………… 270
第三节 节庆活动专案的策划 ………………………………… 274
第四节 美食节策划和运作 …………………………………… 277
复习与思考 …………………………………………………… 288

第十二章 质量管理与诚信守则 …………………………… 290
第一节 厨房产品质量管理 …………………………………… 292
第二节 菜点异物控制管理 …………………………………… 301
第三节 遵纪守法，诚信经营 ………………………………… 303
复习与思考 …………………………………………………… 335

参考文献 ……………………………………………………… 337

厨政管理概述

第一章

认识厨政管理，了解厨政管理的目标和任务，把握厨政管理的职业要求和职业道德，有助于提高学习者的职业素养、创新能力、管理能力和核心竞争力。

本章通过学习厨政管理的概念、厨政管理的目的，了解厨政管理人员的职业前景，学习厨政管理职业要求，加深对该职业的认识。

学习目标

知识目标

1. 了解厨政管理的概念。
2. 了解厨政管理员的职业特征。
3. 掌握厨政管理人员职业道德和职业守则。

技能目标

1. 能够掌握厨政管理的目标和任务。
2. 能够根据职业守则，制定职业行为准则。

> **案　例**
>
> **一位佛家弟子的困惑**
>
> 　　我认识一位佛家弟子，他不常走出寺庙，哪怕到外面办事也是匆匆返回，很少在外用餐。我想社会餐饮也可做出可口的素食，他为什么非要赶回寺庙用餐？后来在一次交谈中，了解到他返回寺庙用餐的原因。
>
> 　　他说，在外吃素是件很不放心的事，一怕厨师素食知识不够，荤素不分；二怕厨师职业道德不高，烹制时不忌荤。在餐厅又无法确定厨房内的制作，所以尽量不吃外面的食物。
>
>
>
> 　　此类事情的发生，反映了一个厨房管理者和生产者的专业知识水平和职业道德，反映了在生产经营过程中要坚守诚信的原则。要解决此问题，首先要加强厨政管理人员职业素养的培训，督促其学习素食知识，拓宽饮食文化的学习范围。

第一节　厨政管理的概念、目的、目标及任务

　　当前我国饭店餐饮业发展迅速，特别是在经济发展的大背景下，高星级饭店越来越多，连锁餐饮也在国内飞速崛起，有追赶国际品牌饭店之势。厨房是饭店和餐饮的一个重要环节，当今的厨房不再是以前闷热、潮湿、地面肮脏的状况，而是洁净、明亮、噪声小的现代化厨房。作为一名新时代的厨师不仅要技术过硬、善于创新，还要学会管理、懂得管理，只有这样才能提升厨师的综合素质。

一、厨政管理的概念

厨政管理是什么？"厨"是厨房，按餐别分类有中餐厨房、西餐厨房等；"政"就是政务，就是在餐饮经营活动中，除制作产品以外的设计、考核、调配、策划、研发、控制等事项。厨政管理就是有计划、有组织，利用科学的手段，结合厨房的资源，发挥团队作用，实现经营目标的活动。

厨政管理与餐饮管理、厨房管理均有不同，它没有餐饮管理中的选址营销、服务技能等内容，也没有厨房管理中的原料采购的选择和生产技术管理细节。它以厨房政务管理为主要内容，包括组织调配人员、把握采购和制作成本、控制产品质量、活动策划开发、硬件和设备的维护等，但又以制度规范的层面来展开阐述。

二、学习厨政管理的目的

学习厨政管理主要是培养厨房管理人员的创新能力、管理能力，提升其核心竞争力，使其具有一定的科学管理能力。能进行厨房设计布局与组织管理，能有效地实施厨房生产运行管理，能对厨房产品质量严格把关，能加强厨房物资管理与成本的控制，能合理调配人员并对员工进行培训，能对厨房卫生安全进行有效的管理，能根据需要策划美食活动，并根据季节开发菜肴。

合理管人用人，建设进取型团队。 厨政管理是厨房运作是否顺畅，餐饮经营成败的关键所在。当今餐饮市场竞争异常激烈，一个餐饮企业能否在竞争中站稳脚跟、扩大经营并形成风格，加强团队管理是首选之道；如何合理调配，合力出击，充分利用团队的力量来获取效益，是学习运用厨政管理的关键。

科学组织生产，保证质量和效益。 传统的厨房生产方式落后，管理水平欠佳，严重时导致菜点质量不稳定，成本居高不下。如何采取科学有效的方式组织生产，协调传统工艺和现代工艺之间的矛盾，结合实际情况，因地制宜，大胆创新，展开系列活动，保证厨房生产有条不紊，保证质量的稳定，降低成本提高收益，是厨政管理要解决的问题。

充实自己，争取更大的提升空间。 传统厨房的管理员一般从基层选拔，被选的条件一般为技术较好，但现在的厨房中不乏高科技设备，在选拔上除考虑技术能力和协调管理能力外，往往还会考虑到文化层次和英语水平以及计算机能力，会在餐饮烹饪类专业的大学生中挑选。所以我们要抓住机遇，不能等待在岗位中慢慢锻炼学习，要提前学好相应的管理知识，具备一定的厨政管理能力，为提升自己创造更大空间。

三、厨政管理的目标和任务

厨政管理是对厨房生产环节的全方位管理，它关注的重点不一定是在技术的开发上，而是在团队建设、文化建设、制度建设和资源利用上给予菜肴开发和产品质量以保证。所以厨政管理的目标是通过厨房政务工作的科学合理、高效有序地整合，来提升厨房人员的素质，达到质量保证、效率优化的效果。具体目标和任务为：

实现资源最佳化。厨房生产要趋向平稳有序，首先要充分利用现有的资源，检查厨房的布局和设备的摆放是否合理；其次要合理调配人员，充分发挥厨师的技术和专长，科学排班、科学轮岗、科学分配，整合团队力量，使人力资源的配置最优化。

实现生产规范化。传统的厨房生产，因厨师的技术能力和习惯各不相同，所以没有一套规范的生产程序。现在，靠习惯和感觉管理已跟不上形势的发展和要求，必须用一套规范的采购和生产流程来控制产品的质量。

实现产品优质化。厨房产品靠厨师手工生产，就算用现代化设备生产，也要靠大家开发和研究，保证产品的质量。这就要发挥厨师的积极性，创造良好环境，营造和谐氛围，使员工敬业爱岗，热衷于开发创新，从而提高产品质量。

实现培训经常化。培训是企业的血液再造。厨师的技术水平和学历层次参差不齐，这就要定期有计划、有针对性地进行培训。培训形式多样，有相互交流，有外出学习，有请专家指导，旨在为提升厨房生产服务；此外，还有提升员工文化层次的福利培训，旨在提高员工的忠诚度。

实现管理制度化。厨房内部事务繁多，有生产环节，有采购环节，有物尽其用环节，有设备管理环节，有班次调配环节，要靠一系列规范科学的管理制度来串联各工作程序，让各种事务制度规范化，做到赏罚分明，公平公正，促使厨师既严格遵守制度，又信服制度的合理性。

实现支出低耗化。厨房生产离不开原料，原料的合理利用，直接关系到生产的成本，影响企业效益。所以节约原料，物尽其用，降低厨房的耗用是厨政管理的重要内容，也是提高收益的重要措施。

第二节　厨政管理员职业特征

一、厨政管理员的职业概述

厨政管理员就是从事餐饮厨房生产与行政管理工作的人员。在工作中运用现代的、科学的理论知识，对餐饮经营中的生产环节进行合理的规划和设计，建立高效的、科学的组织结构，开展厨房各生产环节的系列活动。

厨政管理课程的设置对于开展规范化的培训，提高厨政管理从业人员的专业水平，促进我国餐饮业从经验管理到科学管理的转变，实现我国餐饮业又好又快地发展起到重要的作用。

二、厨政管理员的职业前景

随着社会物质文明和精神文明的不断提高、旅游饭店和餐饮行业的不断发展；加上中国菜又是中国国粹之一，深受国人和外国友人的青睐，专业的厨师队伍也在不断壮大，承担厨房内部管理的人员也必将由具有现代文化知识和先进技能的人员担任，传统厨师长的经验型管理必将转向厨政管理的科学型管理。

中国有句老话"民以食为天"，"吃"既是老百姓重要的生活内容，也是政府关注的民生工作。随着紧张、快节奏生活的到来，在外用餐的人群会成倍增加，政府也会逐渐重视此项民生工程，进一步规范饮食行业的发展和建设。

第三节 厨政管理员的职业要求

一、基本要求

厨政管理人员的队伍不仅要具有丰富的实践操作经验，具备厨政管理能力，还要经过高等院校的培养，接受过厨政管理课程的专业培训。

一名合格的厨政管理人员除了要掌握丰富的实践操作经验外，还必须具备厨政管理能力，以及具有一定的学习能力、策划能力、计算能力、表达能力与沟通能力，同时是对色、味、嗅等感官灵敏的技能型复合人才。

二、职业道德

何为道德？道德是社会意识形态，是调节人与人之间、个人与社会、个人与自然之间各种关系的行为规范的总和。道德通过社会舆论、传统习惯、所受教育和信念来维持，并显现在思维、言论、行为中。厨政管理岗位的职业道德是在道德的基础上突出了行业性、连续性、实用性、规范性、社会性和时代性。

职业道德是职业人群在履行其职责的过程中理应遵循的道德规范和行为准则。它是由一定的社会经济基础所决定并为其服务。任何道德都具有历史性，我国社会主义职业道德建设的主要内容是爱岗敬业、诚实守信、办事公道、服务群众、奉献社会。它的基本原则是全心全意为人民服务，体现了职业活动中人与人之间、人与社会之间的一种新型关系。

爱岗敬业，创新务实。 爱岗敬业就是立足本职工作，热爱自己的岗位，是职业道德的第一要义。爱岗是敬业的前提，它表现为安心并热爱本职工作。敬业是爱岗意识的升华，爱岗情感的表达。它表现为对职业工作的一丝不苟，勤奋努力，刻苦钻研，立足传统，不断创新，在烹饪技术、管理理念和活动策划上不断推陈出新；以极端负责的态度对待自己的工作，做到精益求精，尽职尽责。

诚实守信，遵纪守法。诚实守信是中华民族的优良传统，是每个人立于社会的基本准则。诚实就是表里如一，说老实话，办老实事，做老实人。守信就是信守诺言，讲信誉，重信用，忠实履行自己承担的义务。在当今和谐社会建设的背景下，人与人的交往接触越来越频繁，人们要彼此合作，互利互助，就要靠这一道德准则的作用。诚实守信在职业活动中最基本的就是诚实劳动，有一份力就出一份力，出满勤、干满点、不消极怠工、不推诿扯皮，自觉遵章守纪。诚实守信也是餐饮行业管理人员的"立人之道"，特别是在职业活动中更应该慎待诺言，做到表里如一、言行一致，遵守职业规范，不弄虚作假，不偷工减料，不降低标准，不以次充好，尊重消费者的信仰，保证消费者的权利和利益。要学法、懂法、守法，在遵守社会公德的同时，遵守一切食品餐饮行业的法律和法规，做到生产过程中不使用野生保护动物，不使用法规禁用的添加剂，不做损害消费者利益和危害消费者健康的事。

长幼无欺，办事公道。办事公道是职业道德的最基本、最普遍的道德要求。它要求各行业的劳动者要遵守本职工作所制定的行为准则，做到公开、公平、公正，不以私损公，不以权谋私，不贪赃枉法，要出于公心，本着公德，恪尽职守，扎实工作。作为厨政管理人员还必须团结各岗位的人员，做到尊重前辈，爱护新人，亲和同行，合理地选人用人，建立和谐的团队，相互研讨、相互勉励，带动团队人员共同进步，提高团队的战斗力，大力推进管理创新，提高企业经济效益和社会信誉。

服务大众，奉献社会。服务大众是社会主义职业道德的根本体现，在和谐社会的这个大家庭中，各行各业都是相互协作、相互服务的。奉献社会是社会主义职业道德的本质特征，就是积极自觉地为社会做贡献，自始至终把奉献体现在爱岗敬业、诚实守信、办事公道和服务群众的各种内容之中。但奉献社会并不意味着不要个人的正当利益，不要个人的幸福；恰恰相反，一个自觉奉献社会的人，他才会真正找到个人幸福的支撑点和平衡点。

一名合格的厨政管理人员要做到满足消费者的需求，尊重消费者的利益，尽可能地提供消费者期盼的可口佳肴和周到服务。同时也要善待他人，在工作和经营中营造和谐氛围，做到上级称心，下属舒心，消费者满意，也就是说通过职业活动，为社会做出奉献。

三、职业守则

职业守则是厨政管理人员的行为准则，要求每位厨政管理人员自觉遵守。

恪尽职守，严谨求是。作为一名厨政管理人员，要坚守自己的岗位，谨慎认真地做好本职工作。实事求是，不浮夸，不马虎，制定科学的生产流程，合理安排技术生产力量，提高工作效率，节省人力资源，开源节流，从而提高饭店的经济效益。

钻研业务，开拓创新。厨政管理人员不仅要刻苦钻研业务，不断地引入先进的、科学的、时尚的新思想、新观点、新方法，制定严格的菜点质量标准，强化现场督导，而且应具有娴熟的组织协调能力，带领员工不断推出创新菜点，以提高饭店的市场竞争力。

协调沟通，服务市场。厨政管理人员要有一定的协调沟通能力，充分调动和发挥其员工所长，挖掘每个部门的最大潜力，保证菜点制作的水平，力求达到产品的质量完美。在服务市场的同时还要回报社会，乐于奉献，为公益事业尽企业的社会责任。

遵纪守法，讲究公德。厨政管理人员要自尊自爱自律，遵纪守法，严于律己，加强自我约束、自我控制，不贪图名利，不贪图钱财，合理交易，讲究公德，尊重消费者的信仰，保证消费者的权利和利益。

相关链接 🔍搜索

厨政管理人员的职业素质

素质是一个外延很广的概念。狭义的素质是指感觉器官和神经系统方面的特点。广义的素质，是指人在正常的生理、心理基础上，通过后天的教育学习、实践锻炼而形成的品德、学识、思维方式、劳动态度、审美观念、气质、性格特征等方面的修养水平。

职业素质是指从事某项专门工作的人自身所具备的基本条件，无论从事何种职业的劳动者必须具备的思想品德素质、生理素质、心理素质、科学文化素质和审美素质。但是每个人对职业了解与适应能力不同,其综合体现也就不同。

厨政管理人员的职业素质是指在一般素质基础上,结合餐饮与烹饪专业的特性,对厨政管理工作者提出的特殊的素质要求。

 复习与思考

一、名词解释

厨政管理　　　职业道德　　　诚实

二、填空

1. 学习厨政管理主要是培养厨房管理人员的_____能力、_____能力和核心竞争力,使其具有一定的科学管理能力。

2. 传统厨师长的经验型管理必将转向厨政管理的_____型管理。

3. 厨政管理人员要尊重消费者的_____,保证消费者的权利和利益。

三、选择题(可多选)

1. 厨政管理要实现的是资源最佳化、生产规范化,还有(　　)。
A. 产品优质化　　B. 培训经常化　　C. 管理制度化　　D. 支出低耗化

2. 一名合格的厨政管理员除了要掌握丰富的实践操作经验外,还必须具备厨政管理能力和(　　)能力。
A. 学习　　　　B. 策划　　　　C. 沟通　　　　D. 表达

4. (　　)管理是厨房运作是否顺畅,餐饮经营成败的关键所在。
A. 餐饮　　　　B. 厨房　　　　C. 员工　　　　D. 厨政

四、思考题

1. 为什么要学习厨政管理课程？
2. 现代厨政管理员和传统的厨师长有何区别？
3. 根据职业守则，制定个人近期的行为准则。

厨房设计与布局

第二章

厨房设计与布局是厨房生产工作的前提,是保证厨房生产特定风味的前提。厨房设计与布局直接影响出品速度和质量,决定厨房员工工作环境,是为顾客提供良好就餐环境的基础。因此,一名优秀的厨政管理人员必须熟悉和了解厨房的设计与布局。

本章介绍了厨房设计与布局的含义、特征、分类和要素,还分析和阐述了厨房的功能、面积和环境设计,可以加深学习者对厨房设计与布局的认识。

学习目标

知识目标

1. 了解厨房各部门的功能作用。
2. 了解厨房设计布局的要求。
3. 了解厨房的面积设定、整体设计和环境设计。

技能目标

1. 能对厨房的功能进行总体布局。
2. 能对厨房各部门进行功能布局。

> 案例

加州咖啡烧烤餐厅的开放式厨房

加州咖啡烧烤餐厅是美国伊利诺伊州斯特姆堡市的一家提供加利福尼亚式餐食（以咖啡和烧烤为代表）的企业，位于一座带有大型停车场的商务大厦的附近。它采用了开放式厨房的设计。

餐厅有200个餐位，分三种形式：包厢式、半封闭式和全开放式。厨房被划分为两大不同类型的区域：封闭式厨房区和开放式厨房区。封闭区主要用于烧烤类菜肴原料的粗加工、切配和其他菜肴的制作，而在开放式厨房区域则从事烧烤类菜肴的最后一步烹制和切配装盘。开放式厨房面向餐厅的一面采用透明玻璃以便于用餐顾客观看菜肴的制作过程和欣赏厨师的技艺。所有工作台都是不锈钢材质。台面下设有盛装废料的容器，台面上还有用于投放废料的小孔。开放式厨房的后墙采用了色调明快的瓷砖与不锈钢板材的组合，顶部的排油烟机被装潢精美的铜质镂花小格巧妙遮蔽。厨房地面采用防滑瓷砖，原料半成品置于靠后墙上部的货架上。

开放式厨房区域的顶部采用了可清洗的吸音材料，餐厅区域的地面则较多铺设地毯，墙面装潢也多使用软包。这大大减少了开放式厨房带来的噪声。另外，餐厅的照明较开放式厨房区稍暗，从而突出了这一重点展示区，有利于刺激消费、增加营业额。

加州咖啡烧烤餐厅开业以来一直生意红火，顾客对其独特的开放式厨房和吧台设计赞赏有加，并认为这种设计营造了更加亲密、休闲的气氛。

 案例 分析

厨房的布局一般和厨房的功能紧密对应。良好的厨房设计不仅能优化生产过程，其本身也是餐厅营销的利器。

厨房是饭店餐饮部或餐饮企业附属的一个从事菜点制作的生产部门，在清代皇宫称"膳房"，制作皇帝及后宫饮食的机构称"御膳房"，现代流行语为"后厨"。《现代主义烹饪：美食的艺术与科学》一书中，称厨房为"烹调实验室"。

厨房是餐饮企业的生产车间，它的结构组成庞大而复杂。尤其是规格较大或现代化程度较高的厨房，它的设计与布置是一个全面的系统工程。因此，科学地对这

一系统工程进行设计和布置,关系到生产效率的提高和食品卫生质量的保障。本章将厨房结构与功能、厨房设备系统组成、厨房设计与布置以及与此密切相关的餐厅设计布置等方面作介绍。

第一节 厨房结构与功能

厨房的种类和规格较多,各自的结构和布置千差万别,但其总的工艺流程基本相同(图2-1),都包括货物购入、贮存、粗加工、细加工、熟制、备餐出菜等生产过程和餐具与废物的整理、洗涤、清除等后期处理过程。所不同的是使用设备各具差异。因此,厨房的结构可以根据厨房功能的不同要求进行设计。如对污染性较强的原料的粗加工(如整理、洗涤等)与精加工应同层分区,或分层分区;条件恶劣的高温蒸煮、烘烤以及清洗间应与其他区域隔开;而熟食冷菜等成品间应远离带污染的操作区域,并单独成无菌小间,等等。

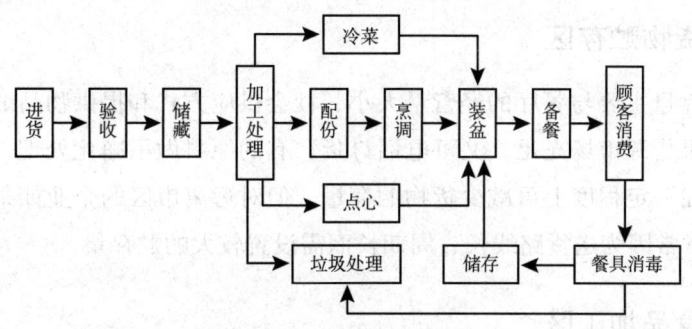

图2-1 厨房作业流程

一、厨房结构

根据生产要求,厨房一般由货物进出、贮藏、粗加工、细加工、熟制、备餐、

第二章 厨房设计与布局

洗涤清洁消毒、管理等区域组成。各个生产区域又按各自生产工艺要求布置，以满足本区生产和管理的最高效益为设置标准。现将各区分述如下：

（一）货物出入区

货物泛指食品原料、酒类、饮料、食用器皿、设备乃至垃圾等。货物出入区是专门为这些货物的出入提供通道和暂时搁置的场所，有的高级厨房卸货平台较长，分清污出口与入口。据统计，每人每餐的食品原料平均需求 0.8~1.1kg（不含酒水），所以厨房的货物进出量很大。为了便于卸货，需建一个卸货平台（图2-2），附近设过磅、验收、登记的采购保管员办公室。由于货物在搬运中会有噪声并且杂乱，所以货物出入区域尽量远离饭店客房区域。

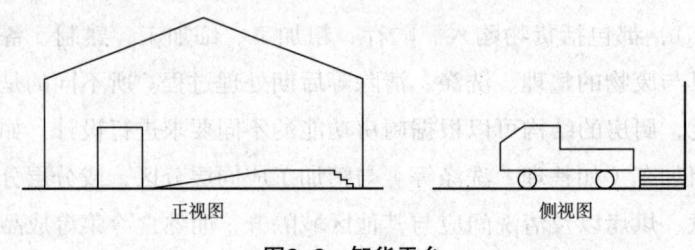

图2-2　卸货平台

（二）货物贮存区

厨房货存量主要与餐厅的经营量大小、社会供应方式和提供物品的清洁程度直接有关。如果货源市场充足，又可电话订货，有的原料做了净化处理，有的已属半加工状态，在一定程度上可减少货物贮存量。但对远离市区的企业如某些景区内的餐饮场所，常常因为送货路线长、周期长而需设置较大的贮存量。

（三）食品加工区

食品加工区分主食加工、菜品加工、点心制作和冷菜制作四个生产区域。

主食加工区，主要加工米饭、粥、馒头、面食等。按各自的生产工艺要求，在这一区域布置的设备主要有淘米机、蒸饭箱、和面机、搅拌机、发酵箱、压面机、面包烤炉、成形机等。

菜品加工区，有粗加工和精细加工两个区域，一般两区分隔开。粗加工也称初加工，主要对蔬菜挑拣清洗，对家禽、水产品宰杀和清洗。设备主要有加工桌、洗菜池、鱼池、水台、切割台、废物箱、冰箱、食品筐等。精加工区又称切配区，厨师按菜单进行切制、组配，主要配备的是果蔬肉类的精加工设备。这一区域比粗加工区域的卫生要求高，一般靠近烹调区。设备主要有调理台、冰箱、水池、开瓶器、刨片机、配菜盘及器皿等。

点心制作区，有中式面点间、西式包饼房或烘焙间。设备主要有木板面操作台、大理石面操作台、和面机、醒发箱、打蛋机、酥皮机、搅拌机、粉碎机、绞肉机、成形机、蒸炉、汽锅、炒锅、烤箱、点心架和各种手工操作器具。

冷菜制作区卫生要求严格，应区分熟品切配间、生料加工间、二次更衣间，并配备紫外线消毒器。设备主要有操作台、冷藏箱、菜肴陈列台（架）、食品储藏柜、打汁机等。

（四）烹饪区

中餐烹饪与西餐烹饪在熟制生产区域的布置上有所不同，其对设备的使用也有差异。中餐烹调区，设备主要有燃气（油）灶、排风设备，以及平火炉、蒸灶（箱）、汤灶、烤炉、烤鸭炉、调味罐、炒锅、汤锅、马勺、漏勺等。不同地区炉灶也各有特点，广东地区炉口大，淮扬地区炉口小。西餐烹调区，设备主要有多头炉（有电磁炉或明火炉）、烤箱、微波炉、焗炉、扒炉、油炸炉、西式汤炉及各种器具等。

（五）备餐区

备餐间位于厨房与餐厅之间，是餐厅与厨房的过渡地带，起到隔油烟、隔噪声的屏障作用。既是厨房的出菜区也是餐厅的后台，是为餐厅出菜准备的场所，是提供酒水、茶叶、咖啡、黄油和筷子、刀叉的功能区。设备主要有酒水贮藏柜、柜台式冰箱、制冰机、冰激凌机、榨汁机、烤面包机、微波炉、开水炉和各种服务设备与菜肴的辅助器具。

（六）洗涤区

洗涤区用于清洗餐厅、厨房用过的各种设备和器具，并消毒烘干。有些洗涤区厨房餐具和餐饮酒具分开清洗，有些则在一起。场地的主要要求是便于通风，便于存取，但又不能给行走带来不便。设备主要有水池、洗碗机、台面、消毒柜、碗柜和器具贮柜。

（七）主要生产辅助用房

办公室。办公室是行政总厨办公场所，也是对外联络的窗口，位置最好设在切配烹调区域和验收区域之间，但要使外来人员不通过厨房而可到达。

更衣间。更衣间设男、女更衣间，最好地处入口处，在入口处的门卫边是理想位置。主要设置衣柜和凳子。

餐具仓库。餐具仓库是厨房临时存放餐具的仓库，遇到大型的宴会到餐具仓库提取需要的餐具设备。场地不要离厨房太远，设备主要有货架和保险柜。

洗手间。供厨房工作人员用的洗手间可以考虑设置在更衣室附近。单独设置，门窗最好设在室外，远离操作间。

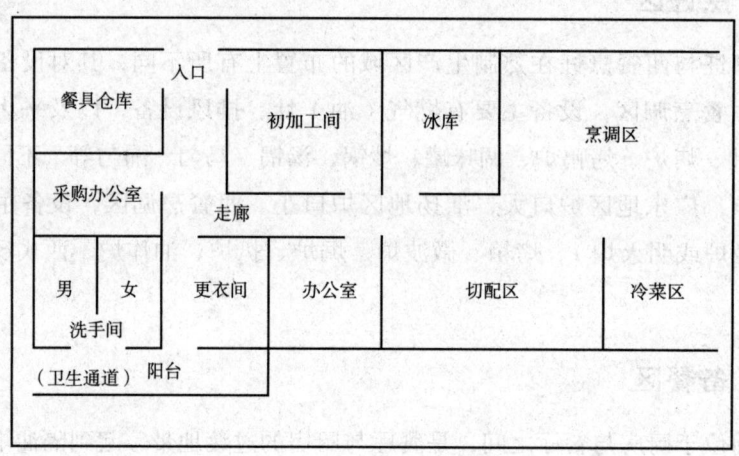

图2-3　厨房设计示意图

二、厨房功能要求

厨房的功能就是在一定条件下，高效率低综合消耗地生产满意菜品、达到经营目标。为了充分发挥厨房的运作功能，顺利完成产品生产，厨房的设计要科学合理。

合理布局。厨房布局，就是根据厨房的生产流程及各部门的作业关系，确定厨房内各部门的位置，以及设备和设施的分布，与建筑设计单位共同确定面积、格局、强弱电线路、给水排水系统。

因为厨房生产的工作流程、生产质量和劳动效率在很大程度上受布局所支配，科学的布局能提高员工的工作精神和工作效率，避免生产流程的不合理导致的资源浪费，保证满足生产的要求。

完善系统。厨房的设备系统包括贮备与运输系统、原材料预处理系统、热处理设备系统、排烟气系统、通风与空调系统、清洁消毒系统、给排水系统、消防系统、供电及照明系统等。一个光源充沛、通风良好、噪声低的工作环境，可以减少员工的疲倦和烦躁，提高产品的品质。此外，给排水及消防系统对整个厨房的有机运转和安全保障亦至关重要。

科学管理。合理的布局和完善的设备要靠科学的管理才能充分发挥其作用。科学管理包括对厨房的组织、岗位分工、责任落实、生产运转、生产流程以及良好的协调等。科学管理的目的是在现有的空间中，以最低的成本（劳动力、原料、能耗），制作出营养、卫生、美味而且高品质的食品。

第二节　厨房设计与布置

麦当劳的立体厨房布局

立体厨房有两个最大的优势，就是可以降低人力成本和厨房的公共通道面积。一般一个工作站将制作、储层和其他辅助设备放在一起，一个员工站在原地便可以独立完成操作，不需要走动或帮忙。一般中餐厨房需要两个人走动10步完成的一个操作工序，在立体化厨房里，可以由一个人在走动3步之内完成。麦当劳的立体设备码放方式可以将厨房面积缩小40%左右，把更多的面积用来经营。但立体厨房的设计也有很多要求，如产品和设备的标准化，还有对工程及设备的深入了解。

第二章 厨房设计与布局

厨房设计与布置是根据餐饮企业经营需要，对厨房各功能区所需面积进行分配、所需区域进行定位，进而对各区域、各岗位所需设备进行配置的统筹计划、安排的工作流程。

一、厨房布置的要求

科学地对厨房进行优化设计和布置，使厨房既符合工作流程的需要，又空间宽敞、布局合理。

控制厨房到餐厅距离。厨房与餐厅联系密切，为缩短服务员送菜距离，两者宜长边相连，一般从取菜点到餐桌的服务距离不希望大于40米。厨房与餐厅应尽量同层，无法达到统一标高时，不能用楼梯踏步相连，而应以斜坡处理，并且有防滑措施和明显标识。如同层面积不能容纳全部厨房内容时，可移出库房、冷菜、点心制作间到其他楼层，但要求它们与主厨房有方便的垂直传送联系。

布局符合流程。厨房是餐饮企业中卫生要求最高的部分，厨房设计过程中，各地卫生防疫站从初步设计直至厨房建成验收，都要进行严格的审查。但厨房一旦建成，如果不合理就需要进行改建和调整。厨房工艺流程表明：食品原料经粗、精加工后进行烹调，再经服务员送至餐桌，是一个由生到熟的过程。布局设计既要使熟食的冷菜房离餐厅最近，又要使烹调的出菜口离餐厅最近。

干湿、生熟分开。点心制作间与洗碗间，备餐间与蒸煮间，一干一湿。点心间、备餐间需干燥，而蒸煮间、洗碗间水汽蔓延，十分潮湿。要充分考虑它们相互之间的距离，减少影响。同时，冷菜房冰箱、西点间冰箱应单独设置，避免与其他厨房冰箱交叉污染。

保持地面和墙面洁净。厨房如在一楼，地势应高于所在地区下水道。厨房每天要冲洗，地面坡度应适当放大，要铺设防滑易清洗的材料，且保证排水沟底部不积水。厨房天花板要使用防水涂料，墙壁一般用光洁瓷砖，并保持常年洁净。

降低油烟噪声。为防止厨房油烟和噪声对餐厅的影响，一般在相间之处设置备餐区域。如果还影响餐厅，则增加厨房换气次数，使厨房气压低于餐厅。同时，在油烟、蒸汽发生集中的烹饪区、蒸煮间、洗碗间，加大排油烟机的功率。

保证流动线路顺畅。厨房内的每个入口和过道都应留有充分的余地，保证推车、人行流动的空间，墙角采取保护措施，以免小车碰撞。大型宴会还要考虑临时铺设案板的空间，保证分餐装盆的场地。此外，洗手间的位置非常关键，门对着厨房，污染厨房的空气，甚是不妥。需要科学处理，把门移开，减少洗手间对厨房的影响。

二、厨房生产区的设计

（一）面积的确定

1. 厨房面积的含义

厨房面积是指中餐厨房、西餐厨房、风味餐厅厨房、咖啡厅、酒吧厨房等各个生产区域的总面积。但对于调味品库、瓷器库及工作人员的办公、生活用房等库房是否划入，国内外有不同做法，国外常将它们列入后勤服务面积中，国内则两者皆有。两种不同的划分方法，造成了厨房面积指标的不同。

2. 厨房面积指标

厨房的面积、布局与餐厅的营业直接相关，在筹建设计时，恰如其分地确定厨房面积是很重要的。由于原料加工程度、厨房设备和管理方面的差别，我国自行设计与管理的饭店中厨房面积一般大于国外同类厨房。表现为以下两个方面：

其一，从餐厅、宴会厅、咖啡座的面积总和与各个厨房的面积总和之比看：日本厨房的总面积是餐厅、宴会厅、咖啡座总面积的 1/3～1/2；我国厨房总面积往往是餐厅、宴会厅、咖啡厅总面积的 70%～100%（上述厨房面积均包括与厨房有关的各类库房）。我国新建的外资或中外合资、由国外建筑师设计的，厨房与餐厅面积的比例则介于上述两者之间。

其二，从局部看，不同种类的餐厅，由于菜肴的特色不同，操作工艺复杂程度不同、设备不同，所需厨房面积也应不同。另外，餐饮部分的餐厅、咖啡厅、酒吧、酒廊等不同功能场所其厨房面积亦不相同，如表2-1所示。

表2-1　餐厅餐位数与对应厨房面积比例

餐厅类型	厨房面积（m^2）/餐位
自助餐厅	0.5～0.7
咖啡厅	0.4～0.6
正餐厅	0.5～0.8

一般西餐厅的厨房面积是餐厅面积的22%～26%，中国餐厅的厨房面积是餐厅面积的25%～27%，日本餐厅的厨房面积是餐厅面积的23%～25%，快餐厅的厨房面积是餐厅面积的12%～20%，小吃店铺的厨房面积是店铺面积的20%～30%。

（二）各工作中心的确定

依据产品和工作流程，通常把厨房系统分成三部分，每部分再布局各自所需设置的部门，从而构成整个厨房体系。这三部分是：食品接收、储藏及加工区域；烹饪作业区域；备餐洗涤区域。它们是餐饮生产所必需的，布局时应形成清楚的格局，保证厨房有一个通畅的生产程序。

第一，区域的布局应包括进货口、验收处、干货库、冷藏库、办公室和加工间。加工间布局根据加工的范围和程度，确定其规模的大小。第二，区域的布局应包括冷菜间、点心间、配菜间、炉灶间、冷藏处、干货处、办公室。冷菜间、点心间、办公室应单独隔开，配菜间与炉灶间可以不分隔。第三，区域的布局应包括备餐间、清洗间、餐具贮藏间。小型饭店可以不进行分隔。

（三）厨房布局

1. 厨房作业区的布局

厨房作业区由若干个工作岗位的作业点组成。作业点是厨房布局的最基本单位，是一位员工的操作岗位。各部门所需作业点的多少，取决于部门的工作量、作业区场地的形状、大小、设备的情况，既要考虑人体伸展的限度与作业动作，同时又要考虑作业时食物的流向。下面是作业区和工作岗位布局的几种类型：

（1）L形布局。L形布局通常沿墙壁设置成一个犄角形，如图2-4所示的是面包制作场地的布局，作业区的工作流程由图解表示。这个流程考虑到了制作面包的工作特点和操作的方便。因此水池紧靠搅拌机。搅拌后要进行分切，所以工作台应紧靠搅拌机。后面接着是醒发和烘烤设备的位置。

（2）直线形布局。直线形布局是将设备一字排列，工作流程从起端直线流向另一端终点。图2-5所示的是初加工间的布局，工作流程由图解说明表示。

（3）U形布局。U形布局是将设备的摆放和工作流程设计成U字形。图2-6展示的是洗碗间布局。

（4）平行状布局。是将设备分成两排，面对面平行排列或背对背排列。

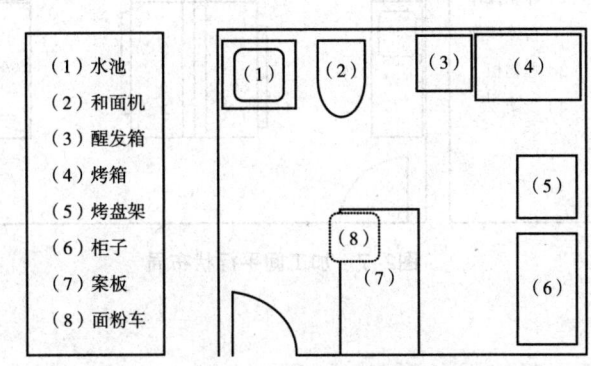

图2-4　面点间L形布局

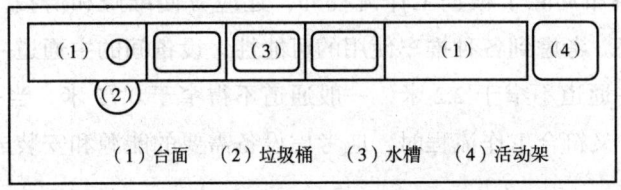

图2-5　初加工间直线形布局

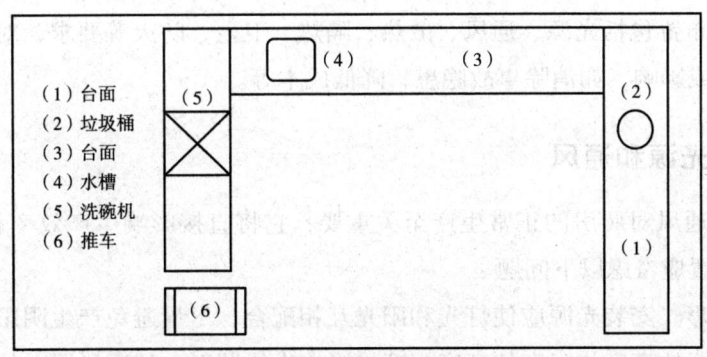

图2-6　洗碗间U形布局

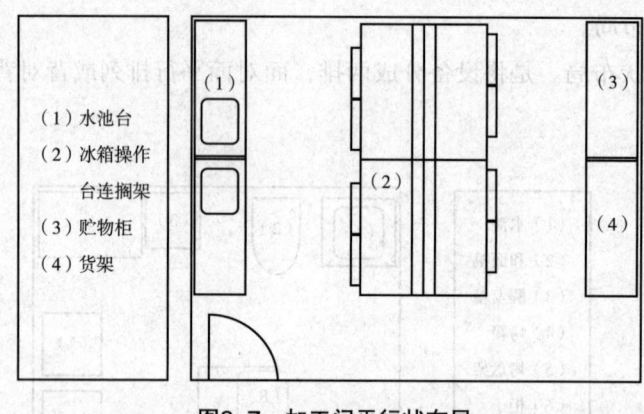

（1）水池台
（2）冰箱操作台连搁架
（3）贮物柜
（4）货架

图2-7　加工间平行状布局

三、厨房设备系统的布局

厨房的设备布局除了根据工作流程外，还应方便维修和清扫，因此要留有30厘米的空间宽度。考虑到各种推车使用的可能性，设备间的主通道一般不得窄于1.6米，有作业点主通道不窄于2.2米，一般通道不得窄于0.77米，当一件设备可以安装在几个地方，又符合工作流程时，应考虑设备需要的能源和安装成本。

四、厨房布置的非工艺要求

非工艺布置包括光源、通风、散热、隔热、卫生、防火等要求，对工艺布置有一定的作用或影响，如消除事故隐患，降低成本等。

（一）光源和通风

光源与通风对厨房的正常生产至关重要，它将直接影响生产效率和产品质量。这方面的设置应考虑以下问题：

避免阴影。安装光源应使灯光和阳光互相配合，尽量避免产生阴影。建筑物的方位、抽烟罩的高度与门窗的高度，都将影响光线照射，如通风罩上的灯光，可直接照射下面设备。光线颜色对于烧烤、炸和扒的食物有一定的影响，因此，炉内和锅中央应有足够的光源，除一般性灯光照明外，还要有个别使用的光源。

装设抽风罩。每一发热和产生油烟气或蒸汽的设备都应安装抽风罩,如在烹调处与洗涤处上方就应装设抽风罩。抽风罩的安装要考虑保护的范围是否完整,员工的食物生产操作是否合理舒适,视觉是否受遮阻等。

货仓保管室和办公室应装设抽风设备。通常在较低水平处设抽入空气的部分,在较高水平处如天花板装设输出热空气的部分,而且,该部分用较强动力的机器,并装有油烟隔网,定期清洗。

空气流通量。每小时最低风量限度应以 20～30 倍常压气流量的速度流动,在繁忙的时候还应该提高空气通风量,使水汽不致发生凝结。

天花板的高度。天花板高度一般为 3.5～4.5 米,这对空气流通及整洁很有帮助,货仓的高度仅需 2.5～3.0 米即可。

(二)散热与隔热要求

在空气调节设备方面,一般大饭店有中央空调系统。在没有中央空调的情况下应尽量安装窗式空调机,以保证员工在恒温下工作,这对保证生产质量和提高工效有重要作用。另外,生产设备应具有良好的隔热性能,如地面采用压力砖或耐热塑料砖,并采用不锈钢厨具等。再者就是对炉灶、洗碗间等重点设备做到重点控制,如用通风罩除热等。

(三)卫生、防火要求

地面材料。地面材料应耐磨,易清洁,不吸油和不打滑,有一定弹性的最理想。这样可不易被清洁机械磨损,也不受热和重的器具损坏,且方便保养和维修。

墙壁和天花板材料。采用光滑的瓷砖或油漆,且具备耐热、防热、低热量的物理性能,这对保持室温、卫生、防止水汽凝结有好处。同时,设备应安装在基座或桩脚上,有的需贴墙放置,并用树脂黏合;有的需离开墙壁,并有足够的间隙,以便清洁其背后部分。

分隔要求。由于卫生的要求,备菜间、洗碗间、垃圾处必须分隔。垃圾处理必须及时,排污水道也应保持畅通。

消防系统的装设。为防火灾,必须装配自动灭火装置或烟感报警设备。

第三节　厨房作业间的设计与布局

厨房作业间，实际上是在大厨房（整体厨房）涵盖下的小厨房的概念，是厨房不同工种相对集中、合一的作业场所；也就是一般餐饮企业为了生产、经营的需要，分别设立的加工厨房、烹调厨房、冷菜厨房、面点厨房等。厨房作业间的设计，就是对上述作业场所的设计。西餐厨房是经营西餐的饭店或宾馆需要设计、配备的。西餐厨房作为特有风格的作业间，本节对其设计要领也一并加以阐述。

一、加工厨房设计与布局

加工厨房又叫主厨房或中心厨房。加工厨房将整个餐饮企业与各餐厅相对应的烹调即出品厨房所需原料的申领、宰杀、洗涤、加工集中于此，按统一的规格进行生产，再分别供各厨房加以烹调、装配出品。

（一）加工厨房的设计要求

集中设计加工厨房，对厨房生产和管理有明显的益处。而要充分发挥加工厨房的积极作用，在对加工厨房进行设计时，必须力求符合以下要求：

靠近原料入口并便于垃圾清运。 所有进入厨房的原料，尤其是各种鲜活原料，大都需要经过加工处理。因此，供货商将原料运至厨房以后，最先是经过验货，办理收货手续；紧接着就是将原料送进或领回到加工厨房进行加工处理。加工厨房应靠近入口处，靠近卸货平台，或将验收货物办公室综合设计在加工厨房的入口处。这样不仅可以节省货物的搬运劳动，还可以减少搬运原料对场地的污染，更可以有效地防止验收后的原料丢失或被调包。另外，加工厨房每天会产生若干在加工过程中被剔除的原料的边皮、鳞片等废弃垃圾。虽然这些垃圾在加工厨房被相对集中地贮放于有盖的垃圾桶内，但随着垃圾的增多和厨师班次的交接，垃圾及时清运出店或转送至密封的垃圾库是必需的。故而加工厨房应设计在便于垃圾清运而不至影响、破坏餐饮企业美观的地方。清运垃圾的通道不应与客流或净菜流通的道路交叉，以防止与客争道或交叉污染。

应有足够的空间与设备。 加工厨房集中了餐饮企业所有原料的拣择、宰杀、洗涤、分档、切割、腌制以及干货涨发工作。其工作量和场地占用面积都比较大。餐饮企业生产和经营网点越多，分布越广，加工厨房的规模就越大。为了保持加工厨房良好的工作环境，减少加工原料之间的污染，不同原料的加工还应做到相对集中，适当分隔。为提高原料加工效率，各种规格的设备也应如数配备。在空间充足和设备齐全的条件下加工厨房应承担本餐饮企业所有加工工作，切不可因加工设备缺项或场地狭小，把未完成的加工食材移至下一环节。否则，不仅加工厨房的优越性发挥不出来，还将给厨房管理和卫生工作留下难以根治的后遗症。

要有方便的货物运输通道。 加工厨房承担各烹调出品厨房所有加工任务。这些加工的原料中，有的是距离开餐前较早时间就被各烹调厨房领回使用的，如需提前煨制、炸制的排骨、扣肉等；而有些加工原料为了确保其新鲜度，是在开餐期间，甚至客人点菜后才进行加工的，如客人点的虾、蟹、甲鱼等，客人经点菜、看货确认后，再送加工宰杀。后一种情况，要求在很短的时间内高质量地完成加工工作，然后要在第一时间送至配份、刺身制作间或烹调岗位，以减少客人等菜的时间。因此，加工厨房与各烹调厨房要有方便、顺畅的通道或相应的运输手段，这是厨房设计不可忽视的。这不仅是提高工作效率、保证出品速度的需要，同时也是减轻劳动强度，方便大批量加工成品运送的需要。加工厨房与各烹调厨房在同一楼层，应设计有便捷的通道；如不在同一楼层，则应考虑有快捷、专用的垂直运输电梯（升降梯）或人工步行梯，确保传递效率。

加工场所要合理分隔，以保证互不污染。 虽然各种性质的原料加工都会产生垃圾，加工后的原料也都需要经过洗涤才可用于切配，但不同性质的原料若互相混杂，不仅妨碍加工效率，而且被污染后的原料，洗除异味也相当困难。即使洗净的加工原料，如不严格分类摆放，也会产生污染。因此，不同性质原料的加工用具、作业场所必须分开，这样才可能保证加工原料的质量。同在加工厨房加工的原料，要防止宰杀给时鲜果蔬带来的腥味污染，更要防止禽畜宰杀的羽毛给其他原料产生污染。有些干货，如牛筋、鱼皮涨发过程中会产生令人难以接受的腥臭气味，如操作人员正在忙碌的手或涨发用水触及其他原料，将会给烹调或出品留下难以收拾的

第二章 厨房设计与布局

隐患。

要有足够的冷藏、加热设备。加工厨房加工的原料不仅种类多,而且数量大,各烹调厨房要货时间也不一定十分准确和固定。为了方便备用原料和加工后原料的贮存及周转,设计足够大的冷藏(含一定量的冷冻)库是必要的。在一些大型餐饮活动之前,大量的加工原料尤其要及时放入冷库妥善保藏,以保证质量和烹调厨房的随时需要。遇上良辰吉日或国庆、春节,餐饮企业各烹调厨房都会比较繁忙,因此,原料和加工成品的保质足量备存特别重要。其实,有些原料,经适当降温冷冻,加工也变得更加方便,如批切狮子头的肉粒和刨切干丝等。

另外,加工厨房承担的加工工作中,有些干货原料的涨发和鲜活原料的宰杀、褪毛需要进行热处理,如大乌参发前要火烤,牛筋涨发要长时间焖焐,仔鸡杀后要水烫褪毛,甲鱼要热水处理以去除黑衣,黄鳝烫后才能划丝等。因此,在加工厨房的合适位置设计配备明火加热设备是必需的。当然,有加热设备就应注意加热源的安全和所产生烟、汽的脱排问题,以保持加工厨房安全、舒适的工作环境。

加工厨房设计与布局如图2-8所示。

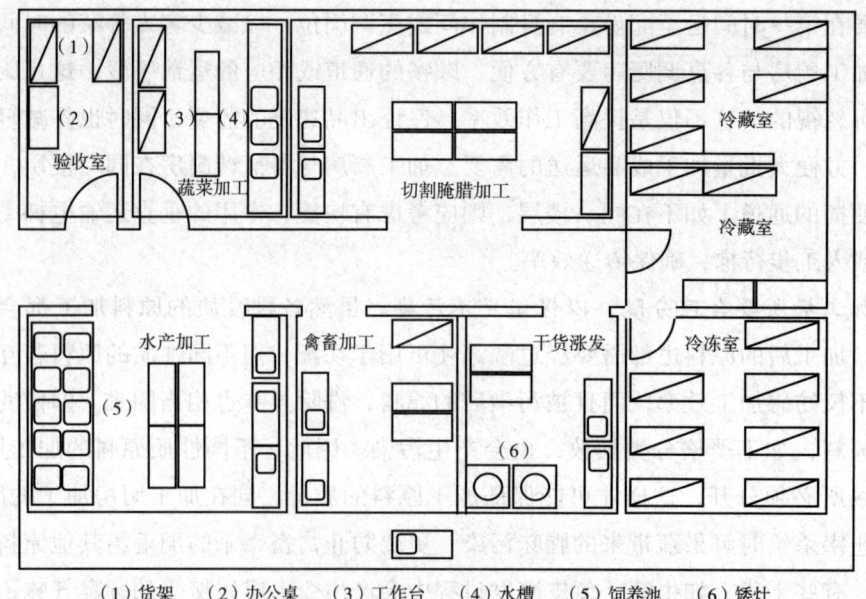

(1)货架 (2)办公桌 (3)工作台 (4)水槽 (5)饲养池 (6)矮灶

图2-8 加工厨房设计与布局

二、中餐烹调厨房设计与布局

中餐烹调厨房,是餐饮企业十分繁忙和对菜肴质量有着重大决定作用的厨房。中餐烹调厨房根据餐饮企业生产经营风味和规模的不同,数量不一。大型餐饮企业其烹调厨房往往不止一处。中餐烹调厨房设计与设备配备的好坏,对菜肴的出品速度与质量有着直接影响。若因设备质量问题需要维修或更换,将可能中断厨房开餐,妨碍顾客用餐,影响餐饮企业声誉。因此,其设计尤需慎重。

中餐烹调厨房负责将已经切割、酱腌的原料,根据零点或宴会等不同规格要求,将主料、配料和小料进行合理配伍,并在适当的时间内烹制成符合风味要求的成品,再将成品在尽可能短的时间内递送至顾客,因此,其设计必须符合以下要求:

与相应餐厅要在同一楼层。为了保证中餐烹调厨房的出品及时,并符合应有的色、香、味等质量要求,中餐烹调厨房应紧靠与其风味相对应的餐厅。尽管有些餐饮企业受到场地或建筑结构、格局的限制,厨房的加工或点心,甚至冷菜或烧烤等的制作间可以不与餐厅在同一楼层,但烹调间必须与餐厅在同一楼层。考虑到传菜的效率和安全,尤其是会议、团队等大批量出品,可能需用推车服务。因此,烹调厨房与餐厅应在同一平面,不可有落差,更不能有台阶。

必须有足够的冷藏和加热设备。中餐烹调厨房的整个室温(在没有安装空调或通风设备的情况下)正常在28℃~32℃之间,这个温度对原料的保质储存会带来很多困难。因此烹调厨房内用于配份的原料需随时在冷藏设备中存放,这样才能保证原料的质量和出品的安全。开餐间隙和晚餐结束,其调料、汤汁、原料、半成品和成品均需就近低温保藏。同时,烹调厨房承担着对应餐厅各类菜肴的烹调制作,因此,除了配备与餐饮规模、餐厅经营风味相适应的炒炉外(炒炉若配备不够,将直接影响出菜速度),还应配备一定数量的蒸、炸、煎、烤、炖等设备,以满足出品需要。

抽排烟气效果要好。中餐烹调厨房工作时会产生大量的油烟、浊气和蒸汽,如不及时排出,则会滞留在厨房内,甚至倒流进入餐厅,污染客人的就餐环境。灶、蒸箱、蒸锅、烤箱等产生油烟和蒸汽设备的上方必须配备一定功率的抽排烟设施,力求做到烹调厨房每小时换气50次左右,使此厨房真正形成负压区,以创造空气清新的环境,方便烹调人员判别菜肴的口味。

配份与烹调原料传递要便捷。配份与烹调应在同一开阔的工作间内，配份与烹调之间距离不可太远，以减少传递的劳累。客人提前预订的菜肴，配置后，应有一定的工作台面或台架，以暂放待炒。不可将已配份的所有菜肴均转搁在烹调出菜台（打荷台）上，以免出菜秩序混乱。

要专设宰杀活鲜、刺身制作的场地及设备。随着消费者对原料鲜活程度和出菜速度、节奏的重视，客人订、点的海、河鲜等鲜活原料经其确认后，大部分客人希望在很短的时间内烹饪上桌。因此，如果开生间（水产加工间）离餐厅距离较远，对鲜活原料的宰杀，则需要设计、配置方便操作的专用水池及工作台，以保证开餐繁忙期间其操作仍十分便利。刺身菜肴的制作，要求有严格的卫生和低温环境，除了在管理上对生产制作人员及其操作有严格的操作规范外，在设计和设备配备上也应充分考虑上述因素。设置相对独立的作业间，创造低温、卫生和方便原料贮藏的小环境是十分必要的。中餐烹调厨房设计布局如图2-9所示。

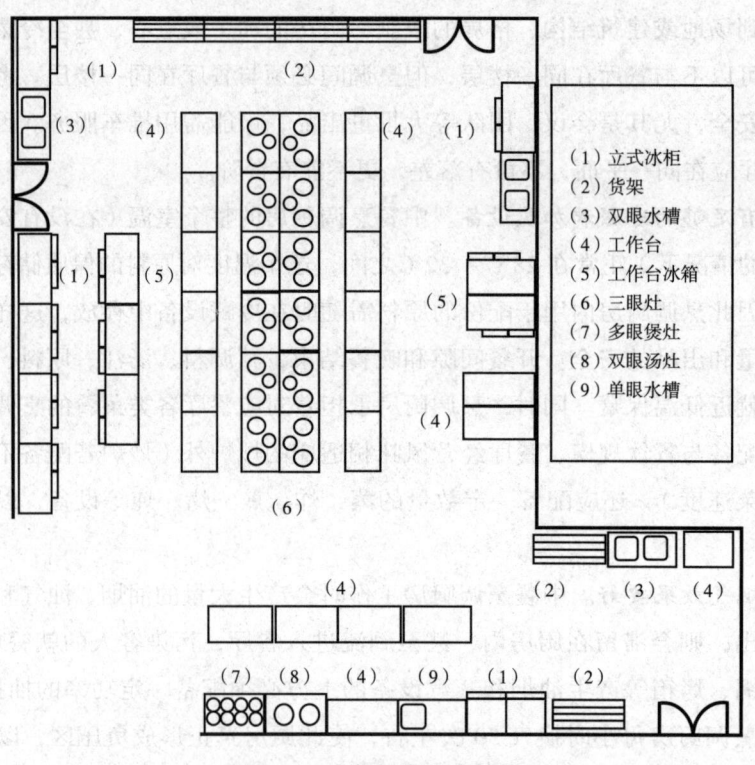

图2-9 中餐厨房设计布局

三、冷菜、烧烤厨房设计与布局

冷菜、烧烤厨房一般由两个部分组成，一部分是冷菜及烧烤、卤水的加工制作场所；另一部分是冷菜及烧烤、卤水成品的装盘、出品场所。通常情况下，泛指的冷菜厨房（俗称冷菜间）多为后者。由于进入冷菜间的成品都是直接用于销售的熟食或虽为生料但已经过泡洗腌渍等烹饪处理，已符合食用要求，所以，冷菜间的工作性质及其设计与其他厨房有明显的不同。

冷菜、烧烤厨房设计布局，除了方便操作，便利出品之外，还应注意执行《食品安全法》和国家相关行业管理规范，创造安全可靠条件，切实维护消费者利益。

应具备两次更衣条件。 根据行业规范，为确保冷菜出品厨房内食品及操作卫生，要求冷菜出品厨房员工进入生产操作区内必须两次更衣。因此，在对冷菜出品厨房设计时，应采取两道门（并随时保持关闭）防护措施。员工在进入第一道门后，经过洗手、消毒、穿着洁净的工作服，方可进入第二道门，从事冷菜的切配、装盘等工作。

设计成低温、消毒、可防鼠虫的环境。 进入冷菜出品厨房的成品都是可直接食用的食品，直接用于销售，常温下存放极易腐败变质。因此，冷菜出品厨房应配备有可单独控制的制冷设备，切实保证冷菜出品厨房总体温度不超过15℃。同时，为了防止冷菜出品厨房可能出现的细菌滋生和繁殖，设计配备紫外线消毒灯等设备也是十分必要的。各类冷菜食品之味、香除了刺激人的食欲外，对鼠虫也有极大诱惑。因此，冷菜出品厨房的门窗、工作台柜等，均应紧凑，不可松动和留有太大缝隙，以防鼠虫等侵袭。

设计配备足够的冷藏设备。 尽管冷菜出品厨房室温是比较低的，但将冷菜食品长时间直接放在这样的温度环境里也是不安全的。待装盘的成品冷菜，或消过毒的净生原料，在装盘前均应在冷藏冰箱或冷藏工作柜内存放；有些成品类（水晶）冻汁菜有更应如此。因此，冷菜间应设计配备足够的冷藏设备，以使各类冷菜分别存放，随时取用。烧烤、卤水成品，在出品厨房的存放也应有特定条件和要求，根据有些地方客人的饮食习惯，还要配备出品加热、烫制设备。

紧靠备餐间，并提供便捷的出菜条件。 冷菜、烧烤、卤水成品无论在零点还是宴会的销售当中总是首先出场登台的，管理严格的餐饮企业，零点的冷菜、烧烤、

第二章 厨房设计与布局

卤水成品必须在客人点菜后 5 分钟内（甚至更短的时间内）确保上桌。缩短冷菜出品厨房与餐厅的距离是提高上菜速度的有效措施。因此，冷菜出品厨房应尽量设计在靠近餐厅、紧邻备餐间的地方。为了保证冷菜出品厨房的卫生，应减少非冷菜间工作人员进入；为了方便冷菜的出品，减少碰撞，冷菜出品应设计有专门的窗口和平台。

冷菜出品厨房设计与布局如图 2-10 所示。烧烤、卤水厨房设计与布局如图 2-11 所示。

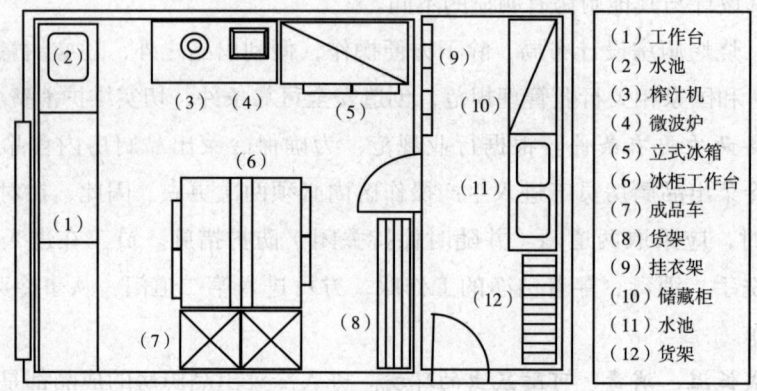

图 2-10　冷菜出品厨房设计与布局

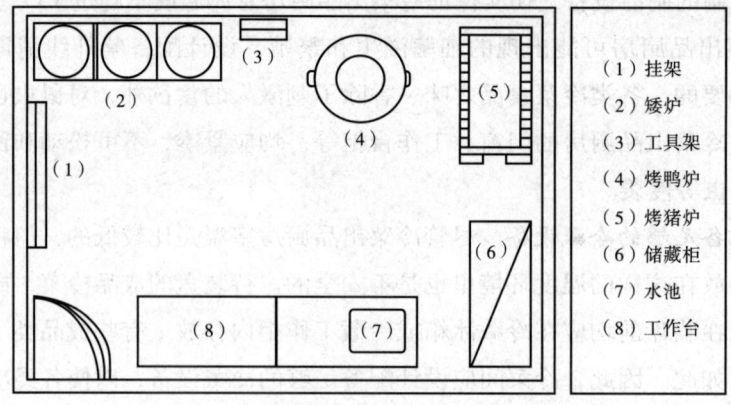

图 2-11　烧烤、卤水厨房设计与布局

四、面食、点心厨房设计与布局

面食、点心厨房（规模小一点的面食、点心厨房，有时又叫面点间或点心间）由于其生产用料、生产设备以及成品特点、出品时间和次序与菜肴有明显不同，故面食、点心厨房设计要求和具体设计布局方式、设备选配等与菜肴烹调厨房也有很大区别。

面食、点心厨房设计，既要考虑到与烹调厨房相对合并，集中加热，以节省投资，便于安全管理，又要考虑到点心用料的特殊性和制作的精致性，同时更应考虑本地、本店面食、点心销售占餐饮销售的比例及面食、点心生产工作量的大小。综合考虑各方面因素，才可以对面食、点心厨房的大小、设备配备的规格、数量等进行具体设计安排。

面食、点心厨房要求单独分隔或相对独立。有条件的餐饮企业（厨房面积允许、设备投资可能），或者面食、点心生产、需求量很大的餐饮企业，面食、点心厨房就应尽量单独分隔设立。这样，既解决了红案的水、油及其他用具对面点原料、场地的干扰、污染问题；又便于点心生产人员集中思想，生产制作更加美观、味佳的成品。除此，独立的面食、点心厨房对红、白案的设备专门维护、保养，明确、细化卫生责任，也有一定便利。在北方，尤其是山西地区，面食在餐饮销售和顾客就餐食品中占有很大比例，其花色品种繁多，制作程序复杂，动作幅度广，蒸煮锅灶大。因此，点心厨房（或叫面点间）设计不仅要有较大空间，更希望单独成室，独立作业。即使在餐饮生产及服务销售规模不是很大、点心生产任务相对较轻的厨房，在考虑点心加热设备与菜肴加热设备集中布局、部分设备综合使用的前提下，也应将面点制作的器具、设备相对集中，以缩短点心厨师走动距离，方便控制，把握质量，提高效率。

要配有足够的蒸、煮、烤、炸设备。点心多为客人菜余酒后的小食品，因此成品大多制作精巧，可供玩味，更耐品赏，故而点心成品多由蒸、烤、炸等烹调方法熟制而成。因为这些烹调方法最能保持成品的造型和花纹，最能创造精细、精美的效果。而在进行烹调之前，点心的成型工艺，必须有对水、揉面、下剂、捏作等工序处理。所以，配备相应的木面或大理石、云石面工作台，和面、搅拌、压面等器械自然是必需的。面食、点心厨房大多还承担餐饮企业米饭、粥类食品的蒸煮，蒸、煮饭、粥用的蒸箱、蒸饭车或蒸汽锅，自然也是不可或缺的。如将这些蒸煮饭、粥设备与面点蒸煮设备合用、套用，或集中布局，统一供应能源，也是比较节省的。除此之外，有些餐饮企业还供应或奉送就餐客人糖水或甜品，以帮助客人解酒。因此，点心间配备一两台矮身炉，用于熬煲甜品或用于平底锅煎、烙春卷皮、饺子等产品也是很有必要的。

抽排油烟、蒸汽效果要好。面食、点心厨房由于烤、炸、煎类品种占有很大比例，产生的油、汽较多；而蒸制的面食品种更多，需要排出的蒸汽量相当大。所以，必须配备足够功率的抽排油烟、蒸汽设备，以保持室内空气清新。

便于与出菜沟通，便于监控、督察。无论是零点还是宴会，餐厅往往给予点心专门的通知或订单，独立生产制作。而具体何时熟制，何时出品常常不是很清楚。若是开餐繁忙时传菜员忘记通知，难免出现菜点出品断档的现象。因此，在设计时应考虑相对独立或单独分隔的面食、点心厨房如何与备餐间、红案建立有机联系。比如，面、点间门开在红案打荷的对面或紧挨着备餐间开门，以方便言语沟通。另外，为方便管理，防止面食、点心厨房出现安全隐患或其他违纪现象，独立分隔的面点间还应安装大型玻璃门窗，以便于在室外进行监控和督察。这种面点间不仅在正常工作期间，即使在员工下班、仅是值班人员在岗期间，也减少了管理的死角和盲区。面食、点心厨房设计与布局如图2-12所示。

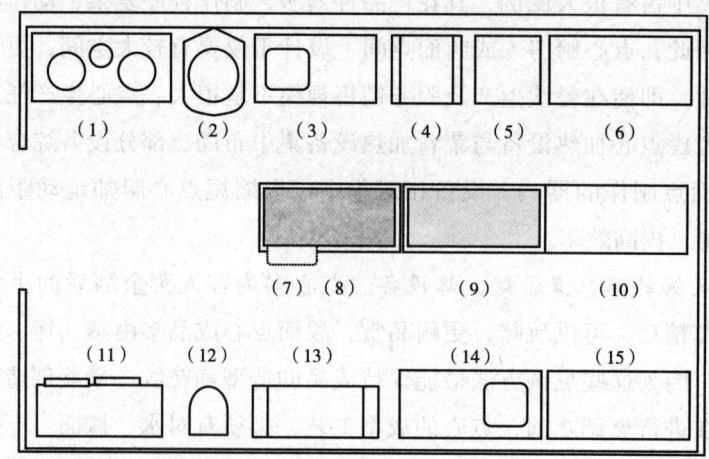

(1)三眼灶　(2)蒸汽锅　(3)水槽　(4)烤盘车　(5)醒发箱　(6)烤箱
(7)面粉车　(8)大理石案板　(9)木案板　(10)带橱柜工作台　(11)冰箱
(12)和面机　(13)压面机　(14)水槽台　(15)食品柜

图2-12　面食、点心厨房设计与布局

五、西餐厨房设计与布局

西餐厨房是生产制作西餐菜肴、西式点心的场所。由于西餐的烹饪方法和成品特点等与中餐有着明显的区别,因此西餐厨房的设计与布局也与中餐厨房不尽相同。

(一)西餐烹调厨房设计

西餐烹调多以烤、扒、焖、炸、炒为主,多将各类原料单独烹制,配汁调味,分别装盘,对菜肴的成熟度也更加注重。因此,西餐厨房的设计与设备配备与中餐烹调厨房有较大差异。目前,大部分宾馆、饭店西餐厨房主要承担咖啡厅产品的生产任务;有些宾馆、饭店西餐烹调厨房还兼顾客房用餐产品的制作与出品。在西餐烹调厨房内布置适当的中式烹调设备,对节省企业投资、节约用工人数、满足不同功能的生产需要是经济和有效的。西餐制作热菜有一类很有影响的厨房,即西餐扒房。所谓扒房,主要因为该厨房设计在餐厅,厨师在用餐客人面前现场制作,其菜品无论是鱼类还是牛排、羊排等,多采用扒类烹调方法制作,故得扒房之名。扒房是颇有情调、环境十分高雅的餐厅(实则为厨房餐厅综合体)。扒房设计,重在扒炉位置,要既便于客人观赏,又不破坏餐厅整体格局,要集餐厅生产、服务、销售于一体,熔制作、表演与欣赏、品尝于一炉。扒炉上方多装有脱排油烟装置,以免煎扒菜肴时产生大量油烟浊气污染、破坏餐厅环境。其设计与布局如图2-13所示。

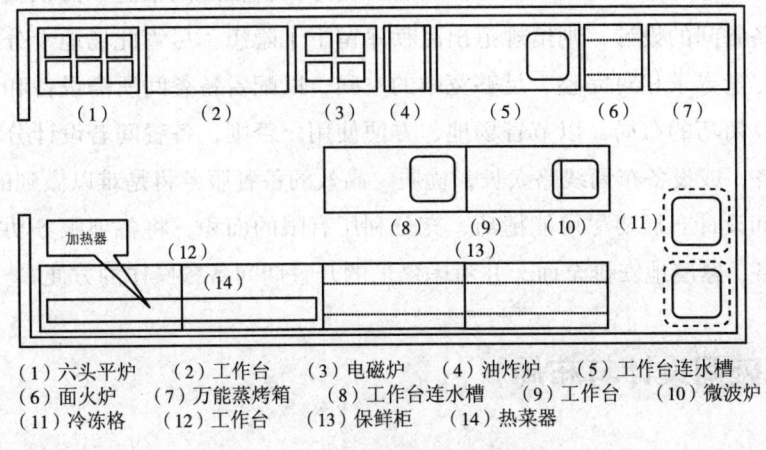

(1)六头平炉 (2)工作台 (3)电磁炉 (4)油炸炉 (5)工作台连水槽
(6)面火炉 (7)万能蒸烤箱 (8)工作台连水槽 (9)工作台 (10)微波炉
(11)冷冻格 (12)工作台 (13)保鲜柜 (14)热菜器

图2-13 西餐烹调厨房设计与布局

六、备餐间设计与布局

备餐间对完善餐饮内部管理和改善客人就餐环境的作用是十分重要的,而这些作用的发挥,不仅取决于备餐间的有无,更依赖于备餐间是否具备必备的条件。

备餐间应处于餐厅、厨房过渡地带。 备餐间的位置应在厨房出品集中且紧靠餐厅入口的地方。备餐间是餐厅和厨房联系的桥梁,应设计在餐厅和厨房过渡的地带。这个位置既是厨房出品的必经之地,便于取放传菜夹,便于通知划单员,又要紧挨餐厅,有效地缩短跑菜距离,方便起菜、停菜等的信息沟通。备餐间不仅要处于餐厅、厨房的过渡地带,而且其布局应尽可能与跑菜线路平行。这样,划单、取菜夹配作料可以顺势进行,而不需多跑路程,多花费时间。

厨房与餐厅之间采用双门双道。 厨房与餐厅之间真正起隔油烟、隔噪声、隔温度作用的是两道门的设置。同向两道门的重叠设置有似船闸的原理,不仅起到"三隔"作用,还遮挡了客人直接透视厨房的视线,有效地解决了若干餐饮企业陈设屏风的问题。考虑到开餐期间菜肴传出厨房与餐后器皿传回后台洗碗间,服务员的流量相当大,若单凭同向两道门重设,很难解决流量大和避免碰撞的矛盾。因此,全面、高效保证厨房顺畅出菜,创造餐厅幽雅环境的做法,是在备餐间(在厨房一侧)与餐厅之间进行双门双道设置并分别专设两道向厨房开的门,以供收送脏的餐具;专设两道向餐厅开的门,以供成品及时传送至餐厅。

备餐间应有足够的空间和设备。 厨房、餐厅间往往距离很近,面积狭小。若因此而忽视备餐间的设计,则给规范出品秩序留下了隐患。尽管此场地十分紧张,设计时仍应尽量寻求相对完整、足够宽敞的空间,以配备备餐间所需设备和用具,并进行科学、精巧的布局,以节省场地、方便使用。否则,备餐间若设计分散,或设备配备不齐,或设备布局线路太长,优质、高效的备餐服务将是难以做到的。

备餐间设计布局要尽可能精巧,充分利用有限的面积,将各项服务功能、必须配备的设备,紧凑地安排全面,并考虑繁忙的开餐期间备餐操作的方便。

七、洗碗间设计与布局

洗碗间设计与布局,在不违背操作流程,尽量减少传菜员传递距离和方便洗涤操作的前提下，还有一些具体要求。

洗碗间应靠近餐厅和厨房，并统一地面标高。洗碗间的位置紧靠餐厅和厨房，应方便传递和清洗餐具，尽量减少员工传送餐具的距离和时间，减少传送过程中的破损概率。同时，洗碗间与餐厅力求统一地面标高，方便餐车推送餐具。假如地面与餐厅不在同一平面，必须进行斜坡处理。另外洗碗间要有较大的接手台，以方便服务员及时撤放餐具，减少餐具堆积碰撞；避免油渍与泔水污染附近工作区域。

应有可靠的消毒设施。洗碗间不仅仅承担清洗餐具、厨具的责任，同时负责所有餐具的消毒工作。洗涤后的餐具将直接用于盛放菜点或上餐桌服务顾客。因此，采取切实可行和行之有效的消毒设计是对顾客利益负责、维护餐饮企业声誉的具体行动。配置功能完备、先进高效的洗碗机，在将餐具洗净之后，有连贯的消毒及干燥处理，餐具洗涤消毒一条龙完成，既节省场地，又卫生可靠。而靠手工洗涤餐具的洗碗间，则必须在洗涤之后，根据本餐饮企业的能源及场地条件等具体情况，配置专门的消毒设施（如蒸汽消毒、红外线消毒、煮沸消毒或消毒液浸泡消毒等）。消毒之后，再将餐具用洁净的布擦干，以供餐厅、厨房使用。切不可因任何理由，不采取任何消毒处理，便将餐具重新投入使用。

洗碗间通、排风效果要好。洗碗间内无论是安装先进的集清洗消毒于一体的洗碗机，还是手工洗涤、采用蒸汽消毒，其洗涤操作期间，均会产生水汽、雾汽。这些水汽，如不及时抽排，不仅影响洗碗工操作，而且可能会使洗净甚至已经干燥的餐具重新出现水汽，还会向餐厅、厨房倒流，污染附近区域环境。因此，必须采取有效设计，切实解决洗碗间通、排风问题，创造良好环境。

 **复习与思考**

一、名词解释

扒房　　设备系统　　主食加工区

二、填空题

1. 一般西餐厅的厨房面积是餐厅面积的_____，中国餐厅的厨房面积是餐厅面积的_____。
2. 食品的加工区分主食加工、_____、点心制作和_____4个生产区域。
3. 设备间的主通道一般不得窄于_____，有作业点主通道不窄于_____。
4. 墙壁和天花板材料采用光滑的瓷砖或油漆，且具备耐热、_____、_____的物理性能。
5. 西餐烹调多以烤、_____、_____、炸、炒为主，多将各类原料单独烹制，配汁调味，分别装盘。

三、选择题

1. 天花板高度一般达3.5～4.5米，这对空气流通及整洁很有帮助，而货仓的高度仅需（　　）米即可。
   A. 2～2.5　　　　B. 3～4　　　　C. 4～5　　　　D. 2.5～3
2. 厨房布局依据产品和工作流程，通常把厨房系统分成三部分，分别是：食品接收、储藏及加工区域；烹饪作业区域和（　　）。
   A. 员工休息区　　B. 员工就餐区　　C. 备餐洗涤区　　D. 行政办公区
3. 备餐间应处于（　　）。
   A. 前端
   B. 后端
   C. 餐厅、厨房过渡地带
   D. 收尾地带
4. 洗碗间应靠近餐厅、厨房，并力求与餐厅（　　）。
   A. 楼上楼下　　B. 相互独立　　C. 在同一平面　　D. 融为一体

四、思考题

1. 模拟设计1000平方米的经营地方风味餐厅的厨房。
2. 厨房烹调区为什么要形成负压？
3. 厨房如何防止鼠虫的侵入？

厨房组织管理

第三章

通过本章的学习，使学生了解厨房的不同种类和厨房的组织机构，以便根据厨房规模、类型、生产方式，设置不同的机构图，制定相应的岗位职责，具备岗位间沟通的能力。

本章介绍了厨房的种类和各种组织机构图，讲述了组织机构的设置原则、各岗位的主要职能和职责，从中了解上下级关系，以培养岗位间沟通的能力。

学习目标

知识目标

1. 了解厨房的种类。
2. 了解厨政组织机构的设置原则。
3. 了解厨房各部门的职能。
4. 了解厨房与其他部门沟通的目的。

技能目标

1. 能够根据各种变化规划厨房组织机构图。
2. 能够制定厨房岗位职责。
3. 具备岗位间沟通的能力。

案　例

行政总厨的组织管理之道

　　程先生毕业于烹饪高职院校，近四年来一直在一家四星级饭店任职，担任一个中餐厨房的厨师长，具有丰富的实践经验，对厨房管理有着自己独到的见解。近期所在饭店有新的发展，在临近的城市又有一家四星饭店开张，领导认为新饭店的行政总厨的最佳人选是程先生，程先生也义无反顾地答应赴任。

　　程先生认为只要把原先饭店的一套管理经验加以运用即可，不料到了新的环境，出现了很多新问题。新部门新班子，员工和管理员都来自不同的地方，无论是管理人员还是普通厨师的磨合都存在问题，每件事都要点拨催促，很多事有始无终，差错不断。总经理知道了这些情况，找程先生谈过话。

　　程先生想，原先管理很顺，为何来到新环境，烦事不断，执行无力。后来回校请教老师，老师给他把脉分析，让他尽快制定岗位职责，做到每个岗位落实到人，把岗位任务贴上墙，使员工明确职责、流程和任务。他回去参照书本，重新增减并细化各部门岗位职责，经讨论增补后以最快时间贴上墙。

　　几天后，每个人都主动工作，无论是菜肴品质、出菜速度还是环境卫生都得到很大改观，厨房进入有序的工作状态。程先生的工作得到了宾客的认可和总经理的褒奖。

案 例 分 析

　　程先生匆匆赴任，忽略了原岗位形成的团队工作氛围，墙上虽没有张贴工作职责和岗位任务，但原来的人员已熟悉工作程序，团队配合默契。新岗位人员刚从各地汇集而来，磨合不够，没有明确的任务指向，很难形成自觉工作的氛围。

第一节　厨房组织结构的设置

一、厨房种类

（一）按厨房的经营性质划分

中式厨房。中式厨房与中餐厅配套，烹制有中国特色的各种菜肴及点心，其中还包括烹制各大菜系的分厨房。

西式厨房。西式厨房与西餐厅配套，它包括扒房与西点房，烹制法式菜点。扒房一般多为开放式，把烹制过程展示在宾客眼前。

宴会厨房。宴会厨房承担大型宴会、酒会及庆典活动的茶点。一般在大型饭店均设有宴会厨房，有些中小型饭店也设有宴会厨房，但平时不启用，遇到大型宴会时，才从其他厨房抽调人员进行烹制。

咖啡厨房。咖啡厨房一般提供咖啡和西式糕点。咖啡厨房不大，但有些饭店把咖啡厅当西餐厅功能使用，故也承担西餐厨房的任务。

（二）按厨房生产的地方风味划分

粤菜厨房：专门制作广东风味的厨房。

川菜厨房：专门制作四川风味的厨房。

浙菜厨房：专门制作浙江风味的厨房。

鲁菜厨房：专门制作山东风味的厨房。

法国菜厨房：专门制作法国风味的厨房。

意大利菜厨房：专门制作意大利风味的厨房。

日本料理厨房：专门制作日本风味的厨房。

（三）按厨房的菜肴属性划分

清真菜厨房。清真菜厨房专门烹制信仰伊斯兰教的民族食用的菜肴。我国的回族、维吾尔族、哈萨克族、塔吉克族、塔塔尔族、柯尔克孜族、撒拉族、东乡族、保安族等都信仰伊斯兰教。这些民族虽然口味不同，但在饮食习俗和饮食禁忌上有共同之处，以食牛羊为主，禁食猪、狗、驴、骡、马、无鳞鱼及其他水生生物、凶猛的飞禽走兽、动物血和自死牲畜。

素菜厨房。素菜厨房专门烹制寺庙和尚、尼姑和佛教信徒食用的菜肴，故素菜也称寺庙菜。在制作上忌"荤、腥"。荤指有异味的蔬菜，如大蒜、大葱、韭菜等。"腥"指肉食，即各种动物的肉，但辣椒、生姜、胡椒、五香、八角、香椿、茴香、桂皮、香菜、芹菜、香菇类以及乳制品不在禁止之列。

药膳厨房。药膳厨房烹制经中医配方、用中草药和食品原料组合而成的保健菜肴。随着越来越多的人对健康的重视，药膳菜肴被更多的人认识和接受。目前的药膳以保健作用为主，还根据群体需要分为美容药膳、减肥药膳、抗衰老药膳。

二、厨房机构设置原则

厨房机构的设置绝大部分大相径庭，但因为各经营风味、经营方式和管理体系不尽相同，所以在确立厨房机构时也不应生搬硬套，而要在力求遵循机构设置原则的基础上，充分考虑自己的特色。

以生产场所为中心。各饭店厨房的数量不同，有些只有一个厨房，有些有4~5个，甚至更多。厨房机构的设置要考虑到每个厨房的运作情况，充分分析厨房作业流程。如果各厨房独立运作就要考虑各厨房设置一个厨师长。如果厨房的半成品由另一厨房配送，则考虑设置小机构，或两个厨房合为一个机构。总之，要本着节约人力资源的原则，保证组织精练、高效。

以经营内容为中心。厨房的数量一般根据餐厅设置，各餐厅的经营时间和经营品种不同，生产内容和生产人员的要求也不同，所以机构设置要相对独立，管理相对分开。有些厨房的产品开发和创新由专门部门承担，这个部门相对重要，机构设置的地位也要相对高些。有些点心房负责各厨房的配送，承担的任务和责任大，机构设置也要重点考虑。

以工作效率为中心。厨房的生产是诸多工种、若干岗位、各项技艺协调配合进行的流程，每个环节的不协调都会给整个厨房生产带来影响，降低生产效率。厨房机构设置要考虑到各部门的工作量和承担的责任，提倡团结协作精神，保证和谐，保证效率。

三、厨房的组织机构图

厨房组织机构图是厨房各层级、各岗位在整个厨房当中的位置和联络关系的体现图。由于厨房规模、类型、生产方式的不同，厨房岗位设置也有所不同。一般设有行政总厨、厨师长、厨房主管、厨师领班、各岗位厨师、辅助人员（杂工）、见习生，以及秘书和文员等。

中型中、西餐厨房组织机构。如图3-1、图3-2所示，此中、西餐厨房组织机构，为中型厨房，厨师长的权力相对集中。如果厨房为大中型的，可增设主管岗

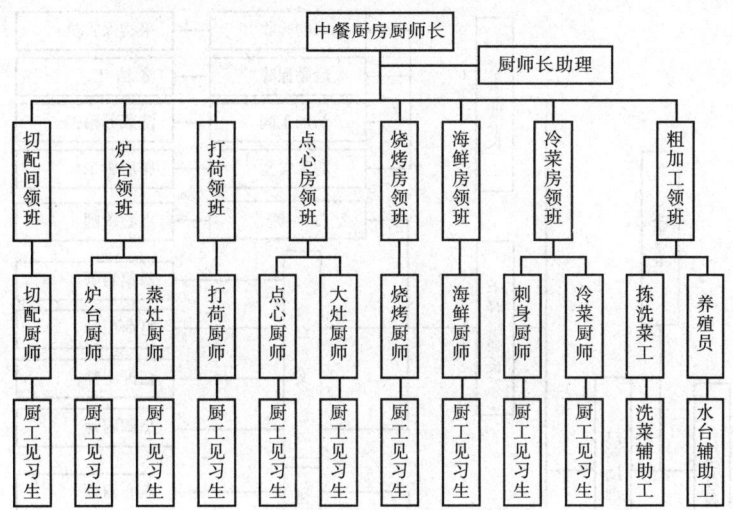

图3-1 中型中餐厨房组织机构图

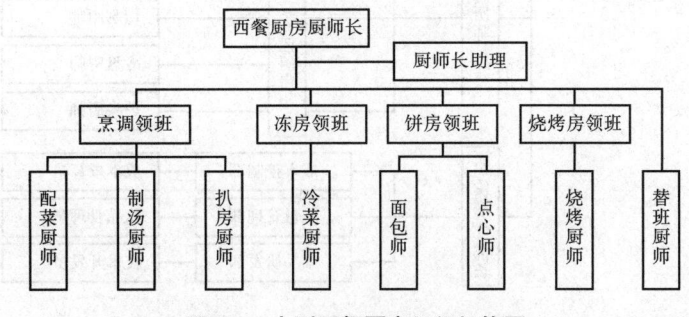

图3-2 中型西餐厨房组织机构图

位，管理整个班组，领班则管理一个班次。

大型厨房组织机构。如图3-3所示。大型厨房由多个厨房组成，一般是一个行

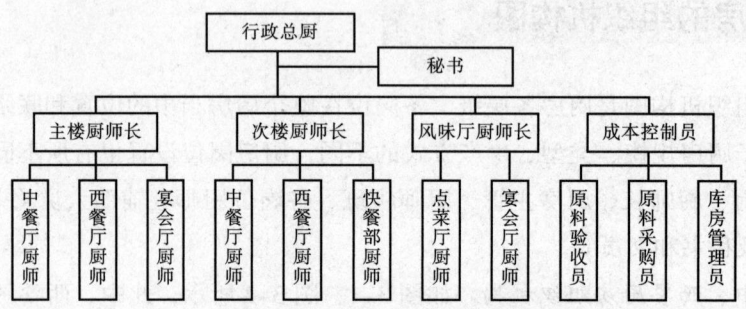

图3-3 大型厨房组织机构图

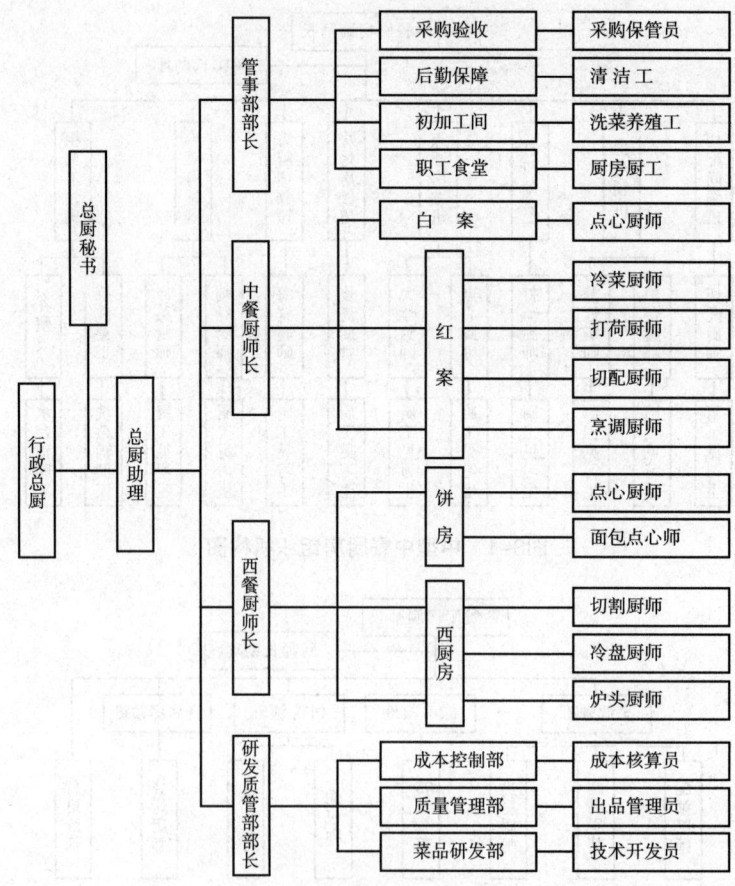

图3-4 新型厨房组织机构图

政总厨管辖数个厨房。

新型厨房组织机构。新型厨房根据现代饭店经营的理念，设立菜点研究开发部、督察部和成本控制部，由研发质管部部长集中管理，也有些分头管理（图3-4）。适用于有多个同类厨房的饭店，目的是降低一线厨师的工作压力，提高其工作效率。

中心厨房组织机构。中心厨房，就是设置有配送功能的中心厨房，主要适用于大型的餐饮企业、连锁餐饮企业、院校饮服中心、国企后勤膳食中心等（图3-5）。目的是降低采购成本，统一规格标准，节约人力资源。

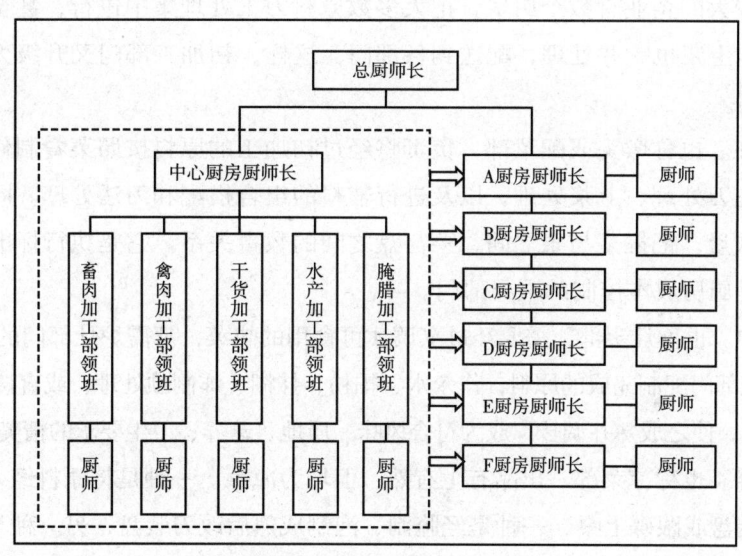

图3-5 中心厨房的组织机构图

第二节 厨房各部门的职能

厨房的首要职能是根据宾客需求，向其提供安全、卫生、精美可口的菜肴；同时要加强对生产流程的管理，控制原料成本，减少费用开支；并且对菜肴不断开拓创新，提高菜肴质量，扩大销售，获取利润。厨房的生产运行依靠厨房各岗位、各工种通力协作。原料进入厨房，要经过初加工间、切配间、烹调间，以及冷菜间、点心间等部门的相应处理，直至装盆完成。因此，尽管厨房的规模大小不同、经营风味不同，各部门各环节都承担着不可或缺的职能。

初加工部。也称粗加工部，是原料进入厨房的第一道生产岗位，主要负责蔬菜、水产、禽畜、肉类等各种原料的拣择、洗涤、宰杀、整理。现在有些厨房把干货原料的涨发、洗涤、处理也纳入初加工范畴；有些在初加工的基础上，还负责根据规格要求对原料进行刀工切割处理。

规模较大的企业有数个厨房，把大多数原料刀工处理集中进行，甚至虾仁、牛柳的码味、上浆也一并处理，配送到各部门，这样，初加工部门又升级为加工厨房或中心厨房。

切配部。也称墩头或配菜部，负责将经过初加工的原料按照菜肴制作要求，对原料进行花刀处理、上浆处理，以及进行辅料的组合搭配和刀法处理。同时把握原料的投放数量，把握菜与菜之间，菜与盘之间的数量关系。它是执行标准菜单的关键部门，是厨房成本控制的重要部门。

炉灶部。也称灶头部，需要经过烹调才可食用的热菜，都需炉灶部门的加热处理，负责将切配部门配制完成的原料，作汆水、拍粉、挂糊、炸制预处理，或直接经油、水、汽加热杀菌，使之成熟并调味，成为符合风味、质地、营养、卫生要求的精美菜品。

冷菜部。也称凉菜部，出品有生有熟，但均为凉菜。一种是将原料经刀工处理后直接调味装盘或跟碟上桌，一种是经腌制、泡制成熟后改刀装盘，另一种与热菜大致相同，经加热调味成熟，或加热成熟再调味，冷凉后切配装盘。承担中餐厅和宴会厅的冷菜碟、水果盆的制作与供应，西餐的沙拉制作和供应。冷菜部门卫生要求最高。

点心部。也称面点间，主要负责面食、点心及饭粥类的制作。完成将面粉从调制、包捏、发酵、加热成熟、装盆等一系列工作，故传统称此项工作为白案。承担早餐、正餐、夜宵、茶市、茶吧的点心制作与供应。西餐点心部称包饼房或烘焙间，承担自助餐、咖啡吧、西餐厅的各类面包、蛋糕、甜品等的制作与供应。

烧烤部。也称烧烤间，是专门负责制作烧烤菜肴的场所，如烤乳猪、叉烧、烤鸭等，由于加工制作与热菜、普通冷菜程序、时间成品特点不同，故需要配备专门的制作场地。烧烤间一般室内温度较高，工作条件较艰苦，其成品多转交冷菜明档或冷菜装盘间出品。

除上述部门以外，根据地区、饭店经营风味的不同，还有卤水部、刺身部等。

第三节 厨房岗位职责的制定

厨房的组织机构确定后,各部门的职能也有了界定,为了使工作顺利开展,责任到人,就要进一步明确各岗位的工作职责。

厨房的最大管理者为行政总厨或厨师长,肩负着厨房的一切政务工作和技术开发工作。其次是各部门的主管、领班带领员工团结协作完成各项工作,下面逐一介绍其职责。

沟　通

所谓沟通,是人与人之间的思想和信息的交换,是将语言、眼神、姿势、文字等信息由一个人传给另一个人的过程。著名组织管理学家巴纳德认为:"沟通是一个把组织的成员联系在一起,以实现共同目标的手段"。在一个组织中,信息沟通不可缺少,管理层与管理层、员工和员工之间都需要沟通和交流。沟通的好处在于产生情感,使组织信息的传递更为迅速,使信息的理解趋于一致,从而推动工作的顺利推进。

一、厨师长及管理层的岗位职责

(一)行政总厨

[**层级关系**]
直接上级:餐饮部经理
管理对象:各点厨师长

联系部门：各餐厅、宴会部、管事部

[岗位职责]

（1）负责厨房正常运转工作，督促各厨房要保证餐厅的营业需求，并确保菜品的质量。

（2）组织各厨师长、厨房技术骨干研制菜点；建立标准菜谱，制定宴会菜单，适时推出时令菜、特选菜。

（3）督促厨房合理使用原料，严格控制成本支出，确保菜肴的足量够份，并使毛利率保持在合理水准。

（4）了解相关法律，督察各厨房的消防、卫生工作及设备的安全使用和维护保养工作。

（5）根据库存状况提出食品原料的采购计划；负责或督促检查食品原料的验收，把好原料质量关。

（6）出席部务会，协调厨房与餐厅的关系；妥善处理消费者对菜点的投诉。

（7）合理调配员工，进行定时的技术培训，负责对各点厨师长的考核。

（8）参与餐饮部美食活动的策划，实施美食活动的展台制作、菜点制作等工作。

（9）了解各国饮食习惯和宗教信仰，具有良好的营养卫生和美学知识。

（二）中餐厨师长

[层级关系]

直接上级：总厨师长

管理对象：中餐厨房主管、领班

联系部门：餐厅、管事部、采购部

[岗位职责]

（1）负责中餐厨房生产运转，合理安排人员，负责考勤考核。

（2）根据总厨师长要求，制订中餐厨房年度培训、促销等工作计划。

（3）策划组织菜点创新、技术交流和业务竞赛。

（4）出席例会，向直管部门传达上级指示，安排年度计划。

（5）检查督导中餐厨房员工搞好个人卫生、食品卫生及环境卫生。

（6）督察各加工程序进展情况，控制出品的质量。

（7）督促中餐厨房员工合理使用原料，降低成本，控制毛利率。

（8）搞好班组间的协调工作，及时解决工作中出现的问题。

（9）主动与联系部门沟通，并听取宾客对菜点质量的意见，不断改进工作。

（10）负责对中餐厨房各种设备、器具进行使用指导和安全检查。

（三）西餐厨师长

[层次关系]

直接上级：总厨师长

管理对象：西餐厨房主管、领班

联系部门：餐厅、管事部、采购部

[岗位职责]

（1）负责西餐厨房生产运转，合理安排人员，负责考勤考核。

（2）根据总厨师长要求，制订西餐厨房年度培训、促销等工作计划。

（3）策划组织菜点创新、技术交流和业务竞赛。

（4）出席例会，并向直管部门传达上级指示，安排年度计划。

（5）检查督导西餐厨房员工搞好个人卫生、食品卫生及环境卫生。

（6）负责各加工程序，控制出品的质量。

（7）督促西餐厨房员工合理使用原料，降低成本，控制毛利率。

（8）搞好班组间的协调工作，及时解决工作中出现的问题。

（9）主动与联系部门沟通，听取宾客对菜点质量的意见，不断改进工作。

（10）负责对西餐厨房各种设备、器具进行使用指导和安全检查。

（四）研发质检部部长

[层次关系]

直接上级：总厨师长

管理对象：研发部、质检部、成本控制部

联系部门：中西餐厨房、餐厅、财务部、采购部

[岗位职责]

（1）对中西餐厨房的产品研究开发，并制作影像进行培训。

（2）根据年度计划，筹划开发美食活动。

（3）策划组织菜点技术交流和业务竞赛。

（4）督促各部门加强程序规范的执行度，保证出品的质量。

（5）督促成本核算部检查采购、验收环节的规范性，使原料菜肴达到最佳的契合度。

（6）督促成本核算部及时了解原料的使用、库存情况。

（7）及时核算成本，严格控制费用的支出，做到账实相符，账表相符。

（8）了解各工作管理的薄弱环节，及时解决工作中出现的问题。

（9）主动与联系部门沟通，不断改进工作，提高效益。

（五）管事部部长

[层次关系]

直接上级：总厨师长

管理对象：初加工间、后勤保障部、员工食堂

联系部门：中西餐厨房、餐厅、财务部、采购部

[岗位职责]

（1）制订年度计划，负责管辖部门的正常运作。

（2）保证食堂饭菜的可口和营养卫生。

（3）每月对管辖食品仓库和餐具库房进行盘点。

（4）根据任务，负责并保证出品盛器的周转。

（5）检查有关设施设备的安全和有效，负责保修和采购。

（6）合理安排清洁时间，督促清洁工及时清洗餐具，保持环境卫生的整洁。

（7）督促初加工间根据任务安排清洗顺序，保证洁净原料及时到位。

（8）督促养殖员，根据动物习性调节环境，提高其存活率。

（六）总厨秘书

[层次关系]

直接上级：总厨师长

联系部门：中西餐厨房、餐厅、财务部、采购部

[岗位职责]

（1）负责年度总结和工作计划的撰写。

（2）负责传达上级部门的指令，下传总厨师长的通知。

（3）负责对部门的文档进行归类和保管。

（4）负责菜肴、菜谱的制定、印刷、传递。

（5）负责文件和菜名的笔译，担任总厨师长的翻译。

（6）传递厨房员工的奖励和惩罚处理单。

（7）提醒总厨师长本日工作日程和会议安排。

（8）接听电话，接待来访，汇报有关事项。

（9）完成总厨师长临时交办的其他任务。

二、中餐厨房岗位及其职责

（一）厨房主管

[层次关系]

直接上级：厨师长

管理对象：所属的厨师及见习生

联系部门：其他厨房部门、管事部、采购部

[岗位职责]

（1）查看当天任务单，根据情况分配落实，做好一天的日常工作。

（2）了解冰箱货柜的存货，根据预订，签发领料单、申购单，为次日与第三日做好准备。

（3）参加厨房例会，将厨房生产中出现的问题及时反映给厨师长，并提出改进意见。

（4）检查厨房的出勤情况，及时安排人力，填补缺勤人员。

（5）下班前检查厨房和负责区域的卫生和安全。

（6）及时了解设备的使用情况，通知工程部维修，以免耽误厨房生产。

（7）随时检查菜肴的质量，并提出改进意见。

（8）考核所属厨师的工作表现和出勤情况。

（9）关注设备的使用情况，注意厨房的操作安全和卫生安全，等等。

（二）炉台岗领班

[层次关系]

直接上级：厨师长

管理对象：炉灶厨师、蒸炉厨师

[岗位职责]

（1）自觉服从厨师长的工作安排。

（2）了解任务情况，监督各岗位做好餐前准备工作。

（3）合理安排工作程序，督促炉灶厨师严格按照规范实施操作，确保操作安全。

（4）监督厨师做好炉灶台面的清洁工作，随时保持环境的整洁。

（5）督促厨师按出菜程序的先后，有序烹制，有序出菜。

（6）督促厨师节约燃料、水、电等能源，减少不必要的损耗。

（7）督促厨师在操作中使用调味品时，要厉行节约、合理使用、减少浪费。

（8）督促厨师在收市时注意炊具的清洗（特别是汤桶），加盖调味罐，过滤剩油。

（9）督促厨师在收市时关掉所有水、电、煤气开关，保证安全。

（10）抓好班组的业务岗位培训工作，不断提高员工的岗位业务水平。

（11）与厨师和睦相处、团结合作，共同发挥出工作的主动性与积极性。

（三）炉台岗厨师

[层次关系]

直接上级：炉台领班

[岗位职责]

（1）自觉服从炉台领班的工作安排。

（2）做好调味罐、油罐的清洗和补充工作，做到用具齐、分量足，做好开餐准备。

（3）开餐之前应做好原料的前期加工工作。

（4）开餐过程中，应服从划菜员、打荷厨师的安排，及时烹制、有序操作，保证菜肴质量。

（5）烹饪操作中应注意节约水、电、煤等能源，合理使用原料、调料，减少浪费。

（6）做好炉灶台面的清洁工作，随时保持环境的整洁。

（7）营业结束后，要做好炊具的清洗（特别是汤桶），加盖调味罐，剩油过滤等工作。

（8）积极参加岗位业务培训，不断提高岗位业务水平。

（四）蒸炖厨师

[层次关系]

直接上级：炉台领班

[岗位职责]

（1）自觉服从领班的工作安排，保质保量完成菜肴的蒸炖制作。

（2）必须熟悉和掌握蒸、扣、炖、熬、煲等烹制方法。

（3）浸发各种干货，如鲍鱼、海参、鱼翅、燕窝、鳖肚等。

（4）熟练掌握各种干货的涨发性能和涨发程度，提高出成率。

（5）加工各种蒸菜的调味品和小料，如蒜蓉、豆豉酱、葱姜等。

（6）熬制上汤、二汤，保证当天热菜的烹调使用。

（7）负责本岗位的设备、工具的清理和保管。

（8）负责打扫本岗位的卫生，下班时关好水、气、电开关。

（9）发挥工作主动性，完成上级交办的其他任务。

（五）切配间领班

[层次关系]

直接上级：厨师长

管理对象：切配厨师

[岗位职责]

（1）服从厨师长的工作安排，对整个厨房的日常生产、计划要做到心中有数。

（2）带领切配师，按照操作规范完成菜肴的配料工作，按要求做好原料保管。

（3）适时整理冰箱内的各类食品原料，保证原料的新鲜，防止变质。

（4）严格按照切配要求操作，督促厨师按要求对主、副原料过秤，严防短斤缺两。

（5）把握大型宴会、酒席的配菜时间。

（6）与炉灶厨师、打荷厨师密切配合，按序配菜、出菜，防止发生漏配现象。

（7）督促厨师合理使用原料，尽量减少浪费。

（8）原料断档，要及时转告餐厅，以便服务员向客人解释。

（9）营业结束之后，剩余原料应分类保管、贮藏，水发原料应勤换水。

（10）督促员工及时清洗台面、台秤、砧板和绞肉机等。

（11）积极参加岗位业务培训，不断提高自身的岗位业务水平。

（12）与员工保持和谐的关系，完成上级交办的其他任务。

（六）切配厨师

[层次关系]

直接上级：切配领班

[岗位职责]

（1）自觉服从切配领班的工作安排。

（2）根据工作规范和成型要求，高质量地完成菜肴切配工作。

（3）经切配的原料应妥善保管，若遇夏天应及时降温保管，防止原料变质。

（4）原料上浆前应过秤，以便如实做原料的加工记录工作。

（5）在工作中，妥善处理下脚料，原料分类存放保管。

（6）随时整理冰箱内的食品原料，做到存放有序，定期清洗冰箱，保持卫生整洁。

（7）更换样品菜，保持新鲜度。

（8）营业结束后，做好工具、用具、砧板的清洁工作，磨好菜刀，关闭水、电及其他设备设施开关。

（9）积极参加业务岗位培训，不断提高自身的岗位业务水平。

（10）发挥工作的主动性与积极性，搞好员工的团结与合作，完成上级交办的其他任务。

（七）打荷领班

[层次关系]

直接上级：厨师长

管理对象：打荷厨师

[岗位职责]

（1）自觉服从厨师长的工作安排，组织和分配打荷岗的各项工作。

（2）督促下级在开餐前做好各项准备工作，包括点缀原料的准备、小料的准备及餐具的准备。

（3）督促厨师在操作中使用的原料应力求合理、节约。

（4）每天根据营业要求，合理领取各种调味品，并如实记录。

（5）每次开餐之前准备好各种兑汁与调味品，并进行检查。

（6）督促炉灶厨师、打荷厨师有序出菜，保证出菜的速度与节奏，把好菜肴质量关。

（7）根据点菜的先后和出菜原则出菜，根据特殊情况和要求，灵活出菜。

（8）与餐厅服务员、划菜员加强沟通，尽量满足消费者要求。

（9）大型会议、重要任务营业结束之后，负责做好食品留样工作。

（10）每次营业结束后，督促下级做好各项卫生工作并例行检查。

（11）与下级员工团结合作，完成上级交办的其他任务。

（八）打荷厨师

[层次关系]

直接上级：打荷领班

[岗位职责]

（1）自觉服从打荷领班的工作安排。

（2）负责做好工作范围内的环境清洁和台面卫生工作。

（3）做好开餐前的准备，包括点缀原料的准备、小料及餐具的准备。

（4）开餐时餐具、油味罐的放置要保持整洁，并做到每次清洗。

（5）根据菜肴的烹饪特点和餐厅情况，及时分配菜肴，掌握出菜速度与节奏。

（6）发现食品规格、质量、标准与菜肴不符，应及时通知切配岗进行补救。

（7）及时将烹制好的菜肴送到划菜处。

（8）要仔细查看取菜联上是否有特别要求，如有应给予及时调整，满足宾客需求。

（9）每次营业结束后，应及时整理取菜联，核对后，送交厨师长办公室。

（10）发挥工作主动性，完成上级交办的其他任务。

（九）冷菜领班

[层次关系]

直接上级：厨师长

管理对象：冷菜厨师

[岗位职责]

（1）自觉接受厨师长的工作安排，负责做好冷菜菜肴的制作工作。

（2）及时了解当天的工作要求，督促下属员工做好各项准备工作。

（3）负责冷菜的考察学习与研究，定期做到冷菜创新。

（4）督促下属做好一切准备工作，做到品种齐全，保证正常供应。

（5）督促下属对所使用的工具、用具、盛器、炉子等进行清洗和保管。

（6）检查冷菜专用工具、用具盛器的卫生消毒工作。

（7）检查粗加工送来的食品原料的质量是否符合国家卫生标准。

（8）如遇点菜，需及时切配，严格按照分量标准出售，并做到有序操作。

（9）督促厨师在操作中，应节约燃料、水、电等能源。

（10）在操作中，应节约使用各类调味品，力求做到使用合理，减少浪费。

（11）负责整理冷菜房的熟食冰箱，保持清洁卫生，保证食品安全。

（12）督促厨师在收市时注意炊具的清洗，调味罐加盖。

（13）督促厨师在收市时关掉所有水、电、煤气开关，保证安全，并打开紫外线灯。

（14）每次营业结束后，应及时整理取菜联，核对后，送交厨师长办公室。

（15）原料断档，要及时转告餐厅，以便服务员向客人解释。

（16）提前一天开出进货申购单，交厨师长审批。

（17）大型会议、重要任务营业结束之后，负责做好食品留样工作。

（18）与下级员工团结合作，完成上级交办的其他任务。

（十）冷菜厨师

[层次关系]

直接上级：冷菜领班

[岗位职责]

（1）服从领班的工作安排，保质、保量完成冷盆菜肴的制作工作。

（2）及时了解当天的工作任务，并做好各项准备工作。

（3）负责将原料、调味品、油等用品准备齐全，以切实保证使用需要。

（4）负责做好各类工具、用具的清洁消毒工作，以及砧板、刀具的清洗消毒工作。

（5）每次营业开始之前，负责做好冷菜烹制工作。

（6）严格按照菜肴操作规程实施操作。

（7）进入冷菜间操作熟食时必须戴口罩，并消毒双手、抹布、砧板和刀具。

（8）在装盆时，应做到刀面清晰，厚薄均匀，清洁美观，并按标准分量配制。

(9)收到点菜单后,应有序操作,迅速完成冷盆的制作工作。

(10)合理使用各类原料,厉行节约,减少浪费。

(11)及时将剩余熟食原料分类贮藏在冰箱中,保证食品安全。

(12)及时洗净使用过的盛器、用具和砧板,合理放置,并盖上纱布。

(13)在收市时关掉所有水、电、煤气开关,保证安全。

(14)注意做好冷菜间的卫生消毒工作。下班时打开紫外线灯,进行消毒。

(15)发挥工作主动性,完成上级交办的其他任务。

(十一)烧烤领班

[层次关系]

直接上级:厨师长

管理对象:烧烤厨师

[岗位职责]

(1)接受厨师长的工作安排,负责做好中菜厨房的烧烤工作。

(2)及时了解当天的工作任务,督促所属员工做好各项准备工作。

(3)督促下属做好原料和调料的准备工作,做到品种齐全,保证正常供应。

(4)督促下属保管好工具、盛器等用具,并保持用具和炉子的清洁。

(5)负责将每天原料拆卸后的边角料及时送交切配间或员工食堂。

(6)负责检查粗加工送来的食品原料的质量是否符合国家卫生标准。

(7)保证在每天开餐之前完成原料的烹调、烧烤等工作。

(8)及时切配,严格按照计量标准出售,做到有序操作。

(9)原料断档,要及时转告餐厅,以便服务员向客人解释。

(10)督促厨师节约燃料、水、电等能源,并在收市时关掉所有水、电、煤气开关,保证安全。

(11)督促厨师在操作中使用调味品时,要合理使用、厉行节约、减少浪费。

(12)督促下属厨师及时将剩余的食品原料分类存放在冰箱中保管。

(13)督促厨师在收市时清洗汤桶和炊具,加盖调味罐。

(14)提前一天开出进货申购单,交厨师长审批。

(15)大型会议、重要任务营业结束之后,负责做好食品留样工作。

(16)与下级员工团结合作,完成上级交办的其他任务。

（十二）烧烤厨师

[层次关系]

直接上级：烧烤领班

[岗位职责]

（1）自觉服从领班的工作安排，保质保量完成烧烤菜肴的制作工作。

（2）及时了解当天的工作任务，切实做好各项准备工作。

（3）做好各种原料、调味品等的准备工作，做到品种齐全，保证使用。

（4）做好各种工具、用具、盛器的准备和清洁等工作。

（5）检查粗加工送来的各种原料的质量是否符合卫生要求。

（6）做好上炉烧烤原料的加工、腌渍等准备工作。

（7）在操作时，应注意保持炉子周围的环境卫生。

（8）严格按照烧烤质量要求实施操作，完成原料的烹调、烧烤等工作，保证供应。

（9）及时切配，严格按照标准计量出售，做到有序操作。

（10）在操作中使用调味品时，要合理使用、厉行节约。

（11）节约燃料、水、电等能源，减少不必要的损耗。

（12）及时将剩余的食品原料分类存放在冰箱中保管。

（13）在收市时清洗汤桶和炊具，加盖调味罐。

（14）在收市时关掉所有水、电、煤气开关，保证安全。

（15）发挥工作主动性，完成上级交办的其他任务。

（十三）面点领班

[层次关系]

直接上级：厨师长

直接下属：面点厨师

[岗位职责]

（1）自觉服从厨师长的工作安排，负责点心的制作。

（2）根据每天供应的点心品种情况，督促所属员工在开餐前做好各种点心的加工准备工作。

（3）在每次营业开始之前，分别清洁各类用具及机械设备，保持点心房的环境整洁。

（4）督促下级严格按照点心质量要求实施操作。

（5）原料断档，要及时转告餐厅，以便服务员向客人解释。

（6）督促下级在操作中应合理使用各种原料，要厉行节约，减少浪费。

（7）督促下级在收市时将剩余的点心成品分类保管。

（8）督促下级在收市时关掉所有水、电、煤气开关，保证安全。

（9）与下级员工团结合作，完成上级交办的其他任务。

（十四）面点厨师

[层次关系]

直接上级：面点领班

[岗位职责]

（1）自觉服从面点领班的工作安排，负责点心的制作。

（2）定量做好所需要馅心的准备工作，调味罐的补充工作。

（3）根据每天供应的点心品种情况，开餐前做好各种点心的加工准备工作。

（4）在每次营业开始之前，分别清洁各类用具及机械设备。

（5）负责做好灶面的卫生工作，保持点心房的环境整洁。

（6）严格按照点心质量要求实施操作。

（7）在操作中应合理使用各种原料，要厉行节约，减少浪费。

（8）在收市时将剩余的点心成品分类保管。

（9）及时清洗炊具及其他机械设备，并保持灶面整洁。

（10）在收市时关掉所有水、电、煤气开关，保证安全。

（11）发挥工作主动性，完成上级交办的其他任务。

三、西餐厨房岗位及其职责

（一）扒房领班

[层次关系]

直接上级：西餐厨房厨师长

直接下属：扒房厨师

[岗位职责]

（1）自觉服从厨师长的工作安排，建立运行记录，严格执行考勤制度。

（2）上班时先要了解任务情况，监督各岗位做好餐前准备工作。

（3）合理安排工作流程，督促扒房厨师严格按照规范实施操作，确保操作安全。

（4）监督扒房厨师做好工作场地的清洁工作，随时保持环境的整洁。

（5）督促厨师按出菜程序的先后，有序烹制，有序出菜。

（6）督促厨师节约燃料、水、电等能源，减少不必要的损耗。

（7）督促厨师在操作中使用调味品时，要厉行节约、合理使用、减少浪费。

（8）督促厨师在收市时注意炊具的清洗。

（9）督促厨师在收市时关掉所有水、电、煤气开关，保证安全。

（10）抓好班组的业务岗位培训工作，不断提高员工的岗位业务水平。

（11）与厨师和睦相处、团结合作，共同发挥出工作的主动性与积极性。

（二）扒房厨师

[层次关系]

直接上级：扒房领班

[岗位职责]

（1）自觉服从上级的工作安排，遵守各项制度。

（2）及时了解任务，做好餐前的各项准备工作。

（3）严格按照规范实施操作，确保工作的安全正常进行。

（4）保持个人仪表仪容的规范，随时保持工作环境的整洁。

（5）严格按标准程序制作和出菜。

（6）合理使用原料，节约能源，减少浪费。

（7）敬业爱岗，与同事和睦相处、团结合作。

（三）汤汁领班

[层次关系]

直接上级：西餐厨房厨师长

直接下属：汤汁厨师

［岗位职责］

（1）自觉服从厨师长的工作安排，建立运行记录，严格执行考勤制度。

（2）上班时先要了解任务情况，监督各岗位做好餐前准备工作。

（3）合理安排工作流程，督促部门厨师严格按照规范实施操作，确保操作安全。

（4）监督汤汁房厨师做好工作场地的清洁工作，随时保持环境的整洁。

（5）督促厨师按出菜标准程序制作汤汁，保证品质。

（6）督促厨师节约燃料、水、电等能源，减少不必要的损耗。

（7）督促厨师在操作中使用调味品时，要厉行节约、合理使用、减少浪费。

（8）督促厨师在收市时注意炊具的清洗。

（9）督促厨师在收市时关掉所有水、电、煤气开关，保证安全。

（10）抓好班组的业务岗位培训工作，不断提高员工的岗位业务水平。

（11）与厨师和睦相处、团结合作，共同发挥出工作的主动性与积极性。

（四）汤汁厨师

［层次关系］

直接上级：汤汁房领班

［岗位职责］

（1）自觉服从上级的工作安排，遵守各项制度。

（2）及时了解任务，做好餐前的各项准备工作。

（3）严格按照规范实施操作，确保工作的安全正常进行。

（4）保持个人仪表仪容的规范，随时保持工作环境的整洁。

（5）严格按标准程序制作和出菜。

（6）合理使用原料，节约能源，减少浪费。

（7）敬业爱岗，与同事和睦相处、团结合作。

（五）饼房领班

［层次关系］

直接上级：西餐厨房厨师长

直接下属：饼房厨师

[岗位职责]

（1）自觉服从厨师长的工作安排，建立运行记录，严格执行考勤制度。

（2）负责部门所制作的产品的质量，确保其规格和出品要求。

（3）主动检查自助餐台、吧台等地的供应品种，及时补充。

（4）合理安排工作流程，督促厨师严格按照规范实施操作，确保安全。

（5）监督厨师做好工作场地的清洁工作，随时保持环境的整洁。

（6）督促厨师在收市时关掉所有水电及燃气开关，确保安全。

（7）抓好班组的业务岗位培训工作，不断提高员工的岗位业务水平。

（8）与厨师和睦相处、团结合作，共同发挥出工作的主动性与积极性。

（六）饼房厨师

[层次关系]

直接上级：饼房领班

[岗位职责]

（1）自觉服从上级的工作安排，遵守各项制度。

（2）及时了解任务，提前做好各项准备工作，保证供应量。

（3）严格按照规范实施操作，确保工作的安全正常进行。

（4）严格按标准程序制作，根据标准重量制作点心。

（5）保持个人的仪表仪容的规范，随时保持工作环境的整洁。

（6）合理使用原料，节约能源，减少浪费。

（7）敬业爱岗，与同事和睦相处、团结合作。

四、研发质检部岗位及其职责

（一）菜品研发人员

[层次关系]

直接上级：研发质检部部长

联系部门：厨房各岗位

[岗位职责]

（1）考察挖掘各地原料，试用并推出新颖食材。

（2）负责研究开发中西厨房的产品，并制作影像存档。

（3）制定菜品制作流程及标准，制定菜肴建议售价。

（4）依据研发菜点，选择适合的餐具，提高菜品的规范性和美观度。

（5）对各部门进行菜点培训，配合相关部门进行其他培训。

（6）观察员工的特长，推荐安排其合适的工作。

（二）质量管理人员

[层次关系]

直接上级：研发质检部部长

联系部门：厨房各岗位

[岗位职责]

（1）负责督导工作计划，向各部门贯彻质量标准和质量意识。

（2）负责各岗位的质量检查，落实后续指导。

（3）负责"顾客满意度调查"信息和"顾客意见表"的收集、分析和反馈工作，并督促相关部门如人员改进。

（4）根据平时的检查，对各部门进行考核。

（5）收集各种信息，实事求是地反馈给厨房管理层。

（6）与各部门团结合作，完成上级交办的其他任务。

（三）成本控制部

[层次关系]

直接上级：研发质检部部长

联系部门：厨房各岗位

[岗位职责]

（1）负责整个厨房的成本核算，制定售价。

（2）负责督察采购员、验收员、保管员，以及初加工间的工作环节。

（3）负责招标采购、比价采购的程序制定，并落实进行。

（4）每天核查点菜单、划菜单、销售单。

(5）收集营业信息，制定日报表、月报表。

(6）定期检查原料库存，核算出成本毛利率。

(7）核对采购单、验收单、领料单、调拨单。认真核对送货验收单，严控支付环节。

五、管事部岗位及其职责

（一）海鲜房领班

[层次关系]

直接上级：厨师长

管理对象：海鲜房员工

[岗位职责]

(1）自觉服从厨师长的工作安排，负责海鲜房饲养和管理工作。

(2）负责各类鱼缸的海水配方，保证鱼、虾、蟹、贝壳类的存活率。

(3）负责冰鲜池的排放整齐，分类合理，及时处理隔天的冰鲜，交厨房另行加工。

(4）严格控制水产的存活率与新鲜度，把好质量关，把不合格的水产及时退还采购部门。

(5）负责海鲜房的环境卫生与设备卫生，做到随时清理。

(6）负责开列出当天进货申购单，交厨师长办公室。

(7）空运海鲜需提前一天开进货申购单，并交厨师长审批。

(8）对顾客要实事求是，不能短斤缺两，不以死当活，以次充好。

(9）与下级员工团结合作，完成上级交办的其他任务。

（二）海鲜房员工

[层次关系]

直接上级：海鲜房领班

[岗位职责]

(1）自觉服从领班的工作安排，负责各类活鲜产品的合理饲养。

(2）负责鱼池、贝壳池、冰鲜池、蛇箱、鸟笼的换水与清洗。

(3）严把海鲜质量关，不符合标准的水产一律不用，并把刚死的海鲜及时送厨房，以便厨房妥善处理。

（4）做到待客和气，不欺骗顾客，不以次充好，不以死当活，不缺斤短两。

（5）负责做到贝壳类提前一天清养，隔天使用。

（6）每市结束之后，搞好封冰、换水及卫生等工作，关闭水电开关。

（7）发挥工作主动性，完成上级交办的其他任务。

（三）粗加工领班

［层次关系］

直接上级：厨师长

管理对象：洗杀工

［岗位职责］

（1）自觉服从厨师长的工作安排，负责粗加工间的管理工作。

（2）合理安排下属员工，严格按照食品粗加工要求实施操作。

（3）负责做好工具、用具和盛器的准备工作，保证加工使用方便。

（4）根据厨房需求，及时调整原料加工的次序。

（5）检查加工原料是否符合标准，并送交厨房使用。

（6）操作中应保持原料的新鲜，妥善处理下脚料。

（7）与下级员工团结合作，完成上级交办的其他任务。

（四）洗菜工

［层次关系］

直接上级：洗涤领班

［岗位职责］

（1）自觉服从领班各项工作安排，完成所有原料粗加工工作。

（2）严格按照食品加工要求实施操作，净菜中不得混有杂菜、草、黄叶、烂叶等。

（3）根据厨房使用要求，及时提供加工好的蔬菜等原料。

（4）操作中应保持原料的新鲜程度。

（5）加工完，厨房暂不用的蔬菜、水产等应妥善保管，放入保鲜库或冰库，保持新鲜，防止变质。

（6）负责保管工具，保持粗加工间的清洁卫生。

(7）负责活禽等动物的喂养。

(8）发挥工作主动性，完成上级交办的其他任务。

（五）食堂领班

[层次关系]

直接上级：管事部部长

管理对象：食堂员工

[岗位职责]

(1）负责食堂的日常运作和食品的供应。

(2）带领员工，按照规范完成各项工作。

(3）经常变更菜点花色，保证菜点的质量和卫生。

(4）联系各中西厨房，合理调配使用原料，节约成本。

(5）根据需要延长供应时间，并保证饭菜的温度。

(6）服从上级交办的其他工作安排。

（六）食堂员工

[层次关系]

直接上级：食堂领班

[岗位职责]

(1）自觉服从食堂领班的工作安排。

(2）根据工作规范和成型规格，高质量地完成任务。

(3）妥善保管半成品原料，夏天应及时低温保管，防止变质。

(4）妥善处理下脚料，做到分类保管，集中使用。

(5）保证饭菜的质量，按要求分装盛盘。

(6）保证食品的安全卫生，保证环境的清洁和消防安全。

(9）积极参加业务培训，提高自身的岗位业务水平。

（七）原料验收员

[层次关系]

直接上级：管事部部长

联系部门：核算员、采购员、保管员、各厨房

[岗位职责]

（1）秉公验收厨房的各种原料。

（2）熟知原料的采购规格和标准。

（3）具有鉴别原料品质的能力。

（4）忠于职守，遵守一切规范和制度。

（5）熟悉各种处理的方法和程序。

（6）保证原料项目与订购单项目相符。

（7）保证重量、数量与实际的原料相符。

（8）保证原料规格要与采购要求相符。

（9）保证原料质量与标准要求相符。

（八）仓库保管员

[层次关系]

直接上级：管事部部长

联系部门：核算员、采购员、各厨房

[岗位职责]

（1）负责厨房的食品原材料的保管。

（2）严格按规定进库、出库，保存进出库单据，上交核算员。

（3）根据食品的保质期和保质要求，合理存放和使用。

（4）经常核对库存，做到账、物、卡三者相符。

（5）保证食品的最低库存量，保障厨房的领用。

（6）采取相应措施，防止鼠害、虫害和霉变。

（7）保持高度警惕，确保库存物资不受损失。

（8）接受有关部门的检查和督促。

（九）卫生清洁工

[层次关系]

直接上级：管事部部长

[岗位职责]

（1）负责厨房的环境卫生和用具、餐具的清洗。
（2）严格执行"一冲二洗三过四消毒"的餐具洗涤要求。
（3）洗涤餐具，注意轻拿轻放，防止意外破损。
（4）合理使用洗涤剂，节约用水，减少浪费。
（5）固定餐具和用具的存放位置，方便厨师取用。
（6）及时清倒残渣，保持空气清洁。

第四节　厨房与其他部门的协调

厨房是饭店和餐饮企业生产产品的部门，是给企业创造经济效益的部门，它在日常运转中，必须取得各方面的支持与配合，才能达到预期的目标。这就需要厨政管理员协调处理各方面的关系，加强与各有关部门的联系，相互沟通信息，融洽双方感情，以求得双方相互支持与理解。这其中也包括与餐厅的沟通和厨房内部的沟通。

一、厨房与餐饮部内部的沟通

（一）厨房与餐厅的沟通

厨房与餐厅是一个不可分割的整体，它们是后台与前台的关系。比如，厨房生产出来的菜点，需要餐厅服务员的推介销售和优质的服务，也需要餐厅及时传递顾客的需求和所反映的意见。厨房与餐厅必须相互依存，密切配合，协调默契，否则会影响服务质量和饭店声誉。因此，厨房与餐厅双方要经常进行交流，互通信息，融洽关系，以利服务质量和菜肴品质不断提高。

（二）厨房与订餐部的沟通

订餐无论是餐饮部的宴会预订部负责，还是饭店销售部负责，都与厨房有密切关系。特别是中餐厨房的宴会生产任务大都是来自订餐部。因此厨房必须加强与订餐部的沟通，密切关注宴会预订处的各种信息，做好相应的准备。当厨房接收到正式宴会通知单后，要立即开展各项准备工作，如果厨房因人员的技术力量不足，厨房设备发生故障一时又难以排除，或采购不到宴会所需要的原料时，厨房应及时将信息反馈到宴会预订处，以便向客人做好解释工作或调整菜单。

（三）厨房与餐务部的沟通

　　餐饮的后勤一般由餐务部管理，主要负责餐具和用具的清洁、保管等工作。厨房管理人员为了确保厨房生产的正常进行，就必须经常与餐务部取得联系和沟通，要求餐务部能及时提供足够数量的、洁净的厨房盛器及用具等物品。定期向餐务部提交厨房餐具、用品的破损情况和添置需求。当厨房需要使用一些高档餐具时，也应尽早通知餐务部，以便提前做好餐具的清洁、消毒等准备工作。在现代饭店中，厨房的卫生工作是通过餐务部得以实现的；同时，厨房人员也应协助餐务部门做好物品的管理及环境卫生等工作。

（四）厨房内部的沟通

　　厨房是一个专业岗位多、生产环节多的部门，如一个环节出现问题，就要影响到整个厨房的运转。因此，厨房内部必须加强部门之间的沟通，互通信息，密切合作，使整个厨房形成一个融洽的整体，为消费者提供质量上乘的产品。

　　各厨房之间的沟通。在大型厨房中，为了使生产任务分工明确，不同的生产任务往往是由各个分厨房来承担的，如以烹制宴席菜点为主的宴会厨房、以接待散客服务为主的零点厨房、以接待旅游团队为主的团体餐厨房等。虽然各个厨房负责的菜品任务不同，生产相对独立，但彼此之间又密不可分。如有大型宴会或重大任务时，各厨房就要调剂人员，调剂原料，相互帮助。只有加强相互之间的沟通联络，才能保证整个餐饮部的日常工作顺利进行。

　　各班组之间的沟通。即使在一个厨房中，还有从事不同工种的班组之分，每个班组所从事的工作不尽相同，如热菜组、冷菜间（组）、面点间（组）等。因此，厨房整体工作的好坏取决于班组之间的配合程度。各班组之间要随时保持生产过程中的联系，保证厨房生产的正常运行。例如厨房中的初加工间，担负着许多班组的原料加工任务，如打荷组使用的小料、砧板需要的各种主料与配料、蒸锅需要的水产品、冷菜需要的蔬菜等。为了确保不影响任何一个班组的生产进行，初加工间必须及时与各班组进行沟通，随时掌握对原料的需求情况，并根据需求及时提供各种原料。

　　上下作业岗位的沟通。中餐厨房的生产是以流水的方式进行的，以热菜的烹饪为例，从原料的初加工到菜肴的烹调出品，是由若干个岗位来完成的，任何一个作业岗位出现问题，都会影响到整个菜品生产进度和出品质量。因此，厨房上下作业岗位之间也必须进行沟通，以便互相了解情况，把工作配合好。尤其是在一些特别的情况下，上下作业岗位的沟通显得尤为重要。例如服务员得到催菜要求，首先把信息传递给划菜台，划菜员再把信息通知打荷台，打荷厨师再向炉灶厨师传递；等菜品出场后，还要按上述传递的逆向线路传递到餐厅。在这个过程中，任何一个环节出现问题，传递不畅，都会使信息受阻，服务质量打折。

　　由此看来，厨房的生产过程，实际上是一个分厨房之间、班组之间、岗位之间信息沟通、密切合作、协调作业的过程。

二、厨房与采购部的沟通

　　厨房的原料需要采购部负责采购，加上厨房需采购的原料品种多样，鲜度和品质差异又很大，要使采购的原料符合质量和菜式的要求，就必须加强与采购部的沟通，及时了解食品原料市场的各种信息，才可以针对客人的需要及市场的变化制定菜单、变化菜式、研发新品种，并确保餐饮成本的有效控制。其次，采购部也要按时购回原料，并做到保质保量。在月末厨房要与采购部协商下个月的原料质量规格的标准和数量，制定采购计划，以避免采购与厨房生产脱节或造成原料库存积压的现象，影响餐饮成本。

三、厨房与工程部的沟通

　　厨房的照明、供水、空调、冷冻等设备的维修保养都由工程部（或维修人员）负责。厨房的正常运转离不开工程部的大力支持，设备的维护保养需要工程部给予指导和帮助，电力水暖设施损坏需工程部及时维修更换，保证生产正常运作。厨师如发现设备问题要及时报修，如实反映设备的运作情况，使设备得到及时修复，或使设备减少一些故障，延长其使用寿命。

复习与思考

一、名词解释
厨房　　药膳厨房　　研发部

二、填空题
1. 中式厨房与中餐厅配套，烹制_____的各种菜肴及点心。
2. 厨房组织机构图是厨房各层级、各岗位在整个厨房当中的_____和联络关系的体现。
3. 设置_____厨房的目的是降低采购成本，统一规格标准，节约人力资源。
4. 如发现设备问题要及时_____，要如实反映设备的运作情况，使设备得到及时修复。

三、选择题
1. 行政总厨或厨师长，肩负着厨房的一切政务工作和其他什么工作？（　　）
   A. 菜肴制作　　B. 采购　　C. 考勤　　D. 技术研发
2. 某饭店有浙菜厨房、鲁菜厨房、法国菜厨房、意大利菜厨房，请问是根据什么划分的？（　　）
   A. 菜肴属性　　B. 地方风味　　C. 经营性质　　D. 厨房大小
3. 什么部门是执行标准菜单的关键部门，是厨房成本控制的重要部门？（　　）
   A. 炉灶部　　B. 切配部　　C. 烧烤部　　D. 点心部
4. 氽水、拍粉、挂糊、炸制预处理工作，在行业中习惯称之为什么？（　　）
   A. 开四门　　B. 伙头军　　C. 红案　　D. 打下手

四、简答题
1. 厨房机构设置原则是什么？
2. 厨房与其他部门之间沟通的目的是什么？
3. 如何加强厨房和餐厅之间的关系，使工作更为顺畅？

第四章 厨房原料管理

　　通过本章的学习，使学生了解采购、验收、保存、发货等原料进出流程的管理，提高原料利用率，对于保证菜点质量，降低厨房生产成本、加速资金周转、提高经济效益都有着重要意义。同时学生可根据理解程度，编写进出工作流程细节和管理制度。

　　本章介绍了原料的采购和验收程序，采购验收人员需具备的素质，以及各种采购方法的利弊；还论述了原料的保管和发放的要求和流程，原料库存决策和调拨程序。

学习目标

知识目标

1. 了解原料采购验收管理的意义。
2. 了解原料采购的多种方法。
3. 掌握原料验收的程序。
4. 掌握原料保管的要求。

技能目标

1. 能编制原料采购控制表。
2. 能够按程序和标准验收原料。
3. 能够贯彻执行验收保管领用的程序。

案 例

厨房原料管理中的漏洞

厨房在采购、验收、保管等环节中存在诸多漏洞，下面列出了一些漏洞现象，大家看后还可以补充遗漏的现象并尝试提出有效的控制方法。

	漏洞名称	漏洞成因
采购环节	价格过高	采购方法选用不恰当
	质量伪劣	质量标准不规范，采购渠道不正当，供应商作弊
	缺斤短两	计量不标准，包装有诈
	弄虚作假	原料掺假，原料调包
	运输丢失	遗忘在市场，在运输过程中丢失或被偷窃
	提取回扣	经办人员中饱私囊
验收环节	价格漏洞	预先没有核定价格，事后填上高价
	分量漏洞	在称重时舞弊，用各种方法故意提高重量
	水分漏洞	验收称重时水分过多，使实际重量大大少于记录重量
	规格漏洞	没按规格验收，或验收的规格宽松
	掺假漏洞	大包装原料上好下次、上新鲜下陈旧，以次充好
保管环节	原料被盗	原料被外贼或内贼盗窃
	过期变质	原料过期、虫变、霉变、失冰、脱水
	原料短缺	盘点发现原料短缺
	监守自盗	原料被保管员侵蚀
	二次入账	批量原料返回仓库不做账，与供应商联手，二次入账
领用环节	虚假领用	填写领料单后，把原料据为己有
	以大换小	原料单上没注明大小，以小换大入账
	超额领用	领用数大大超过使用量，使原料浪费

——资料来源：戴桂宝，现代餐饮管理[M]．北京：北京大学出版社，2006．

原料在采购、验收、保管、领用的各环节中，出现的一系列漏洞，主要是管理不善，加上当事人业务不熟悉所导致的。我们在管理中首先要发现漏洞的出现环节和现象，才能有效地管理控制，如一名管理员连漏洞都无从找到，何谈控制。

第四章 厨房原料管理

厨房原料管理就是申购、采购、验收、保管、领用一条线的管理，它包括申购的合理性，供应商的选择，采购原料的适用度，原料的品质和数量，原料的完好贮存，以及领用过程等环节。这个环节是厨房生产的前奏，关系到厨房生产产品的质量，而且还对生产成本的控制产生直接影响。

第一节 原料采购管理

为了保证菜肴的质量稳定，不仅要有一支技术过硬的厨师队伍，更要靠原料质量与菜肴的较高契合度。也就是说食品原料的质量好坏不是以价格的高低来定论，而是由原料与菜肴烹调的适用度来决定。所以食品原料的采购很有学问，采购员要虚心学习，认真听取使用者的建议，深入厨房仔细观察和深入研究，才能悟出其中的奥秘。

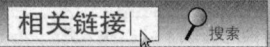

"三无"产品

根据《中华人民共和国产品质量法》第二十七条规定，产品或者其包装上的标志必须真实，并符合下列要求：

1. 有产品质量检验合格证明。
2. 有中文标明的产品名称、生产厂厂名和厂址。
3. 根据产品的特点和使用要求，需要标明产品规格、等级、所含主要成分的名称和含量的，用中文相应予以标明；需要事先让消费者知晓的，应当在外包装上标明，或者预先向消费者提供有关资料。
4. 限期使用的产品，应当在显著位置清晰地标明生产日期和安全使用期或者失效日期。
5. 使用不当，容易造成产品本身损坏或者可能危及人身、财产安全的产品，应当有警示标志或者中文警示说明。

第一节　原料采购管理

> 裸装的食品和其他根据产品的特点难以附加标志的裸装产品，可以不附加产品标志。
> 　　所以，所谓"三无"产品，实际是一个缺少标志的概念，上述条款不能缺少一项。但在民间通常是指无生产日期、无质量合格证（或生产许可证）以及无生产厂名和厂址，来路不明的产品。

一、采购管理的意义和方式

（一）原料采购管理的意义

食品原料采购是厨房食品生产加工和销售服务得以顺利进行的物质基础。组织和管理好厨房食品原料的采购工作，不仅能使厨房食品生产加工和餐厅经营活动顺利进行，同时，对于保证菜点质量，降低厨房生产成本，加速资金周转，提高经济效益，都具有十分重要的意义。

（二）设立专业人员采购原料

为了做好厨房食品原料的采购工作，确保采购业务活动顺利开展，首先要明确采购部门的职责，确定采购方针和原则，制定相关的规章制度，根据采购业务量设计岗位，确定岗位职责和素质要求，配备符合岗位素质要求的人员，加强对采购价格、数量、质量、时间和资金占用的控制，圆满完成食品原料采购工作任务。

由于餐饮企业规模大小各不相同，因而食品原料采购机构的设置也有区别。一般情况下，食品原料采购机构的形式大致有下面几种：

第一，饭店设立采购部。采购部负责饭店所有物品的采购，厨房和餐饮部根据业务经营需要提出食品原料采购申请，由采购部负责订购和验收等工作。实践中有的采购部隶属于财务部，这种形式适用于大型饭店。

第二，餐饮部附设采购部或采购人员。这种形式的采购部属餐饮总监或行政总厨领导。厨房和餐厅经营活动所需食品原料和物品都由采购部负责，这种形式适用于中、小型饭店或纯餐饮的企业。

第三，厨房直接负责食品原料的订货、采购和验收，其他原料和物品由采购部负责采购。纯餐饮的企业一般采用这种形式，有些饭店考虑到食品原料的特殊性，也采用这种形式。

（三）根据原料特点灵活采购

食品原料的采购是一项比较复杂的业务活动，需要采购的原料具有品种杂、规格多、质量差异大、价格有高低、货源渠道杂、宜变质、难运输等特点。采购人员在原料的采购过程中必须熟悉掌握这些特点，根据具体的情况，运用多渠道的采购方式和灵活的采购方法，按需求的数量、规格和质量标准，以合理的价格，最少的流动资金占用，从有信誉的供货商处采购到各种食品原料。

二、原料采购的一般程序

为了确保食品原料采购工作顺利进行，提高采购工作质量，厨房管理层要根据原料特点和采购业务的规律，制定一个行之有效的工作程序和采购准则。采购人员必须按照规定的工作程序和采购准则开展采购活动。

在实践中，食品原料采购活动的基本工作流程，如图4-1所示：

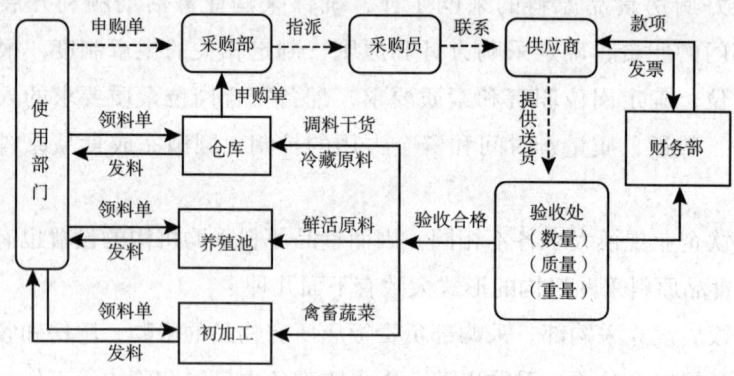

图4-1　食品原料采购、验收、入库业务活动程序

提出申购。首先由使用部门向采购部门（员）提交采购申请明细单。由于采购形式不同，采购申请单的提交方法也就不同。通常鲜活食品原料由厨房提交申购单，可储性食品原料由食品仓库提交申购单。

联系采购。采购部把接到的申购单汇总后，常用原料直接与供货商联系，洽谈规格和价格后直接采购。干货原料和冰冻水产品要索取样品,与厨师长一起检验质量,商定价格,之后再根据洽谈约定填写订购单等。贵重的食品须签订订货合同,订货合同签订后应交给验收人员一份,以备验收入库使用。

验收入库。 采购员采购和供货商送货的原料,验收人员要根据申购单验收,验收合格后,交给仓库保管员登记入库。采购员电话联系订购后,自行到商铺提货的原料,在提货现场就要对原料进行初验,待原料运回后由验收人员复验后登记入库。鲜活原料验收后,由使用部门办理申领手续直接发货。

审核付款。 验收人员完成了食品原料的验收、入库等工作后,应将自己填制的验收单和签字后的发票连同订购单交与财务部,同时告知采购部门原料已验收入库。经财务部审核无误后,供货商或采购员即可提取现金或报销。

三、采购方法和选择供货商

(一)采购方法及其利弊

食品原料的采购方法很多,采用什么样的采购方法,应该根据厨房的菜肴制作需要、食品原料的种类及市场情况而定。常见的采购方法主要有以下几种:

询价采购。 询价采购是最常见、最原始的一种采购方法。通过采购员深入市场,了解行情,逐个询价,根据原料价格和质量优劣的情况,购买性价比高、适用度高的原料。但需自行解决运输工具,并承担运输中出现的风险。优点:直观,适用度最佳。缺点:费工费时,运输成本大,途中有风险。

比较采购。 比较采购是采购人员将需要采购的某种食品原料通报给供货商,让供应商送来样品,厨师长检测商品的优劣,从中选取质优、价廉的货源作为采购对象的一种采购方法。这种方法适用于直观不能检测的原料或采购量较大的原料,如虾仁、干贝、海蜇等。优点:能保证质量。缺点:程序较复杂。

招标采购。 招标采购是现在比较推崇的采购方法。是一种由使用方提出品种、规格等要求,再由卖方投报价格并择期公开当众开标,以符合规定的最低价者得标的一种买卖契约行为。此种采购方法具有公平竞争的优点,可以使买者以合理的价格购得理想物料,并可杜绝徇私、防止舞弊。不过手续较烦琐费时,不适用于紧急采购与特殊规格的货品。优点:公开竞争,总体价格较低,能杜绝舞弊现象。缺点：提前竞标价格常与市场不符，如高于市场，则增加成本；如低于市场，供货商借种种理由不送，故容易断货。

定点采购。定点采购是相对固定在价格低、信誉好、品种多、供货足的供货商中采购的方法。这种方法多适用于购买烟酒、调料等，防止假货，杜绝"三无"产品。优点：保证货源正宗，不适用的原料可退货。缺点：价格比一般的稍高。

约定采购。约定采购是指采购人员根据厨房的需要，按一定的间隔时间，要求供货商把原料送货上门的一种方法。送货量有预先约定，也有临时通知的；有当场结算，也有一季一结的。这种方式适用于农家原料，如香菇、木耳等食用菌和豆腐皮、油面筋等。优点：原料品质高，价格较便宜。缺点：供货不灵活，不能随时送货。

异地采购。异地采购是从外地将所需原料托运到本地的一种方法。这种采购方法适用于地方风味原料，但因不能按个检查原料，供货商的信誉尤为重要。异地采购的原料要求一次或分批供货均有。有的货到付款，有的先款后货。优点：原料风味突出。缺点：供货欠灵活，要自行到车站或码头提货，如先款后货存在一定风险。

联合采购。联合采购是指几个类型相似的餐饮企业为了降低进货的成本，对某些共同需要的原料凑成团购数量，向供货商进货。因为联合采购数量大，可以享受团购价格，从而降低成本。随着连锁饭店、饭店管理集团和国企集团饮食中心的加工厨房（配送中心）的出现，类似联合采购的批量采购方式，大大降低了原料的成本。优点：价格较便宜。缺点：灵活性欠佳，适用于连锁企业和集团。

特殊性采购。特殊性采购是采购员、管理人员在市场调查、农贸产品展示会以及正常采购过程中，发现申购要求以外的时鲜货、奇缺货、紧俏货及新颖原料，酌情采购的一种方法。这种方法能使厨师长及时了解市场信息，加速新菜品的开发。优点：能给厨师长及时提供新品种信息。缺点：采购机会不多，存在随意性。

（二）供货商的选择

在众多供货商中，选择理想的供货商对于做好食品原料采购工作，全面完成采购任务，具有重要的意义。选择理想的供货商应关注以下几个问题：

供货商的资信。供货商的资信是指食品原料供应商的经营资格和信誉度。供货商具备法人资格和较高的信誉，可以提高采购工作的可靠性和稳定性，减少采购的风险。

供货商供货能力和价格。在选择供货商时，应该优先选择中间环节少、供货能力强、能够持续供货和及时供货的供货商，尤其是可保证供应紧缺品种，供应高规格原料的供货商。在其他条件相同的情况下，供货价格是决定采购的关键因素，因它直接影响着厨房生产成本和餐饮经济效益。

供货商的销售服务。销售服务包括食品原料的包装、运输工具、交货方式、交货地点、送货条件，以及提供市场信息等。在采购食品原料时，应该权衡上述销售服务的情况，择优选择供货商，如选择交通方便的供应商，选择供货地点近的供货商，选择有交通工具的供应商。这样有利于节省运输时间和费用，提高工作效率。

四、食品原料采购合同的签订

采购合同是经济合同的一种，它是饭店或餐饮部为了采购各种食品原料而与原料供应商之间明确相互权利、义务关系的一种具有法律效力的协议文本。

（一）合同主体

根据我国《经济合同法》的规定，合同主体应是企业法人、其他经济组织和个体工商户。企业法人是指从事生产、经营、服务等以营利为目的，依法成立的独立享有民事权利和独立承担民事义务的经济实体。其他经济组织是指从事生产经营服务等赢利活动，但不能独立承担民事责任，而经工商行政管理机关核准登记的非法人性质的经济组织，如企业法人的分支机构（营业部、分公司）、外商投资企业设立的分支机构等。个体工商户是指有民事权利能力和民事行为能力的从事个体经营的人员。

（二）合同签订程序

采购合同的签订分为两个步骤：其一是要约。要约是指一方当事人向对方提出订立经济合同的建议或要求。构成有约束力要约的条件有二：一是要约必须表明要约人严肃的订约旨意；二是要约必须具有明确性和完整性。其二是承诺。承诺是指受要约方对要约内容表示完全同意的答复。要约一经承诺，说明双方当事人就合同的内容已经达成协议，经双方签字、盖章后，合同宣告成立。

（三）合同形式

采购合同的形式分为书面合同和口头合同两种。书面合同是指双方当事人以文字表述经协商一致而签订的经济合同。书面合同又可分为普通书面合同和特殊书面合同。双方当事人达成书面协议后，不需按规定或约定再履行其他手续的合同，称为普通书面合同。双方当事人达成书面协议后，还需按规定或约定再履行供证、鉴证等其他手续的合同，称为特殊书面合同。书面合同有的还分为主件和附件两部分。主件是主要条款内容；附件是对主要条款内容所做的文字说明或实物样品。信件、电报、电传也是书面合同的组成部分，当事人应妥善保管。双方当事人通过对话方式形成的合同，称为口头合同。采用口头合同应限于即时结清的合同，口头合同发生纠纷时，当事人有举证的责任，如发票、欠条、收据、通信联系等凭证。

（四）合同主要条款

采购合同的主要条款决定其合法性和有效性，是确定双方当事人权利和义务的依据，又是双方当事人产生合同纠纷进行仲裁的依据。因此，必须慎重对待合同的主要条款。其主要条款包括：

标的。标的是合同双方当事人权利和义务所共同指向的对象。采购合同的标的是餐饮食品原料，称为标的物。标的物必须明确、具体、肯定，否则无法履行。

数量。数量是与标的直接联系的条款，目的是使合同中的标的具体化。数量条款应写明计量单位和计量方法、误差幅度、毛重或净重。

质量。质量也是与标的直接联系的条款，使合同中的标的具体化。质量是标的质的规定性。质量条款中质的规定性应该科学、全面、合理、明确，否则容易造成纠纷，甚至无法履行。所以质量条款中应写明：标的质量要求、等级要求、卫生要求；标的质量标准名称、代号和序号；对质量负责的条件和期限；对质量提出异议的条件和时间；抽样方法和比例；实物样品数量，封存样品的时间、保存地点和方法。

价款。价款是当事人方向另一方支付的货款。订立合同时，国家规定价格标准的，按规定执行；国家没有规定标准的，由双方议定。合同中明确规定给付货款的期限和结算方式，写明对方的开户银行和账号。

履行期限。合同的履行期限是指合同履行义务的时间界限。供货方的履行期限是指交货日期；采购方履行期限是指付款期限，应该明确、具体。

履行地点。当事人一方履行义务，另一方接受履行义务的地方称为履行地点。采购合同中履行地点视约定的交货方式而定。需方自提的，在提货地履行；供方代办托运的，在托运地履行；供方送货的，在需方接货地履行。

履行方式。是指合同当事人怎样履行义务。履行方式条款必须明确，具体规定交付标的物和支付货款的方式。例如，标的款交付应该明确是一次履行还是分次履行，标的是自提、送货还是代办托运，是何种运输方式和运输工具等。

违约责任。是指合同当事人在违反合同约定时应承担的责任。根据我国有关法律、法规所规定的违约责任，主要采取违约金和赔偿金的形式。

争议的解决方式。在产生合同纠纷时采用什么方式解决：协商、申请仲裁还是起诉？这些内容双方均应事先商定。目前推行的统一合同文本均有"争议的解决方式"一款，在签订合同时应予以写明。

第二节　食品原料的验收管理

食品原料的验收管理是一个非常重要的环节。最好设立专职验收员，选派一名敬业爱岗、责任心强、富有经验的厨师担任此职。常规原料由验收员验收入库，而其他原料需要两人以上在场验收签字。特别是海鲜、蔬菜类，一般都要在厨师长带领下，会同验收员、财务人员、采购员一起验收。

验收员负责验收品种数量、原料规格和重量；厨师长或使用部门经理主管着重负责检查品种的产地、真伪、质量和鲜度等；财务人员负责监督；采购员负责核对

第四章　厨房原料管理

品种数量及原料重量是否和采购需求一致。整个验收过程对控制采购渠道和原料的质量、数量、价格以及采购时间等方面均有重要意义。

一、验收工作应具备的条件

食品原料的验收工作不仅要配备专职验收员，还必须配置相应的验收场所和验收设备与工具等硬件。

（一）验收场所要求

厨房每天需求的原料种类繁多，不能在一个固定的场所对所有的原料实施验收，因此验收场所因原料的不同而经常变更。一般干货类、调料罐头类原料的验收场地应设在食品原料仓库附近，冰冻类原料的验收场地应设在冷库附近，新鲜原料的验收场所应设在初加工间附近，鲜活水产和禽类的验收场地应设在海鲜池和养殖箱附近。

在验收场地边设立验收办公室，以方便验收员填写验收单或处理涉及的有关票据保管的事宜。食品原料验收场地的配置还要考虑到车辆进出的方便，是否有利于卸车搬运、便于原料堆放和使用搬运工具，是否符合食品卫生要求，等等。验收场所的大小视验收任务量而定，以不影响验收工作为准。

（二）验收设备要求

为了保证验收工作顺利进行，验收场所应配备验收工作需要的设备和工具。这些设备和工具主要有符合计量要求的计量器具，搬运货物推车，盛装食品原料的专用箱、筐、袋等，开启包装的用具，以及常用的快速检测仪器和用具等。规模较大的饭店或有条件的企业，应根据需要适当配备一些先进的检验检测设备和理化仪器。

（三）验收人员要求

原料验收人员应该是受过专职培训的，或从厨师中挑选的富有专业知识的人来担任。食品原料的验收涉及许多方面的知识，如原料的鲜度、品质、纯度、成熟度、原料的产地、商标、卫生等，验收人员如果没有这些专业知识则无法胜任这一工作。这一工作还要求验收员具有较强的责任心，秉公办事。

二、食品原料验收的一般程序

不同的饭店或餐饮企业对食品原料的验收程序都有具体的规定，特别是一些导入 ISO 9000 质量管理体系的企业，对食品原料的验收过程编制了作业指导书等文件，形成了严格的验收操作规程，使食品原料的验收日益规范化。一般有如下几个验收环节：

（一）根据订单核对原料

首先要依据订购单或订购记录来检查货物，对未办理过订购手续的物品不予受理，以防止盲目进货或故意进货的现象。不论何种方式采购的原料，验收人员必须根据订购单或订购合同书核验原料品种。对于与订购单不符的原料，要求供货单位（或送货人）进行解释或进行必要的处理，并及时汇报上级。

（二）核验发票和标签

核验发票至关重要，目的一是核查票据上所载明的食品原料品种、规格、单价、数量、金额、时间、供货商和印戳等内容是否齐全，并与订购要求相符。目的二是核查票据的真实，防止假发票流入。目的三是核对随同食品原料的品质证或合格证是否齐备，保质期是否符合要求。

（三）检查原料的质量和数量

如果前面环节没有发现什么问题，接下来就要根据送货单验收原料的质量。检查原料的规格是否符合标准，检验原料的品质是否优良，核对原料的数量是否准确，以及对包装进行检验等，并对每个项目都要做好验收记录。在检验品质和数量时，要做到以下几点：

（1）以件计数的原料，必须逐件清点，记录下正确的数量。
（2）以重量计数的物品，必须逐件过秤，记录下正确的重量。
（3）对照采购规格书，检查原料的质量是否符合要求。
（4）对箱装、桶装原料，采用抽样方法进行检查。

（四）受理验收并开具验收单

原料符合验收要求，验收人员应根据验收记录填写验收单并在发货票上签字。还应根据企业的规定填写相应的表格、单据等。常见的有验收记录表、验收单（收货凭证单）、验收日报表、验收异议报告、验收汇总表、双联货品标签卡、退货通知单等。除验收单必须填写外，不同的企业对表单也有不同要求。

（五）拒绝受理和退货处理

对于不符合验收要求的，则应拒绝验收，并及时向采购部和厨房报告，以便及时处理。属于自提和代运的原料，如发现质量问题应认真填写验收记录，做好验收异议处理。并对该批原料加贴封条予以封存，留待处理。如原料验收后，在使用过程中发现质量问题，要作退货处理的，应填写原料退货单，并通知供应商签字，将其中一联退货单随同原料退回供货单位。

（六）办理入库，分流物品

食品原料验收合格后，应即时交付仓库保管员，保管员根据食品原料的品种办理入库手续，分类入库保管，并及时填写双联标签注明进货日期、名称、重量、单价及保质期等。对于部分鲜活原料、蔬菜原料可直接发给使用部门，办理申领手续。如图4-1所示。

三、原料验收三要素

食品原料的验收一般有检查品种数量、检查件数重量、检查规格质量，一般称验收三要素。

检查品种数量。检查品种数量是否与使用部门的要求相符合。由于食品原料种类繁多，每天的采购品种的数量不下几百种，如果某种原料被遗忘采购，会给厨房工作和餐厅经营带来不利影响。所以在验收中要关注原料品种是否齐全。

检查件数重量。检查重量实则是通过计量衡器来核查原料的重量，适用于水产、蔬菜、禽畜肉及散装原料。检查件数是核查包装和瓶装原料，首先应核实原料的包装单位，根据规格逐件验收。对于大件原料（特别是托运原料）要先清点件数，然后再开箱分别计量。

检查规格质量。检查规格质量对验收员来说是一项技术，通常有厨师长或由厨师长委派的专业人员到场。主要是通过原料的色泽、气味、滋味、手感、声音、外观来判别食品原料的质量优劣。

对于包装原料，验收员要查看包装是否完好无损，有无渗漏、破碎，标志标签是否完好，生产日期（保质期）、制造商（经销商）的名称和地址是否齐全。对于一些数量较大，从外表又不便鉴定的原料，就要采取抽样检查，从批量中提取少量具有代表性的样品，作为评定该批量食品原料质量的依据。如冰冻虾仁、鲜贝等，要化冻后检查其重量和质量。抽样的方法一般有百分比抽样和随机抽样两种。

第三节 食品原料库房管理

食品原料的库房，常见的有调料库房、粮食库房、干料库房、冰冻库房、冰鲜库房、蔬菜保鲜房、水产养殖区、禽类养殖区等，这些区域原料的贮存、发货、保质、保洁都属于原料的库房管理内容。

一、干货原料库房管理的要求

干货食品原料的贮存、领发是食品原料控制的重要环节，如果控制不当，就会造成原料变质、库存积压，甚至出现偷盗行为，直接影响到经营的成本，所以应明确贮存和颁发的管理制度。

（一）干货库房的硬件要求

干货原料要分门别类地进行贮存，确保原料的质量。根据原料的种类、特性及在贮存时所需的温度和湿度等进行分别存放，防止霉变和虫蛀。所以在库房内应安装货架，使存放的原料离墙5厘米，离地15厘米，便于空气流动。另外，应该安装性能良好的排风设备，安装温度计和湿度计，使仓库气温控制在10℃～20℃，湿度在50%～60%。

（二）干货库房的软件要求

干货相对其他物品来说价值较高，贮存的程序要按制度执行。首先管理员要尽心尽责，其次做到以品种为单位设立动态账户。要做到账（保管日记账）、卡（存货卡）、货（现有库存数量）相符，防止差错，防止被窃丢失。

（三）干货仓库的贮存管理条例

（1）一货一卡，有次序地排列，分类放置，存放位置相对固定。

（2）做到先进先出，尽量缩短原料的贮存时间，保证食品质量。

（3）经常进行盘点，发现有误差或有变质食品，及时上报等待处理。

（4）保持货架和地面的干净，防止污染，杜绝虫害、鼠害。

（5）库内严禁吸烟，并经常检查防火防盗设备的完好。

（6）不存放私人物品和杂物（杀虫剂、去污剂、肥皂和清扫用具）。

（7）无关人员不得入库，不得委托其他人代管。

（8）人离门关，下班后把钥匙存在总台或安全部，并办理钥匙移交手续。

二、原料冷藏冷冻要求

（一）原料冷藏要求

冷藏是将冷库或冰箱的温度控制在1℃～6℃，使贮存的食品保持低温而不冻结。这样既控制了微生物的繁殖，保证了食品的质量，又使食品不必解冻而取用方便。但由于冷藏对微生物只起到抑制和延缓作用，控制微生物的效果只在一定的时间内，保持食品质量的时间不能像冷冻那样长，所以特别要控制贮存时间。冷藏的食品既可以是农产品中的蔬果类，也可以是肉、禽、鱼、虾、蛋、奶和熟食品等。

为使冷藏效果达到最佳点，有条件的单位可以将食品分别贮藏在不同温度的专用库中（表4-1）。

表4-1 食品原料保鲜冷藏适用表

仓库类型	原料种类		适用温度（℃）	适用湿度（%）	保存期限（天）
冷藏	畜肉类		1~2	85~90	1~3
	水产类		1~2		1~2
	家禽类		1~2		1~3
	乳制品类		1~2		1~3
	禽蛋类		1~2		5~7
	熟食类		1~2		1~2
	一般蔬菜类		3~6		2~4
	个别蔬菜	卷心菜	3~6		7~10
		胡萝卜	3~6		20~30
		青红椒	3~6		5~10
	一般水果类		3~6	85~90	2~4
	个别水果	苹果	3~6		12~16
		椰子	3~6		12~16
		橙子	3~6		12~16
		西瓜	4~10		12~16
常温	个别品种	香蕉	10~16		12~16
		柠檬	10~16		15~20
		茄子	7~10		3~5

（二）原料冷藏的注意事项

（1）检查每件原料质量后，尽快冷藏，尽量减少耽搁时间。

（2）新鲜动物原料需经过初步加工，并用保鲜纸包裹，防止脱水及污染。

（3）小包装食品不宜随意散放，应用合适的大筐或保鲜箱贮存。

（4）热食品应完全冷凉后再行冷藏。并要选用浅底、大面积的有盖容器盛放，以利加速冷却，防止食品脱水和污染，避免熟食品吸收冰箱气味。

（5）原料与原料之间不可堆积过高，堆积过实，要留有空隙，使冷空气自由流动。

（6）冷藏设备的底部及靠近冷却管道的地方一般温度最低，这些地方宜存放奶制品、肉类、禽类、水产类食物原料。

（7）容易腐烂的水果蔬菜要每天检查，发现问题要及时处理。

（8）鱼虾类原料要与其他食品分开放置，防止串味；奶制品要单独存放，并加盖密封，不要与有强烈特殊气味的食物存放在一起，防止污染。

（9）存取食品时需尽量缩短冰库的开门时间，要减少开启的次数，以免冰库温度升高，影响贮存效果。

（10）随时关注冷藏的温度。制定清扫规程，保持库房洁净。

（三）原料冷冻要求

冷冻的温度应该控制在 −18℃以下，使食品完全处于冻结状态。在这种温度下大部分微生物的生长繁殖都受到有效的抑制，少部分不耐寒的微生物甚至死亡，因而食品能长时间地贮存。如发现温度不在标准温度范围内或有异常情况时，应及时通知维修技术员维修。对于结霜太多引起的温度升高，则应及时除霜清理。

食品在真空包装或保鲜膜包装的条件下，可冷冻保藏时间为：牛肉 9 个月、小牛肉 6 个月、羊肉 6 个月、猪肉 4 个月、净家禽 6 个月、净鱼 3 个月、虾仁鲜贝 6 个月。

（四）原料冷冻注意事项

（1）原料应妥善包裹后再行贮存，以免水分过多丧失，引起变质或变色。

（2）贮藏包装食品时，因包装材料能防水分流失，不宜扯掉包装。

（3）原料堆放不宜紧靠墙壁和地面，使冷空气循环。

（4）宜采用先存先取的原则，轮流交替存货。

（5）所存原料必须注明入库日期及价格，密切关注日期，防止原料贮藏过久。

（6）减少库门开启的次数，减少冷气的流失和温度的波动。

（7）尽量选择库存量最少时除霜，除霜时需将原料移至另一冷库内存放。

（8）冷冻食物一经解冻，不宜再次入库冰冻，否则会严重影响风味。

（五）原料冰鲜要求

冰鲜是用碎冰保鲜水产品的一种方法。具体是把新鲜（没有经过冰冻）的海产品，摆放到一个特制的冰床上，在鱼体的表面覆盖上一层碎冰的方法。冰池的制作一般是根据饭店冰鲜需求而特制的，在冰池内铺上一层冰块，要求厚薄一致，表面平坦，即为冰床。冰床要有漏水孔，防止原料被冰水浸泡，至少每周要彻底清理一次，并进行消毒处理，使用的碎冰要每天添加或更换，以确保原料的新鲜。

三、鲜活水产品原料的管理要求

随着广大餐饮消费者对新鲜食品原料的需求越来越大，用水池活养鱼类方法已广泛在餐饮业流行。可以说，活养鱼类是一种新型的水产品原料贮藏方法。

（一）设备与工具要求

水产品的活养，需要有大型的玻璃养鱼缸或养鱼池，所有活养的鱼缸内均要安装新水循环系统、温度调节系统与供氧使用的气泵。水产品在活养期间，必须保持24小时连续不断地新水循环与供氧。其他工具包括漏网、塑料筐、塑料袋、电子秤、温度计、盐度计以及小苏打［化学名称：硫代硫酸钠（$Na_2S_2O_3 \cdot 5H_2O$）］、海水精等。所有用具、工具必须符合卫生标准，应干净无油腻、无污渍、无锈迹。

（二）水产品活养环境要求

水产品的活养环境主要取决于水的温度与盐度以及纯净度。各类活养的水产品对盐度、温度的要求略有区别。盐度用兑水时的加盐量来控制，温度由鱼缸的制冷系统控制，常见水产品活养的环境标准如下：

（1）淡水鱼：水质干净，透明度高，水温控制在20℃±1℃。

（2）海水鱼：水的盐度为21°±2°，水温控制在18℃±1℃。

（3）海蟹类：水的盐度为21°±2°，水温控制在14℃±1℃。

（4）贝壳类：水的盐度为20°±2°，水温控制在16℃±1℃。

（5）龙虾：水的盐度为25°~26°，水温控制在14℃~15℃；

（6）金枪鱼：水的盐度为25°~26°，水温控制在20℃~23℃。

（7）美国虹鳟鱼：水的盐度为21°±2°，水温控制在14℃±1℃。

有些品种还有特殊要求，如龙虾、海参、鲍鱼对水质要求特别高，必须通过铺放在缸底的大颗粒沙石过滤。发现水质浑浊，就要及时更换新水。一般的品种，每周要把过滤网清洗一次，每半个月换水一次，每半个月对整个过滤设备清洗一次。

在清洗时，最好放进与原来等量浓度（0.3%~0.5%）的高锰酸钾溶液，浸泡12小时进行消毒处理。然后排净溶液，用清水冲洗干净，再放入调兑好的咸水，加入硫代硫酸钠进行养殖。如不使用硫代硫酸钠，则要将自来水静置24小时，等水中残留的氯散发后，才能养殖。

四、食品原料的合理库存量

合理的库存量，是食品原料管理中不可忽视的问题，也是比较复杂的管理环节。食品原料库存过多，会积压资金，也会因原料贮存时间过长而降低品质。但原料库存过低，也不能确保厨房的需要。因此，合理的库存量要根据各品种分别制定。

（一）原料管理的库存决策

原料管理的库存决策是指在保证食品原料供应的前提下，尽可能占用最少资金和场地的一种合理的库存方案。合理的库存量可以最大限度控制原料和资金的积压，降低原料贮藏费用，同时也可确保品质降低损耗，提高资金周转率。

原料管理的库存决策，应以简化实用为主，由行政总厨、厨师长、采购部人员共同商量，根据平常的使用数据，根据原料采购的难易度，对原料进行分类（表4-2）。

表4-2 原料管理库存决策表

原料等级	存在因素	列举原料	审批权	库存量
A类特殊原料	①价格高、占用资金大的原料	鱼翅、海参	总厨部务会	少 量
	②路途远、采购成本高的原料	（外地产品）		适 量
	③使用率低，价格高的原料	虫草、松茸菌		少 量
	④需比价采购的原料	虾仁、海蜇		适 量
B类普通原料	①常用原料、易采购的原料、价格适中的原料	禽类、畜肉类	厨师长	适 量
		蔬菜、豆制品		少 量
		水产类		少 量
	②使用率较低的原料	（某些西餐调料）		少 量
C类常备原料	①使用率较高、易采购的原料	调料、作料	仓库保管员	适 量
	②使用量大、易采购的原料	粮油、鸡蛋		适 量
	③要提前预约的原料	山货、土货		适 量
	④普通常规原料	花生、葱姜等	各主管	适 量

根据等级标准再制定最低库存量和提前进货周期。如，A 类中需要比价采购原料（如虾仁、海蜇类），要考虑周期，提前通知进货；C 类是使用率较高的、易采购的原料，相对考虑的周期可短些。库存决策制定后必须严格执行，如经营状况有变化，再行讨论调整。

（二）食品原料库存标准

食品原料库存标准是根据原料管理库存决策而制定的。根据原料的分类，分别填上最高、最低库存量、每天使用量和进货周期，就能算出采购提醒点和采购量。某些商品要考虑商品的包装，采购时宜以箱为单位，如米醋 24 瓶/箱，采购时就要考虑 24 的倍数（表 4-3）。

表4-3 食品原料库存标准表

类别	原料品名	最高库存	最低库存	每天使用	进货周期	周期使用量	库存提醒点	采购量	审批权
A	虾仁	350斤	50斤	10斤	10天	10×10=100	150斤	300斤	行政总厨
B	鲳鱼	80条	20条	20条	1天	20×1=20	40条	60条	厨师长
C	米醋	58瓶	10瓶	8瓶	1天	8×1=8	18瓶	48瓶	保管员

第四节　原料的发放与盘存管理

厨房的原料使用量很大，而仓库原料的流动量更大，虽然有些原料没进入库房，但这些原料还得从保管员手中办理领用手续。一名仓库保管员不仅要负责全部原料的进出库管理，而且还要保证原料在保管和发货过程中不变质、无短缺、没差错，并每月定期对仓库进行存货盘点，确保物品的准确性。

一、原料的发放管理

原料发放管理就是根据使用部门填写的领料单发货的过程。发放原料是餐饮管理的重要环节，加强食品原料的发放管理，对厨房菜点的生产和餐饮成本控制具有重要的意义。库房管理员在做好发放工作的同时，还要对其原料的流向进行监督。

（一）一般原料的发放

库房管理员凭厨师填写的领料单发货，领料单一式四联，其中一联交给使用部门，一联作仓库的发货凭证，一联由仓库转交给成本核算员，一联当天交给财务处。

领料单在填写时必须字迹清楚工整，不得随意涂改，各项内容应填写完整，明确注明领用的品名、规格、数量、领用部门、领用岗位、领用时间、领用人。对于特殊原料，保管员要根据既定的领用权限制度发放（表4-4）。

表4-4 食品原料领用单

NO.0001　　　　　　　　　　　　　　　　　　　　　　　____年____月____日

品名	规格	单位	数量		单价	金额	备注
			申领数	实发数			
合计		仟 佰 拾 元 角 分					￥：

保管员：　　　　领用部门负责人：　　　　领用人：

（二）鲜活原料发放

厨房生产过程中，要使用大量的活禽、鲜肉、蔬菜，这些原料一般验收后直接进入粗加工间，或直接通知厨房领用，而不进仓库，这种领发方式俗称"直发"。具体操作程序是：

第一，验收员根据申购单提供的信息，通知领用部门负责人（厨师长、主管），在规定时间内派专人领取，根据验收单的数据，由领用人填写领料单。

第二，原料送到初加工部门清洗，按申购的部门分成若干份，再由申购部门领用，并由领用人填写领料单。但此时领料单上应填写原料清洗前的毛重分量，如切配间需要青菜150斤，点心间需要青菜50斤，采购到的青菜共200斤。经初加工间清洗，去掉残叶、老叶成净菜后，此时的青菜为180斤，3/4（135斤）属于切配间，

1/4（45斤）属于点心间，而此时切配间和点心间去领用的话，填写的领料单上的数据分别是青菜 150 斤和 50 斤。

但是也可以先按清洗后的净料数领用，再由成本核算员和财务根据净料率进行折算。但是净料率是一个相对数值，每次的净料率不同，故不常采用此种方法。

二、原料的调拨管理

有时由于生产经营需要，饭店内的其他部门或同集团的连锁单位不免发生原材料的相互调剂。为准确核算各部门的原料成本，调剂时应填写"原料内部调拨单"，记录各厨房之间原料调拨的明细内容。调拨单为一式四份，调入部门、调出部门、财务部门、仓库各一份，以便各部门正确统计实际原料消耗，确保毛利率的真实性和准确性。食品原料内部调拨单，见表4-5。

表4-5　食品原料内部调拨单

NO.0001　　　　　　　　　　　　　　　　　　　　　　年　　月　　日

品名	规格	单位	数量		单价	金额	备注
			申拨数量	实发数量			
合计		仟　佰　拾　元　角　分				￥：	
调出部门审批			调入部门审批				

调入经手人：

三、原料的盘存管理

为了核查原料的库存量，每月要对仓库存货进行数次盘点，这是仓库保管员工作的一项重要内容，也是厨房食品原料管理中的一项重要工作。它有利于保证账、货、卡相符，纠正入库验收和发放中发生的差错；有利于保管员熟悉库存物品，及时发现贮存中原料的质量变化、短缺和丢失等问题，调整养护措施；有助于核查库存额和食品原料消耗，进行成本核算。除保管员自查外，财务部会同上级部门也会对库房进行盘存核查，确保准确性，杜绝舞弊现象。

（一）库存原料的盘点方式

库存盘点根据目的和要求，可分为日常盘点、定期盘点和临时盘点三种方式。

1. 日常盘点

日常盘点是一种经常性、随时性的对原料进行核查，保证库存原料账货相符的方法。日常盘点主要是原料验收入库后或发放申领时，核对账、卡、货；在进行原料堆放整理与倒垛过程中，再次核对账、卡、货；在仓库巡回检查中，发现异常情况时所进行的核查。保管员在月末要对仓库的所有原料进行核查盘点。

2. 定期盘点

定期盘点是定期对库存原料进行全面的核查，一般安排在月末。定期盘点有自查和财务部核查两种。自查盘点一般由核算员和仓库保管员共同作业，上级核查一般由财务部人员和餐饮部（厨房）办公室人员联合作业。按库房分区分类的货位编号对每种原料进行清点，以货对卡，以卡对账，检查货、卡、账三者是否相符，若有不符，逐一做好记录。

月末盘点不仅是实际库存量的盘点，还应计算出实际库存额，为编制餐饮成本月报和营业分析表提供依据。由于报告期内某些食品原料价格不同，可采取实际进货计价法、平均数计价法、加权平均数计价法等计算方法。库存原料盘点完后，及时填送库存原料汇总表（表4-6）。

表4-6　食品原料仓库＿＿＿月（＿＿＿旬）库存汇总表

原料类别＿＿＿＿＿＿＿　　　　　　　　　　　　　　　　　＿＿＿年＿＿＿月＿＿＿日

品名	单位	上期库存数	本期入库数	本期发料数	本期结存			备注
					数量	单价	金额	

制表：＿＿＿＿＿＿　　　　　　仓库：＿＿＿＿＿＿　　　　　　成本核算员：＿＿＿＿＿＿

3.临时盘点

临时盘点是保管员因工作调动而进行交接的盘点；仓库收发业务发生差错或责任事故而盘点；财务部与餐饮部为检查工作或其他因素而临时性盘点。临时盘点根据需要可对部分原料进行抽查盘点或全面盘点，其盘点作业方法与定期盘点相同。

（二）半成品存货盘点

厨房在制作生产过程中，在作业点或多或少会留存半成品原料和少量未加工的原料，存放在作业点冷库（冰箱）内，这些未及时消耗的留存，称为库外存货。库外存货数量大的话会影响毛利率的准确性，故有些厨房也盘点库外存货。

（三）活养、冰鲜原料的盘点

活养、冰鲜的原料有它的特殊性，有些企业认为活养、冰鲜原料，只要没有出售，都属于库存原料。有些企业认为这些原料存在死亡或变质的因素，把它列为库外存货。无论是库内库外都必须按实际盘点，若是按只出售的原料，盘点则清点只数，若是按分量出售的原料，盘点必须逐一将剩余原料过秤（表4-6）。

复习与思考

一、名词解释

厨房原料管理　　招标采购　　冰鲜水产　　原料的库存决策

二、填空

1.厨房原料管理包括申购的合理性，供应商的选择，_____的适用度，原料的品质和数量，原料的贮存及领用过程等环节。

2.联合采购是指几个类型相似的餐饮企业为了降低进货的_____，对某些共同需要的原料凑成团购数量，向供货商进货。

3. 验收员要求是敬业爱岗、责任心强、富有_____的厨师。

4. 用自来水养鱼，先用硫代硫酸钠中和自来水中的氯，硫代硫酸钠俗称_____。

5. 库存盘点是厨房食品原料管理中的一项重要工作，它有利于保证账、货、卡_____，纠正入库验收和发放中发生的差错。

三、选择题（可多选）

1. 食品原料的采购是一项比较复杂的业务活动，需要采购的原料具有什么特点？（　　）

　　A. 品种杂　　　　　　　　　　B. 规格多

　　C. 质量差异大　　　　　　　　D. 易变质

2. 招标采购是现在较推崇的采购方法，它的优点是（　　）。

　　A. 原料风味突出　　　　　　　B. 程序简单

　　C. 价格较低　　　　　　　　　D. 杜绝弊端

3. 食品原料的验收，一般对哪几个要素进行检查？（　　）

　　A. 品种数量　　　　　　　　　B. 规格质量

　　C. 件数重量　　　　　　　　　D. 体积大小

4. 干货仓库应安装性能良好的排风设备，使仓库温度控制在（　　）。

　　A. 0℃～10℃　　　　　　　　B. 10℃～20℃

　　C. 20℃～30℃　　　　　　　D. 30℃～40℃

四、思考题

1. 原料管理的意义有哪些？

2. 采购存在哪些漏洞？如何加强管理？

3. 验收时存在哪些漏洞？如何加强管理？

4. 画出食品原料采购、验收、入库、发放、结算等活动的基本工作流程图。

厨房生产流程管理

第五章

厨房生产的流程管理涉及原料选择、加工，原料组配以及烹调熟制，菜肴出品等一系列工序，是整个厨房管理中最重要的一个环节。一名合格的厨房管理人员必须将相关的管理加工流程熟记于心。

本章通过对厨房操作流程的各个环节、主要岗位和关键的控制点进行梳理，加深学习者对厨房生产流程的认识；并对厨房各个岗位的主要职责和标准作业规范进行描述，方便厨政管理人员进行实际指导和考核。

学习目标

知识目标

1 了解厨房生产的流程。

2 了解生产作业程序和标准。

3 了解生产作业程序的要求。

技能目标

1 掌握流程中的管理细节。

2 能按照岗位的基本要求作业。

3 能对生产作业程序做出正确与否的判断。

> **案 例**
>
> **HI 店的取胜之道**
>
> HI 是一家纯餐饮企业,以其优质服务和可口的菜品赢得了众多顾客的光顾。在竞争激烈的市场,一直保持稳定的客源,而且口碑较好。保持菜肴出品质量是该饭店经营的诀窍。为了保证菜肴质量的稳定,主要是对作业程序和标准做出明细表。
>
> HI 店制定了清洗存放标准,刀工处理标准,烹饪色泽口味标准和装盆点缀标准。
>
> 清洗存放标准指清洗程序的先后要求、清洗后成型状态、存放要求和存放时间等;刀工处理标准按要求对菜肴的重量大小作出规定,配备电子秤称重,刀法细化到滑炒和生炒的不同,切的片也不同;烹饪色泽口味标准,使用统一的调味,专人按比例调整,保持口味稳定,色泽和装盆依据照片,随时参照;装盆点缀标准规定了盆子的大小并制定了相应表格上墙。
>
> 如此的细节要求,才使得菜肴质量一直保持稳定。
>
>  案 例 分 析
>
> 一家生意红火的企业,肯定有其过人之处,HI 店的取胜之道,就是菜肴品质一直保持稳定,这靠的就是规范的程序和标准。所以厨房的生产标准就是企业的生命力。

厨房生产质量管理是指对厨房菜点的整个生产、加工、制作过程所进行的有效的、有计划的、有组织的、系统的管理与控制过程。

第一节 中餐厨房生产流程管理

中餐厨房菜点的出品都需要经过很多的生产工序,尽管菜点品类较多,其加工的工艺流程有所区别,但总体来说是大同小异的。从宏观上看,中餐的工艺流程按

顺序包括如下几个阶段：

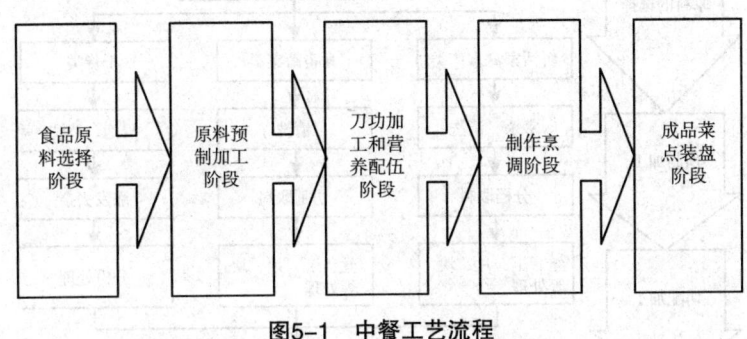

图5-1　中餐工艺流程

食品原料的选择阶段表面上看，似乎不应属于工艺范畴，但实际上它不仅与下面的几个工艺过程有着紧密的联系，而且食品原料选择过程的本身就是一项非常复杂的工艺过程。食品原料的采购人员与烹饪技术人员必须运用自己所掌握的丰富的技术手段，对不同的食品原料进行品质优劣的分析和鉴别。因此，食品原料的选择是菜点工艺流程中不可缺少的关键环节。

上面所表示的只是中餐菜点生产工艺流程的几个主要阶段，每个阶段还需要运用具体的技术手段来完成。如果把中餐菜点工艺流程的几个阶段及主要的技术手段用一个工艺流程图的形式表现出来，就更加清楚明了，图5-2是中餐菜肴烹制工艺流程示意图。

实际上，中餐菜肴的制作包括热菜和冷菜两大部分，有一些冷菜的加工是不需要进行加热处理的，也就没有烹调加热的工艺流程，把加工切制好的食品原料直接装盘就可以了。因此，图5-2所展示的菜肴工艺流程示意图仅仅是中餐菜肴生产加工的一般性工艺流程与规律，具体运用时各有不同。

中餐菜肴与面点的加工过程虽然有异曲同工的特点，但在实际运用中还是有很大区别的，如果用工艺流程图把面点的加工过程表示出来就更加明显，图5-3是中餐面点加工工艺流程示意图。

概括地讲，厨房生产运行主要包括原料初加工、切料配份、加热烹调三大阶段。针对不同阶段的生产运行特点，明确制定操作标准、规定操作程序、健全相应的管理制度，及时灵活地对菜点生产中出现的各类问题加以协调督导与有效控制，是对厨房生产运作进行有效控制管理的主要工作。

第五章 厨房生产流程管理

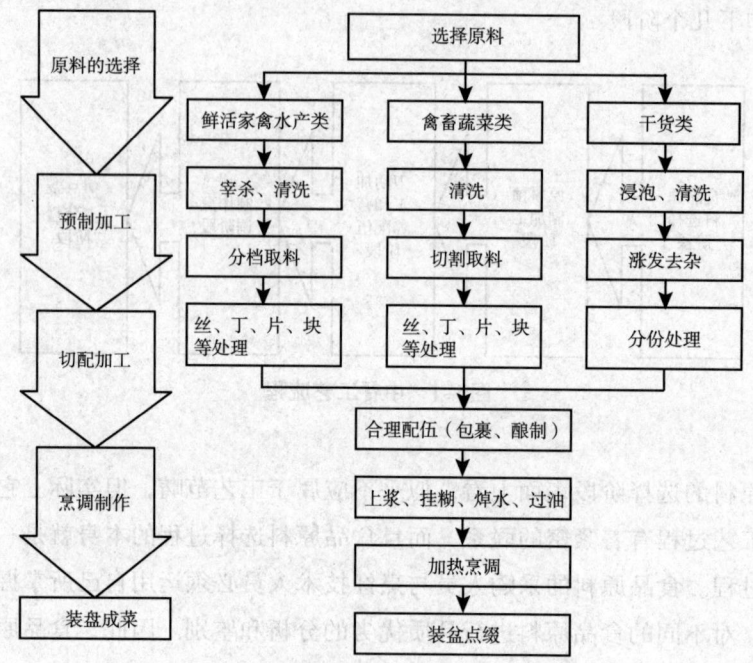

图5-2 中餐菜肴烹制工艺流程示意图

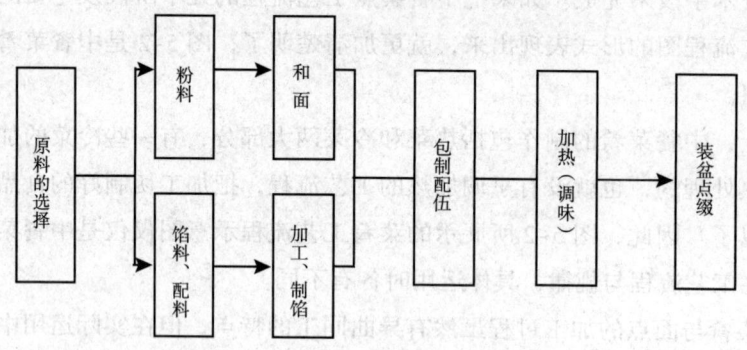

图5-3 中餐面点加工工艺流程示意图

第二节　原料初加工的运行管理

中餐厨房食品原料初加工是指对一切购进的原始原料，如活鲜原料等进行初步整理加工的过程。原料的初加工一般包括对冰冻原料的解冻，对鲜活原料进行宰杀、洗涤和初步整理，对蔬菜、水果进行择叶、削皮、去根须、洗涤，对带骨、带皮的肉类原料进行砍斩处理，等等。

原料的初加工阶段是整个厨房菜点生产制作的基础，其加工品的规格质量和出品时效将对以后阶段的生产产生直接的影响。同时，初加工的质量还决定原料净料率的高低，对厨房菜点的成本有直接的影响。

一、原料初加工的标准

食品原料的初加工阶段表面上看是一项较为简单的工艺过程，实际上它对整个厨房的生产过程都起决定性作用。

第一，初加工的加工质量直接关系到原料的出净水平，通常用净料率来表示，原料的净料率直接影响到菜肴的生产成本。

第二，初加工的加工质量还直接影响到原料的完整性、厚度、老嫩等指标，初加工人员要防止在鱼类宰杀过程中胆囊破裂，以免影响菜肴的食用口味。

第三，原料的分档取料、合理的留用割舍也是一个关键。厨房生产讲究的是合理使用食品原料，以免造成不应有的浪费，如果初加工人员没有经过专业的训练，在取料过程中造成原料破碎，就会严重影响原料的使用率。

第四，原料初加工的速度对厨房的生产也有一定的影响，如果加工人员的初加工速度太慢，所加工的原料不能满足生产的需要，就会严重影响厨房的出菜效率。

由此看来，对原料初加工的管理应制定相应的有效措施，制定各种原料的标准净料率和出料的规格标准，制定相应的制度。

二、净料率标准的制定

原料的加工净料率是指加工后可供做菜的净料和未经加工的原始原料之比。原料的净料率高,即原料的利用率越高;净料率低,菜肴的单位成本就越高。因此,把握和控制加工的净料率是十分必要的。不同的原料,不同的加工方法,不同的菜肴需要,原料的净料率是不相同的。

原料的标准净料率的确定一般有三种方式,一是参考国家有关部门制定的现行标准,二是借鉴其他企业已有的标准,三是自己根据所使用的原料进行加工测量。现在的大多数饭店或餐饮企业一般是将上面的三种方式综合运用。这样不仅可以节省时间,还可以节省大量的人力物力。但现在各种新的原料不断出现,使用原有的标准可能不够完善,因此,有些原料还必须由企业自己进行确定。其具体做法可以采用对比核定法,即对每批新使用的原料进行加工测试,测定净料率后,再交由加工厨师操作。经过几次反复测量,然后确定某种原料的标准净料率。

三、初加工作业过程的管理

原料的标准净料率一旦确定后,应在厨师作业过程中进行跟踪检查,对领用原料和加工成品每天都要抽样,分别进行称量计重,随时检查,看是否与规定的标准一致。未达到标准的则要查明原因。如果是采购造成的,要及时对进货渠道的环节严格检查。如果是因加工技术问题所造成的,要及时对加工人员进行有效的培训或指导等。如果是员工的工作态度问题,则需要进行职业道德教育,并在运行中强化检查和督导。

对下脚料及垃圾桶进行跟踪检查,厨师长应安排初加工间以外的管理人员对下脚料和垃圾桶进行经常性的检查,检查是否还有可用部分未被利用,使员工对净料率引起高度重视。

初加工的质量应与员工的经济报酬相挂钩,对在检查中经常出现不达标的初加工人员应进行一定的经济处罚,可根据不合格品出现的次数、检查次数、各切配岗位所反映的意见等,根据员工的工资水平确定一个处罚的比例,同样对于业绩优异的员工应给予一定的奖励。

四、初加工的标准作业流程

原料初加工阶段的工作,由于加工对象的不同,其工艺流程和质量要求也是不尽相同的。一般包括蔬菜的初加工、禽类的初加工、畜肉类的初加工、水产品的初加工及干货原料的初加工等。鲜活水产品的初加工一般是在烹调前现场加工的,习惯上称为水台加工。除了对原料进行初步加工之外,大部分饭店厨房活养的水产品、禽类也一般归初加工厨房管理。

为了保证原料初加工的质量,除了要规定原料的净料率外,还应确定各类原料初加工的标准作业流程。下面是厨房生产常用的几类原料与常用的初加工操作规程与加工的质量要求。

(一)蔬菜类原料初加工操作步骤与要求

表5-1 蔬菜类原料初加工操作步骤与要求

	加工步骤		质量标准	作业要求
1	准备清洗用具及盛器,按厨房使用要求排列蔬菜的清洗顺序			查看厨房使用顺序
2	按要求对蔬菜进行拣择,去净原料的老叶、老根、老皮及叶筋等不能食用部分		按规格要求对原料修削整齐	按标准执行并符合出净料率
3	放入水中浸泡10分钟后(以利泥巴湿润,容易清洗),再行清洗			
4	消毒浸泡:用果蔬洗涤溶液或高锰酸钾溶液对蔬菜进行浸泡,浸泡的时间一般为5~10分钟	防农药浸泡:把洗净的蔬菜放入清水中浸泡10分钟	洗净的原料应无泥沙、无虫卵	根据情况,按程序处理
5	把用消毒液浸泡过的蔬菜放在流动的净水池内漂洗干净			
6	将经过清洗的蔬菜捞出,放于专用的带有漏眼的塑料筐内控净水分,分送到各厨房内的专用货架上或送冷藏库暂存待用		沥干水分,合理放置并不使其污染	夏天要及时入库
7	清洁场地,清运垃圾,清理用具并妥善保管		整洁卫生	垃圾箱要密封,防止虫蝇

（二）家禽类原料初加工操作步骤与要求

表5-2　家禽类原料初加工操作步骤与要求

	加工步骤		质量标准	作业要求
1	准备清洗用具及盛器，按厨房使用要求排列清洗的顺序			查看厨房使用顺序
2	按要求对不同的禽类进行宰杀、褪毛、去内脏处理	按需要经过两次或多次清洗	宰杀部位与开口适当，放尽血液；褪尽羽毛与嘴、爪黄皮，洗涤干净	备有热水。如有特殊的加工要求则应按特殊的质量标准进行单独加工
3	将经过宰杀、褪毛、去内脏处理的禽类原料进行分割		按规格要求对原料进行分割	按标准执行
4	放于专用的带有漏眼的塑料筐内，控净水分，分送到各厨房内的专用货架上，暂时不用的原料用保鲜膜封严，送冷藏库暂存待用		分类合理放置，不使其污染	夏天要处理及时
5	清洁场地，清运垃圾，清理用具并妥善保管		整洁卫生，地面无残留血、毛	垃圾箱要密封，防止虫蝇

（三）畜肉类原料初加工操作步骤与要求

表5-3　畜肉类原料初加工操作步骤与要求

	加 工 步 骤		质量标准	作业要求
1	准备切割工具及盛器			准备切割机、斩刀
2	根据规格要求，将畜肉类原料进行不同的除污、洗涤、分档和切割	根据品种的不同，按要求、按步骤清洗	按规定的切割规格进行初加工处理	准备清洗用料
3	将经过分档、清洗的畜肉类原料放于专用的带有漏眼的塑料筐内，控净水分，分送到各厨房内的专用货架上，暂时不用的原料用保鲜膜封严，分别放置在冷藏库或冰箱规定的位置，留待以后取用		分类合理放置，并使其不污染	夏天要处理及时
4	清洁场地，清运垃圾，清理用具并妥善保管		整洁卫生，地面无残留血迹	垃圾箱要密封，防止虫蝇

（四）水产类原料初加工操作步骤与要求

表5-4 水产类原料初加工操作步骤与要求

	加 工 步 骤	质量标准	作业要求
1	确认需加工原料的品种、数量，准备好用具及盛器		查看厨房使用顺序
2	根据品种的不同，按要求、按步骤清洗原料	鱼：刮净鱼鳞，剖腹去鳃去脏 鳝：剖腹去脏，或去脏后取片，或焯水后划丝去骨 贝壳类：洗净泥沙 海产植物：洗除污泥 海蟹：先外壳洗净，用工具辅助使之死，揭开蟹壳，去除鳃条和沙袋 河蟹：洗净外壳和大钳的泥沙，根据要求捆扎	按要求除净鳃、内脏与体内黑膜及杂物等；刮鱼鳞时，左手不能掐在鱼的眼球上，使鱼眼深陷	有些水产品要求不剖腹，从鳃部将内脏取出
3	将经过清洗的原料放于专用的带有漏眼的塑料筐内，控净水分，分送到各厨房内的专用货架上，暂时不用的原料放入冷库保管	分类合理放置，并使其不污染	夏天要处理及时
4	清洁场地，清运垃圾，清理用具，妥善保管	整洁卫生，地面无残留鱼鳞和血迹	垃圾箱要密封，防止虫蝇

（五）动物内脏初加工操作步骤与要求

表5-5 动物内脏初加工操作步骤与要求

	加 工 步 骤	质量标准	作业要求
1	准备清洗用具及盛器，按厨房使用要求排列清洗顺序		查看厨房使用顺序
2	一般内脏：先摘除内脏上的油脂及污物，将外表冲洗干净，再反过来把里面冲洗干净 肺：用清水灌水冲洗，拍打外表，至其发白 大肠：里外冲洗后再用盐、矾、醋搓洗两遍，或用面粉揉擦，然后用清水冲洗干净 肝、腰：撕去油脂和表衣用清水冲洗干净	按规定完成清洗程序，做到原料无污、无臭、洁净	在清洗前要检查原料的新鲜度，发现问题及时反映
3	将经过清洗的原料放于专用的带有漏眼的塑料筐内，控净水分，分送到各厨房内的专用货架上，暂时不用的原料放入冷库保管	分类合理放置，并使其不污染	夏天要处理及时
4	清洁场地，清运垃圾，清理用具，妥善保管	整洁卫生，地面用水冲洗	垃圾箱要密封，防止虫蝇

（六）水台初加工的操作步骤与要求

表5-6　水台初加工的操作步骤与要求

	加　工　步　骤	质量标准	作业要求
1	接受传递过来的被加工原料，放入配备盛器中		
2	确认被加工原料的名称、种类及数量与点菜单相符		看清点菜单上是否有其他要求
3	根据点菜单的记录了解烹制方法和对原料的要求，再行加工	如果属于客人急催的菜肴或换新的菜肴，则应优先进行加工处理	在清洗前要检查原料的新鲜度，发现问题及时反映
4	洗杀时间：一般单只原料控制在接单之后的3~5分钟内完成	按标准进行宰杀、清洗	加工过程中点菜单要紧跟盛器不要错位，加工好的原料放回原来的盛器中
5	原料初加工完毕后，应将加工好的原料放回原来的盛器中，并对盛器中的点菜单予以核对，确认无误	核对点菜单与原料准确无误	每加工一份原料后及时整理台面，保持清洁
6	洗净的原料及时由传递员传递到下一加工岗位	无废弃物的腥臭气味	废弃物随时放入专用垃圾箱内，并随时将桶盖盖严，以防垃圾外溢

（七）冷冻原料化冻的操作方法

有些冰冻原料加工前必须经过解冻，使解冻后的原料恢复新鲜、软嫩的状态，尽量减少汁液流失，保持其风味和营养，解冻时必须注意以下几点（表5-7）。

表5-7　冷冻原料化冻的操作方法

	解　冻　方　法	作　业　要　求
1	将解冻原料适时提前从冰冻库领至冷藏库进行部分解冻	根据任务需要，预先提取原料
2	立即要使用的原料用袋子盛装放入水中解冻	为了加速解冻，要经常更换常温水
3	有些原料在冰冻状态下，直接用工具切割后，再行化冻	如涮羊肉片，切割后不用化冻；若需丝、丁、片，切割后，自然化冻；若需大块，待切割后放入口袋，再入水中解冻

第三节　热菜厨房的运行管理

中式宴席的特点之一，就是热菜在整个宴席中占的比重比较大，一般情况下，热菜的数量和价值可以占整桌宴席总食品量的60%～70%。有时候客人评价一桌宴席水平的高低、优劣，也往往是以宴席中的热菜质量为主要指标。因此，中餐厨房中的热菜生产就成为厨房管理的核心任务。

热菜的烹制加工，有赖于热菜厨房各个岗位的协作。传统中餐热菜的加工分为切配岗位与烹调岗位，俗称"案"与"灶"两大环节。随着厨房管理水平的不断提高与厨房工作岗位的细化，原来的两大环节已增加到三大环节，即在砧板和炉灶的基础上，增加了打荷岗位。这种分工在很大程度上得益于粤菜厨房管理的传播。由于这种分工的合理性，已被中餐厨房所广泛接受并运用于厨房的实际管理活动中。要确保中餐厨房生产的良好运行和出品优质的菜品，关键在于对热菜厨房生产上的三大环节进行有效管理。

一、砧板规范作业程序与标准

在规模较大的中餐厨房中，热菜厨房的砧板岗位是由两个工作内容构成的，一是对原料进行切配成型，另一个是对菜肴进行配份，负责对菜肴进行配份的厨师通常称为配菜师。在一般的小型厨房中这两个岗位是合二为一的。

（一）原料切割作业程序

表5-8　原料切割作业程序

	作业程序		作业要求
	宴会、会议、团队厨房	点菜厨房	
1	与订餐台进行联系，了解次日宴会、团体接待人数、就餐标准及特点要求，若需涨发和解冻的原料，需提前制作	取出没有加工的冷冻原料，进行解冻处理，提前涨发原料	主动并及时了解次日或几天后的任务要求
2	根据预订情况备足当日所用原料	根据营业规律备足当日所用原料	领取原料后，对所有原料要进行质量检验
3	准备好各种加工用具及盛器	准备好各种加工用具及盛器	
4	根据不同的预订菜单，分别对畜、禽、水产品、蔬菜类等原料进行切割处理，并直接进行配伍	根据不同菜肴的烹调要求，分别对畜、禽、水产品、蔬菜类等原料进行切割处理	按规定的料形、要求对原料进行切割加工，要求成型大小相等、厚薄均匀、粗细一致，并整齐放置
5		待点菜单到达后，按菜单要求，适时取来冰箱内或原料架上加工好的原料，进行配菜	配菜迅速、缩短冰箱开启时间
6	妥善收藏剩余原料，清洁工作区域及用具，清运垃圾	开餐结束，妥善收藏剩余原料，清洁工作区域及用具，清运垃圾	时刻保持场地的清洁

（二）配制点菜作业程序

表5-9　配制点菜作业程序

	作业程序	作业要求
1	准备生料配料盘	预先了解原料的准备情况
2	接受点菜员传递过来的点菜单	确认菜单上的名称、种类、数量与桌号标志
3	按标准菜谱规定的各菜肴所需的原料种类、重量、规格等进行配伍（或切配）	所有的用料必须使用标准称量，不准随意抓取原料
4	将各种菜肴放置在菜肴生料配料盘内，然后夹上菜单夹，按顺序传给打荷厨师	一般单个菜肴的配份应在1～2分钟内完成
5	搞好案头卫生，等待下一菜单	

（三）各种料形的切制标准

表5–10 常用主辅料切割规格

料形名称	适用原料	切制规格（mm）		
		长	宽	厚
丁	动物原料	15～20	15～20	5～10
丁	植物原料	10～15	10～15	5～15
粒	动植物原料	5	5	5
块	动植物原料	25～35	25～35	25～35
粗条	动植物原料	45	15	15
细条	动植物原料	30	10	10
粗丝	动物原料	4～6	3～5	3～5
细丝	动植物原料（火腿、土豆等）	5～6	1～2	1～2
片	植物原料	35～45	2～25	1～3
片	动物原料	40	30	1～3

表5–11 常用料头切割规格

料形名称	适用原料	切制规格（mm）		
		长	宽（或自然形）	厚（自然形）
葱花	小葱	5	自然形	
小段	小葱	15～20	自然形	
长段	葱、青大蒜、香菜	30～45	自然形	
丝	葱、姜、红椒	30～50	1～2	1～2
丁	红辣椒	15	自然形	
小姜片	生姜	10	10	1
姜料片	生姜		自然形	2
末	姜、蒜头、香菜	1～2	1～2	1～2
蒜片	蒜头		横截面	1
干辣椒段	干辣椒	10～15	自然形	
干辣椒末	干辣椒	5	5	
红椒段	鲜青红辣椒	10	自然形	自然形
红椒丁	鲜青红辣椒	15～20	15～20	自然形

二、打荷规范作业程序与要求

打荷是现代厨房必不可少的岗位，此岗起到了菜肴质量监督、出菜速度调控、菜肴出品的美化等作用，同时也减轻了炉灶厨师的工作强度，加快了出菜的速度，严谨了出菜的环节。打荷规范作业程序见表5-12。

表5-12　打荷规范作业程序

作业程序		作业内容和要求
1	用具准备	准备刀、墩、小料盒、抹布、筷子和专用纸巾，所有用具、工具必须符合卫生标准
2	检查物料	按《原料质量规格书》中规定的质量标准，对领取的当日所需要的各种调味料进行质量检验
3	调料准备	领用、添加各种调料。配制的调味酱、调味汁、调味油
4	汤料准备	制作各类清汤、高汤
5	小料准备	按规定的标准和要求切制小料
6	点缀品准备	雕刻盘饰花卉，按要求调制各种糊糊、制作高汤等
7	餐具准备	消毒过的各种餐具放置在打荷台上或储存柜内，以取用方便为准
8	协助炉灶厨师对原料进行预制处理	按要求调制各种糊浆，协助上浆、挂糊
9	接受配菜厨师传递过来的菜单、原料	确认菜肴的名称、种类、烹调方法及桌号标志；检查原料的配制是否符合标准
10	传递配制无误的原料给炉灶厨师	将配制无误的半成品菜肴原料传递给炉灶厨师烹调加工，并掌握出菜顺序、间隔时间；如果接到催菜的信息，经核实该菜肴尚未开始烹调时，要立即协调优先烹调
11	准备盛装餐具	根据菜肴的出品盛装要求，准备相应的餐具，并确保餐具的干净卫生
12	盛装、检查	在炉灶厨师盛装时（有些菜肴打荷员盛装），打荷员要快速有效地对菜肴进行质量检查；检查内容：有否异物，烹制方法是否有误
13	点缀装饰	根据审美需求及菜式格调，对装盘的菜肴进行快速的点缀装饰
14	核对、出菜	核对菜肴、菜夹号码、菜单三者是否相符，确认无误后，交传菜员出菜
15	开餐结束	及时收藏剩余原料，保管好用品、用具，搞好卫生

三、烹调规范作业程序与要求

菜肴烹调是厨房生产的最后一道作业程序，是确定菜肴色泽、口味、形态、质地的关键环节。它直接关系着菜肴质量的最后形成，菜肴烹制节奏的快慢、出菜过程是否井然有序等，也取决于烹调作业岗位。因此，烹调是厨房生产管理中最为重要的部分。

表5-13　烹调规范作业程序

作业程序		作业内容和要求
1	检查设备	通电通气检查炉灶、油烟排风设备运转功能是否正常，若出现故障，应及时自行排除或报修
2	打扫清洗	清洗锅子（必要时用明火烤烧），打扫炉台卫生
3	准备调料	清洗油罐、调料罐，补足调料
4	准备工具	将手勺放入炒锅内，将炒锅放在灶眼上，漏勺放于油罐上，垫布放大炒锅左侧，炊帚、筷子、抹布等用具备好，放于炒锅两侧的适当位置
5	烹制前工作	打开照明灯，先点火放入灶眼中，再打开燃气（或油）开关，调节风量，打开水龙头，注满水盒后，调节水速，保持流水降温
6	预制加工	对要预先加工的原料进行水焯、油炸等预制加工
7	正式烹制	听从打荷员的安排，对菜肴按程序、按标准进行烹调，并随时保持灶面的清洁
8	开餐结束	及时过滤剩油，并加盖保管各类调味罐，防止蝇虫飞入；妥善保管好用品、用具；搞好灶具卫生，并关闭煤气电源。

四、热菜烹调技法的种类

烹调工艺的分类和其他类别一样，有多种分类方法。根据加工原料时传热介质的不同，可分为液态介质传热法、气态介质传热法、固态介质传热法三种；根据烹调的工艺特点和风味特色可分为炸、炒、熘、爆、烹、炖、焖、煨、烧、扒、煮、汆、烩、煎、贴、塌、蒸、烤、涮等几十种。作为餐饮管理者有必要了解烹饪技法的种类，下面以传热介质分类方法为主线，以图表的形式加以说明。

表5-14 热菜烹调技法

序号	按传热介质分类	技法	
1	液态介质传热烹调技法	水传热法	水熘
2			水浸
3			水氽
4			煮
5			炖
6			煨
7		烧	红烧
8			白烧
9			干烧
10			焖
11			扒
12			㸆
13			烩
14			软熘
15			涮
16		油传热法	油熘
17			油浸
18		炸	清炸
19			干炸
20			软炸
21			酥炸
22			香炸
23			包炸
24			脆炸
25			松炸
26			卷炸
27			油淋
28		炒	滑炒
29			爆
30			煸炒
31			软炒
32			生炒
33			熟炒
34		烹	
35		熘	脆熘
36			滑熘
			（软熘——水传热）

续表

序 号	按传热介质分类			技 法	
37	气态介质传热烹调技法			煎	
38				贴	
39				塌	
40		热空气传热		烤	明烤
					暗烤
					包裹烤
41				熏	
42		水蒸气传热	弱汽蒸 中汽蒸 强汽蒸	蒸	清蒸
43					粉蒸
44					包蒸
45					上浆蒸
46					隔水蒸
47					带水蒸
48	固态介质传热烹调技法	金属传热		铁板烧	
49				烙	
50		石传热		石烹（包括沙炒）	
51		盐传热		盐焗（包括盐炒）	
52	特殊混合烹调技法	油、水传热		蜜汁	
53				拔丝	
54				挂霜	
55				琉璃	

第四节　冷菜厨房的运行管理

冷菜是宴席中的重要组成部分，它对刺激人们的食欲，增加宴席的气氛，提高我国的烹饪艺术水平起着积极的作用。冷菜制作要求非常高，无论小碟还是拼盘，都要刀功精致、形象生动、色彩美观；并且冷菜厨房的清洁卫生要求很高，对冷菜厨师的仪表仪容和个人卫生也要求特别高。同时，菜肴的成型规格、工作流程也与众不同。

一、冷菜烹制工作程序

表5-15　冷菜烹制工作程序

作业程序		作业内容和要求
1	上班	上班后，应洗手消毒，更换工作衣，戴工作帽
2	了解任务	与订餐台进行联系，了解次日宴会和其他接待人数、就餐标准及特点要求
3	准备原料	原材料要严格把关，确保原料的质量，对直接拌食的原料要消毒清洗
4	刀案消毒	用高度酒精对砧板、刀具进行明火消毒；用漂白精水对抹布及双手消毒
5	刀功处理	根据不同品种的冷菜，分类进行严格选料，将原材料加工成所要求的形状；生熟原料的加工要有固定的场地
	直接调味	根据不同的冷菜食品，选好配料和调味料
	烹制调味	冷菜食品不同的烹制方法，加工制作各种冷菜食品
6	装盆	取用洁净的餐具盛放；事先设计围碟，总盆所需原料种类的搭配和艺术图案，然后利用刀工技术组合拼摆
7	工作结束	应将所有的饮具和用具进行清洗消毒，放到指定的地方备用；剩余的冷荤食品放入冰柜中，注意生熟原料分开存放
	紫外线消毒	等人员离开冷菜房时，开启紫外线灯，进行消毒

二、冷菜装盘的要求

冷菜装盘，是指将加工好的冷菜，按一定的规格要求和形式进行刀工切配处理，再整齐美观地装入盛器的一道工序。所以冷菜比热菜更注重刀功，注重卫生。

刀功要求：制作冷菜要有过硬的刀功技术，条、丝、块、片不仅要大小一致，厚薄均匀，还都有一定的标准。为了使刀面整齐，刀口平整漂亮，原料在烧制后待完全冷却后进行加工，有些还要压制结实。否则原料易变形，影响菜品形状。

表5-16　冷菜刀功要求

料形名称	适用原料	切制规格（mm）		
		长	宽	厚
粗条	黄瓜、莴笋、冬笋、春笋、萝卜等	35	10	10
细条	冬笋、胡萝卜	35	4	4
丝	冬笋、熟牛肉、青红椒等	6~7	2	2

续表

料形名称	适用原料	切制规格（mm）		
		长	宽	厚
滚刀块（短形）	莴笋、春笋	32	14	
滚刀块（尖形）	莴笋、春笋	50	14	
长方片	火腿、胡萝卜	45	20	2
自然片	牛肉、海蜇头等	约5	约3	2（海蜇4）
段	芹菜、蒜苗、刀豆等	约5	自然形	
丁	牛肉、鸡、香干	12	12	12

色彩要求：冷菜装盘色泽配合要鲜艳和谐。卤制原料为了增加色彩和光泽，可用香油、姜丝、蒜丝、芝麻等拌制。

形态要求：同桌的冷菜应运用多种形式装盘，不使形状单调呆板。

数量要求：装盆时原料不能超出盘的底边线，高度是原料底平面跨度的1/2以上。

点缀要求：冷菜的点缀手法有全围、对称点缀、一角点缀，但点缀物要精小。

防止串味：多拼冷菜须避免将带有汤汁的原料相互串味。

卫生要求：冷菜因经刀工处理后，直接装盘食用，因此要特别注意卫生，保持砧板刀具清洁，不使用色素和不洁的点缀物。

三、冷菜制作技法种类

冷菜的制作方法颇有特色，有些像热菜一样加热和调味一起进行，有些加热和调味不一起进行，甚至不加热直接调味进行。前者称为热烹调味技法，后者称为非热调味技法。但热菜的好多烹调技法在冷菜制作中也常使用到，如炸、蒸、煮、烧、烟熏等。为了使餐饮管理者有所了解，在此用表加以说明，见表5-17。

表5-17 冷菜制作技法分类

序号	按是否加热分类	按调味方法分类	技法
1	非热调味技法	直接调味法	凉拌
2			炝
3			醉
4			蘸

续表

序 号	按是否加热分类	按调味方法分类	技 法	
5		浸泡调味法	浸	盐水浸
				糖水浸
6			酱	
7		腌渍成熟调味法	盐 腌	
8			醋 浸	
9			碱 腌	
10		发酵成熟调味法	泡	
11			醉	
12			糟	
13	热烹调味技法	加热调味法	炸	
14			炸 收	
15			酥	
16			卤	
17			蒸	
18			煮	
19			烧	
20			烟 熏	
21			挂 霜	
22			冻	

第五节 点心厨房的运行管理

中餐面点是以小麦、大米、豆类为主要原料制作的各种小吃和点心，是中国菜肴的重要组成部分。我国面点有两大风味和三种制作方式：两大风味指南味和北味；三种制作方式指以广州为代表的广式点心、以苏州为代表的苏式点心、以北京为代表的京式点心。中餐面点的种类有很多，分类方法不一，按原料分类，可分为麦类、米类和杂粮类；按面团性质分类，可分为油酥、发面、水面；按熟制方法分类，可分为蒸、煮、煎、烙、炸、烤等方法制成的点心；按面点形态分类，可将它们分为饭、粥、糕、饼、团、条、块、卷、包、饺和冻等；按口味分类，可分为甜味、咸味、甜咸味和淡味面点等。

一、和面作业的管理

制作面点时首先应调制面团。通常面团有4个种类，它们是水调面团、膨松面团、油酥面团和其他面团。和面要根据面点种类和花色品种不同，分别选用不同的面粉，有米粉、面粉、杂粮粉之分。为此，要根据制定的面点菜单，安排好面点生产任务，然后再根据不同花色品种的要求，合理用料。

表5-18 面团制作技法分类

水调面团	冷水面团	30℃水揉和而成	质地硬实、富有弹性、食用爽滑；适用于制作面条、春卷皮和馄饨皮等	（1）选用符合待制品种要求的面粉 （2）按要求调好水温，并加各种拌料，调拌后备用 （3）按照面点领班预先制定的标准面点菜单和面，为面点制作做准备；严格按比例投入配料和调味品，将鸡蛋、油、盐、味精、花椒面、胡椒粉、香油、葱花等和于面粉之中，然后用手工和机器搅拌、揉搓，将面粉和匀
	热水面团	60℃水揉和而成	柔软性强、可塑性好；适用于制作烧卖、春饼、小笼包等	
膨松面团	酵母发酵面团 发粉发酵面团 蛋泡膨松面团	柔软适度、口感松香；适用于制作包子、馒头和各种饼类		
油酥面团	水油面团	用油、水和面粉揉和而成	外形膨松、色泽美观、口味酥香。又分为用水油面和干油酥包裹制成多层次的软酥，如海棠酥；用干油酥和其他配料搅拌的硬酥，如杏仁酥	
	干油酥	食油和面粉揉和而成		
其他面团	米粉面团	浸透后的米与水一起磨成浆，沥干成面团	细腻柔软，适用于制作宁波汤圆、灯笼麻球	
	澄粉面团	纯淀粉与水调和的面团	色泽洁白透明，适用于制作广东虾饺	
	豆类面团	豆粉与水调制成的面团	香味浓郁无黏性，适用于制作糕类，如绿豆糕	

二、拌料作业的管理

面点食品尽管有几十个种类,但大体可分为含料和带馅两个大类。前者的配料和调味品直接掺和在面粉中,和面和拌料同时进行;后者是配料和调味品单独形成馅料,然后用面团包裹。

(一)拌料

将配料和调味品,如鸡蛋、油、盐、味精、花椒面、胡椒粉、香油、葱花等掺和于面粉中,然后用手工或机器搅拌、揉搓,使其达到能够制作产品的要求。

(二)制馅

面点馅心用料广泛,包括植物性原料或动物性原料,有时动、植物原料兼而有之。馅心的味道常有咸味、甜味或甜咸味等。馅心与面点的色香味形都有着直接的关系,它不仅增加面点的花色品种,而且也增加了面点的营养价值。

表5-19 面点馅心制作

咸味馅	畜肉馅、鸡肉馅、鱼肉馅、海鲜馅、素菜馅、菜肉馅、什锦馅	海鲜馅:选料要精细、新鲜 畜肉馅:应肥瘦兼有,馅中搅入适量水或肉汤,使肉馅鲜嫩 素馅:应去掉原料中的异味,同时要加入所需的食油、调味品和辅料 菜肉馅:应首先调制好肉馅,然后加入适量蔬菜
甜味馅	泥蓉馅、豆沙馅、奶黄馅、莲蓉馅、枣泥馅 蜜饯馅、白糖馅、百果馅、果仁馅	泥蓉馅:以植物果实或种子为原料,经过加工成泥蓉,再用糖、油炒制成馅
咸甜味馅	蛋黄馅、火腿馅、椒盐馅	咸甜味馅:一般在甜味馅料基础上加咸料

拌料或拌馅都是十分重要的环节,它直接影响面点食品的造型和烹制完成后的色、香、味、形和酥、脆、松、嫩等质量。为此,拌料或制馅都应加强管理,保证质量。其方法是:第一,拌料或拌馅都应选择有专业技术水平的面点师负责。第二,拌料与和面同时进行,必须保证配料和调味品比例,搅拌或揉搓均匀、细致,使各种原料充分溶化在面料中,保证味道纯正。第三,馅料原材料要精细加工,配

料准确，搅拌均匀得体，味道鲜美。第四，每种面点的拌料或拌馅完成后，要严格检查，在保证质量的基础上，方可进入下一道工序。

三、造型作业的管理

造型是面点烹调制作管理的前奏。和好的面料，如果是发面，需要经过一定时间的发酵，方可正式造型。将调制好的面团和坯皮，按照工艺要求，运用搓、包、卷、捏、抻、切、削、叠、摊、拂、按、钳花、滚粘和镶嵌等方法，制成各种形状，如圆形、半圆形、椭圆形、三角形、宝塔形、象形，等等。造型的关键是要美观、大方、精巧，带馅面点的造型要均匀、光滑。管理人员要做好检查，保证质量。

表5-20　面点造型制作

搓	将面点搓紧、搓光、搓圆、搓匀
包	将馅心包入坯皮中
卷	将面片抹上油和调料，卷成筒状，然后制成大小相等的剂子，再制成卷形
捏	将产品捏成各种形状
抻	将面团抻成条形
切	将面片切成条或其他形状
削	用于制作面条
叠	将面团折叠成形的方法
摊	将面团加工成片的方法
钳花	使用工具将面点制成多种多样的花色品种
滚粘	制作汤圆的一种方法
镶嵌	在面点中嵌入各种蜜饯，拼摆成花形图案，使其美观

四、烘烤和烹制作业的管理

烘烤和烹制是面点烹调制作管理的最后一道工序。烘烤是将加工好的面点放入烤箱、微波烤炉等机械炉灶设备中，加热使之成熟的过程。一般将半成品放入烤盘，调好烤箱的温度和时间，进行分批烘烤。

烹制则是根据面点花色品种制作要求，分别采用蒸、煮、烧、烙、煎、炸、烤等烹调技法，使面点原料完成化学和物理反应达到成熟的过程。

蒸是将成形的生坯放在蒸箱内加热使之成熟的过程。这一方法用途广泛，适用于各种膨松面团、水调面团、米粉面团，如花卷、烧卖、包子、蒸饺、蛋糕等。通过蒸制作的面点，形态完整，质地蓬松柔软、馅心鲜嫩。

煮是通过沸水加热使之成熟的过程。水煮成熟适用于各种面条、汤圆、饺子、粥。水煮加工技术的关键是水与被煮物数量的比例，水的数量一定要保持在被煮物的 5 倍以上。此外，保持旺火、沸水。

烙是将面点放在金属盘上，通过金属传热的方法加热使之成熟的过程，如各种饼类，春饼、家常饼等是通过烙的方法成熟的。许多面点同时使用烤烙方法或先烙再烤。

煎和炸是通过食油加热使之成熟的过程。水面多通过煎的方法使之成熟，如各种锅贴。许多油酥类点心是通过油炸成熟，如荷花酥、海棠酥。

烤是通过热气加热点心使之成熟的过程。一般将装好半成品的烤盘分批放入烤箱，调好烤箱的温度和时间，进行烘烤。

第六节　西餐厨房的运行管理

西餐是我国和其他东方国家和地区对欧美各国菜肴的总称。它常指以法国、意大利、美国、英国、俄罗斯等为代表的菜肴。此外，希腊、德国、奥地利、匈牙利、西班牙、葡萄牙、荷兰等国的菜肴也都是著名的西餐菜肴。西餐的原料主要是海鲜、畜肉、禽类、鸡蛋、奶制品、蔬菜、水果和粮食。食品原料中的奶制品很多，包括牛奶、奶油、黄油、奶酪、酸奶酪等。西餐使用的畜肉以牛肉为最多，然后是羊肉和猪肉。西餐常常使用大块食品为原料，如牛排、鱼排、鸡排等。菜单常以 3～4 道菜的组合方式出现。

第六节 西餐厨房的运行管理

表5-21 西餐菜单的组合方式

三道菜的组合方式	（1）开胃菜、汤和主菜
	（2）沙拉、汤和主菜
	（3）沙拉、主菜和甜品
四道菜的组合方式	（1）沙拉、汤、主菜和甜品
	（2）开胃菜、沙拉、主菜和甜品

西餐菜肴讲究火候，如扒牛排的火候根据顾客的需求，有三四成熟、半熟和七八成熟，煮鸡蛋也有半熟（三分钟）、七八成熟（四分钟）和全熟（五分钟）之分。在营养方面，西餐讲究原料的合理搭配，并根据原料的不同特性尽量保持其营养成分。

西餐厨房是西餐的加工车间，西餐的食品原料要经过西厨房的加工和烹调才能成为菜肴或面点，然后由服务员将菜肴送入餐厅。西厨房的基本生产工作包括：

- 食品原料选择、验收与储存；
- 海鲜、禽肉、畜肉和蔬菜的加工和切配；
- 汤和沙司制作；
- 菜肴烹调和熟制；
- 面包和点心的加工与熟制；
- 厨房的辅助与清洁工作。

西式宴会

西式宴会通常分三个阶段。

第一阶段：晚上6~8时为宴会的前奏，进行鸡尾酒会。餐饮部分由小吃、小点、鸡尾酒、饮料等组成。就餐方式有自助台，客人可以自取，也可由服务员分派。就餐氛围比较轻松，以相互介绍认识为主。主办场地可在花园、中厅等地方举行，此时不能进入主宴会厅。

第二阶段：晚上8~11时为正餐时间。古典式西式宴会的菜肴道数较多，现今已大大减少，有三四道菜也就足够了。

> （1）古典传统宴会菜单：冷盆（通常是一种原料为主，然后加一些配菜，装在7寸盆内）、汤（有清、浓、冷、热之分）、热头盆（热的开胃菜，可以是小虾、蜗牛等）、鱼（俗称小盆，也可是野味类）、主菜（猪、牛、羊、禽类，装10寸盆）、烧肉、冷烧肉（两道主菜中间的开胃菜）、烧烤肉（烤牛肉，为两道主菜之一）、碎冰果汁（用果汁或香槟酒做成的开胃冰霜）、沙拉（素生菜，在吃牛肉时上，起清口作用）、蔬菜（热的主菜的配菜）、甜品（甜味西式点心，有冷热之分，或是冰淇淋）、小点（巧克力、奶酪等）、水果、咖啡红茶。
>
> （2）现代宴会菜单：冷盆（配干雪利酒）、汤（配雪利酒）、热头盆（配白葡萄酒，如果是野味，则配玫瑰酒）、主菜肉（配红葡萄酒）、沙拉、甜品（配砵酒）、水果、咖啡红茶（配白兰地）。
>
> 第三阶段：餐后酒会部分，可在会客室进行，也可在餐桌边进行。男女分开，男宾们谈生意、谈政治，女宾们谈家常。提供咖啡、红茶、力娇酒、巧克力等。有时也举行舞会。

一、西餐原料的选择管理

选择优质、卫生的食品原料是西餐烹调的第一步。西餐菜肴质量的基础是食品原料的质量。因此选料时，应对原料进行感官检查和物理检查，包括对原料的颜色、气味、弹性、硬度、外形、大小、重量和包装等检查。通过这些检查确定原料的新鲜度、规格和质量情况。按照食品加工和烹调要求选用适合的品种和部位，如鱼有脂肪鱼和非脂肪鱼，有各种形状，不同的鱼适用于不同的烹调方法。又如，畜肉有不同的部位，各部位的肉质老嫩程度不同。因此在畜肉菜肴的制作中，就要按照不同的部位，使用适当的加工和烹调方法才能制作出理想的菜肴。西餐食品原料的采购、验收与储存可与中餐厨房一起运行，由餐饮部统一管理。

二、西餐原料初加工管理

食品原料初加工是西餐生产中的基础环节，它与菜肴的质量有着密切的联系。合理的初加工可以综合利用原材料，降低成本，增加效益，并且使原材料符合烹调要求，保持原料的清洁卫生和营养成分，增加菜肴的颜色、味道和形状。在旅游发达的国家和地区，供应商提供的原料已经是初加工后的净料，目前我国也正朝这方

（一）蔬菜原料初加工

蔬菜是西餐常用的原料。由于它们的种类及食用部位不同，加工方法也不同。但是无论哪种蔬菜，清洗时，都应先洗后切，保持蔬菜的营养素。最后将经过整理、清洗的蔬菜沥去水分，放在冷藏箱或适当的地方待用。西餐厨房使用的原料和中菜厨房的原料统一加工，操作步骤与要求一般与中餐原料大致相同。如：

（1）叶菜类蔬菜应去掉老根、老叶、黄叶，清洗干净。

（2）根茎类蔬菜应去掉外皮。

（3）果菜类蔬菜要去掉外皮和果心。

（4）豆类蔬菜应根据具体品种和食用方法剥去豆荚上的筋络或者剥去豆荚。

（二）畜肉原料初加工

当今西餐业使用经过加工和整理的牛肉、羊肉和猪肉。在旅游发达国家，饭店购进的畜肉原料已经切成所需要的各种形状。但是，在某些国家和地区，仍然有许多饭店和西餐餐厅购进带骨、带皮的畜肉。这样需要将它们进行初加工。首先是去掉骨头，然后根据畜肉各部位的实际用途进行分类、清洗、沥去水分。最后将加工好的肉放入容器中，冷冻或冷藏。

（三）水产原料初加工

通常水产品原料在切配和烹调前要做许多初加工工作，如宰杀、刮鳞、去腮、去内脏、清洗。根据烹调需要将鱼切成不同的形状。在许多旅游发达国家，水产品的初加工工作已经由供应商完成，一些鱼类原料已经由供应商根据西餐的烹调要求切成不同的形状。

（四）家禽原料初加工

西餐餐厅常常采购经过宰杀和整理好的禽肉原料，如经过开膛去内脏的鸡、鸭、鸡大腿、鸡翅、鸡胸脯等。但是，这种方便型的家禽原料也需要初加工，特别是清洗工作。

三、西餐原料的切配管理

食品原料切配是将经过初加工的原料切割成符合烹调要求的形状并合理地搭配在一起，使之成为完美的菜肴的过程。在配菜前，首先是切割原料，需要运用不同的刀具和刀法将食品原料切成不同的形状。

（一）常用切割作业方法

（1）切成块（Cut），将食品原料切成较大的、整齐的块状。
（2）剁、劈（Chop），将食品原料切成不规则的形状。
（3）切成末（Mince），将食品原料切成碎末状。
（4）切成片（Slice），将食品原料横向切成整齐的片状。

（二）常用的原料形状和规格

表5-22 西餐原料的切配要求

料形名称	适用原料	切制规格（mm）		
		长	宽	厚
末（Fine Dice）	洋葱、西芹等	3	3	3
小丁（Small Dice）	洋葱、番茄等	6	6	6
中丁（Medium Dice）	土豆、胡萝卜等	10	10	10
大丁（Large Dice）	牛肉、水果等	20	20	20
小条（Julienne）	土豆等	40	6	6
中条（Batonnet）	土豆等	80	3	3
大条（French Fry）	土豆等	80～100	8～10	8～10
片（Slice）	土豆、番茄等	50～150	20～40	3～8
楔形（Wedge）	西瓜、苹果类	如切好的各种大小的西瓜块形状		
圆心角形（Daysanne）	瓜果类	将各种厚薄圆片切成4等份或3等份		
椭圆形（Tourne）	土豆、胡萝卜等	腰果形，通常有7个相等的边		

（三）配菜的基本原则

配菜是根据每盘菜肴的质量要求，把经过刀工处理的各种食品原料进行合理的搭配，使它们成为一盘在色、香、味、形方面达到完美的菜肴。配菜中，西餐厨师常遵循以下原则：

（1）注意原料数量之间的协调性，应当突出主料的数量，配料的数量应当少于主料。

（2）注意各种原料的颜色配合，每盘菜肴应当有2～3种颜色，颜色单调会使菜肴呆板。颜色过多，菜肴显得不庄重。

（3）尽量突出主料的自然味道，用不同味道的原料或调料弥补主料味道的不足。

（4）尽量将相同形状的原料配合在一起，使菜肴呈现整齐。但是，如果配菜和装饰菜的形状与主料不同，有时会影响菜肴的美观。

（5）将不同质地的食品原料配合在一起以达到互补。例如，马铃薯沙拉中放一些嫩黄瓜丁或嫩西芹丁，菜泥汤或奶油汤中放一些烤干的面包丁。

（6）现代西餐菜肴讲究营养设计，讲究合理搭配原料以满足不同顾客的需求。许多发达国家和地区饭店的菜单上在每道菜肴说明的栏目中，都明确地写出菜肴中的蛋白质含量和菜肴所含的热量。

四、西餐厨房各部门运作功能

西餐厨房各部门作业流程指食品原料在西餐厨房的某一部门中的加工或制作程序。不同的西餐厨房加工部门和西餐菜肴在厨房中不同的加工阶段，其加工程序是不同的。西餐厨房的各部门作业程序常包括鱼禽肉的加工程序、蔬菜加工程序、食品原料切配程序、菜肴的烹调程序、面点制作程序和冷菜制作程序等。西餐厨房的分工与中餐厨房的分工也略有不同，中餐厨房原料切配与烹调是由不同部门和不同人员加工完成的；而西餐厨房是按菜肴的性质来分工的，切配与烹调同一部门完成，类似中餐的冷菜房。西餐厨房根据菜肴的性质分为冷菜加工区域、制汤加工区域、主菜加工区域、面包西点加工区域。各部门的运作功能如表5-23所示。

表5-23　西餐厨房各部门的运作功能

加工区域	负责人员	运作功能
冷菜加工区域	厨师（Larder Cook）	（1）负责鱼禽肉的清洗、整理和切配工作 （2）负责冷菜，如冷鱼、冷肉、三明治、沙拉的制作
制汤加工区域	制汤厨师（Soup Cook）	（1）负责制作各种汤，如清汤、浓汤、奶油汤、鲜蘑汤和民族风味汤 （2）负责制作各种汤的装饰品

第五章　厨房生产流程管理

续表

加工区域	负责人员		运作功能
主菜加工区域	烹调厨师[①]	沙司/烹调厨师（Sauce Cook）	负责制作各种调味汁 （1）负责各种热菜的制作 （2）负责各种热菜的装饰和装盘 （3）负责每天特别菜肴的制作
		制鱼厨师（Fish Cook）	（1）负责制作各种海鲜菜肴和鱼类菜肴 （2）负责制作各种海鲜和鱼类菜肴的调味汁
	烧烤厨师（Broiler Cook）		（1）负责扒制（烧烤）各种畜肉、海鲜等菜肴 （2）负责制作各种扒菜的调味汁 （3）负责制作各种煎炸的菜肴，如炸海鲜、炸法式鸡排、炸薯条等
	蔬菜、鸡蛋、淀粉类菜肴厨师（Vegetable Egg and Noodle Cook）		（1）负责制作主菜的配菜 （2）负责制作各种蔬菜菜肴 （3）负责制作各种鸡蛋类菜肴 （4）负责制作各种淀粉类菜肴，如意大利面条、米饭、炒饭等
面包西点加工区域	面包与西点厨师（Pastry Cook）		（1）负责制作各种面包 （2）负责制作各种冷、热、甜、咸点心 （3）负责制作宴会装饰品，如巧克力雕、用糖制作的花篮等

注：①小型饭店在主菜加工区域只设烹调厨师和助理厨师，不具体分工。

复习与思考

一、名词解释

水台加工　　泥蓉馅　　钳花

二、填空

1. 原料的加工净料率是指加工后可供做菜的_____和未经加工的_____之比。

2. 面团有四个种类，它们是_____、_____、油酥面团和其他面团。

3. 传统中餐热菜的加工分为切配岗位与烹调岗位，俗称_____与_____两大环节。

4. 根据加工原料时传热介质的不同，可分为液态介质的传热法、_____、_____三种。

5. 选择优质、卫生的食品原料是西餐烹调的第一步。西餐菜肴质量的基础是食品原料的质量。因此选料时，应对原料进行_____和_____。

三、选择题

1. 鸡蛋成熟度七八成，需煮几分钟？（　　）
   A.3 分钟　　　　B.4 分钟　　　　C.5 分钟　　　　D.6 分钟
2. 负责制各种调味汁的厨师是（　　）。
   A. 冷菜厨师　　　B. 沙司厨师　　　C. 烧烤厨师　　　D. 蔬菜厨师
3. 蔬菜类原料初加工一般要求浸泡（　　）分钟。
   A.8　　　　　　B.9　　　　　　C.10　　　　　　D.11
4. 西餐中中等大小的丁是指（　　）。
   A.10 立方毫米　　B.5 立方毫米　　C.15 立方毫米　　D.20 立方毫米
5. 膨松面团主要包括酵母发酵面团、发粉发酵面团和（　　）。
   A. 蛋泡膨松面团　　　　　　　B. 水泡膨松面团
   C. 粉泡膨松面团　　　　　　　D. 油泡膨松面团

四、思考题

1. 西餐配餐的基本原则是什么？
2. 烹调的作业程序是什么？

第六章 厨房设备管理

厨房设备是厨房生产加工的基础，也是厨房管理的核心要素。正确了解厨房的常用设备，并对厨房设备进行管理和维护，是提高和延长设备使用寿命的基本要求，对提高厨房管理水平，提高厨政人员素质具有重大意义。

本章通过对厨房设备管理的含义、特征、分类和要素的分析和阐述，加深学生对厨房设备管理要素的认识；通过分析和阐述厨房设备的折旧方法，加深学生对设备价值的认识；通过分析和阐述常用的厨房设备，使其领会厨房设备的维护和保养技巧。

学习目标

知识目标

1. 了解厨房设备的类型。
2. 理解厨房设备的统计与折旧管理。
3. 熟悉厨房常见的设备。
4. 掌握厨房设备和餐具的管理保养方法。

技能目标

1. 能运用理论知识提出改善厨房设备管理和维护的办法。
2. 能提高厨房设备的利用效率。

> 案 例

从调料罐到调料分配器的变革

西餐餐桌上一般都摆有调料罐,内盛各种沙司供顾客食用。调料罐最早是瓷质或金属制成的,顾客需如同倒酒一般将沙司从小孔倒出。后来,调料罐被设计为塑料材质的挤取式容器。这种形式的调料罐相对较前者卫生,顾客使用也相对方便,但缺点是占据了一定的餐桌面积,罐的清洗和消毒也相对麻烦。

RTM餐饮集团是一家牛排馆连锁企业,专门组织了一个项目小组来研究调料罐,小组首先提出的一个方案是使用大容器盛装调料并将其置于餐厅的工作台,顾客需用时去工作台取用。这样虽不至于占用餐桌空间,但一般会超量取用,容易造成浪费。另一个方案就是使用袋装沙司,虽解决了前面方案的缺点,但袋装成本较高。后来又设计了仿照生啤机原理制成的充气式调料分配器,并进行了试用,但原因在于该装置造价较高,安装过程复杂,并且在使用时,由于气压原因很容易造成调料四处飞溅。效果还是不甚理想。

最后RTM集团找到了理想的合作伙伴——Cryovac公司。Cryovac公司自1990年起就开始从事这类容器的研究,具有相当的技术实力与经验。双方的成功合作,导致了新一代调料分配器的产生。1998年,RTM集团开始在其各分店推广这种新设备。

这种调料分配器名为Cryvac/Sewer,由一个塑料或不锈钢材质的容器和一个小型水泵,外加一个喷嘴组成,容器大小可按餐馆的不同餐位数定制,可放在专用台上,为多桌客人提供服务。这种分配器既解决了调料四处飞溅的问题,在设计上也使清洁和消毒工作变得简单。更为重要的是设计了数量按钮,取用调料时只需根据设备上所标示的数量刻度按下相应的按钮,即可获得自己所需品种和数量的沙司,减少了浪费,其成本相对于一次性袋装而言,要低得多。目前,在美国、加拿大的快餐集团和部分休闲餐馆都使用了这种分配器相类似的产品。

从调料罐的改革的案例中,我们可以看到该企业在日常管理工作中,不断地改进和改革现有的程序和管理办法,注重服务细节、卫生安全和作业成本,更做到了以人为本。该案例说明:在任何工作岗位上,都要不断地优化办法和程序,尽可能地节约各种成本,提高工作效率和经济效益。

第六章 厨房设备管理

厨房设备管理是厨政管理的重要组成部分。随着社会的进步和科技的发展，越来越多的烹饪设备开始大量进入厨房，成为现代厨房不可缺少的一部分。从设备的登记入册正式投入使用到报废，都存在着厨房设备资产管理的问题。加强设备维护和管理，不但能提高生产效率，提高生产质量，同时也可以降低损耗，改善工作环境，降低厨房成本。

第一节　厨房设备的统计与折旧管理

烹饪设备种类多，使用范围广，更新周期又各不相同，为了便于统一管理，在各种设备采购、配置完成后，要由工程技术人员和财务人员共同建立设备技术档案，做好分类编号工作，财务根据设备的使用年限进行折旧。

一、厨房设备的统计与入册

（一）做好分类编号

分类有编号分类和使用部门分类两种。编号分类是按设备类型分类，采用三节编码法：第一节表示种类，第二节表示使用部门，第三节表示设备编号。如厨房设备搅拌机编号，可写成 B2-3-28（B 表示电器类，2 表示电热器具类，3 表示厨房部门，28 表示设备号码），这样便于企业清产核资和检查。二是按部门分类，即将各个部门使用的设备登记于一个表上（表6-1），便于检查使用状况和交接时清点。

表6-1 设备登记表

设备编号	设备名称	现存量	设备状况	使用人

使用部门确认签字：

（二）设备的技术资料管理

在分类的基础上，建立设备技术档案，将设备的品种、名称、数量、价值、使用部门和使用技术说明等技术资料统一分类归档，为管好用好设备提供了基础数据。每台设备在正式移交使用后，都应建立设备档案资料。每份资料归档均应填写设备归档记录（表6-2）。

表6-2 设备资料归档记录

日 期	资料名称	份 数	归档日期	编 号	备 注

设备档案资料的内容包括：设备出厂合格证和检验单，装箱单和随机附件，工具明细表，设备进店开箱验收单，设备安装质量检验单及试车记录，设备事故报告及事故修理记录，设备的维修、保养、修理记录表，设备检查记录表，设备改进及改装和大修的完工报告，设备登记卡片，设备封存单、启封单，设备报废申请报告及批示等。还包括设备的原文及中文说明书，设备基础安装施工图纸，给水、蒸汽、压缩空气管路图，供配电线路图，设备维修备件和易损件清单、图纸和关键尺寸，设备操作使用维护规程，设备零件明细表及组装图，设备特殊零件加工图，设备改进或改装的设计图纸等，以备故障维修。

设备年限到期，或使用一定时间后存在故障，维修后仍不能使用的，填写设备报废单，申请设备报废。

表6-3 设备报废单

申请部门：				填表日期：	年	月	日
设备名称		设备编号		启用日期			
型号规格		采购价格		申请人			

报废原因：

审批部门（签名）： 年 月 日

审批意见：

审批部门（签名）： 年 月 日

二、厨房设备的折旧管理

折旧基金是为固定资本全部更新而设立的基金。折旧基金是在设备购入时按使用年限，逐年提取的折旧费，用于设备更新和维修。所以折旧基金是设备改造更新的资金保障条件。它包括计划折旧回收金额、折旧期限、折旧方法。

计划折旧回收金额。在设备使用过程中，通过折旧的提取，预计可能得到回收的设备价值称为折旧回收总金额，总金额包括每月提取的设备折旧费、设备残值、报废设备清理。残值是指设备在报废后、转让和销售的时候所具有的价值。设备清理费是指设备在拆除清理中必须支付的费用。

折旧期限。折旧期限关系到设备投资回收期长短。但从设备管理的角度上看折旧期限的确定，是以设备的经济寿命为标准，以每年平均总费用来确定设备的使用期限。

如果设备残值保持不变，设备维修保养费每年的增长额相同，则计算设备第 n 年支付的总费用的公式为：

$$T = \frac{P-S}{n} + W\frac{(n-1)}{2} + I$$

式中：T 为第 n 年的总折旧费用，P 为设备的购买价格，S 为设备的残值，n 为使用的年限，W 为第一年维修保养费用，I 为每年增加的维修保养费用。

(三)折旧方法

折旧方法有平均年限法、工作量法和加速折旧法三种。平均年限法是将固定资产的折旧均衡地分摊到各期的一种方法,其公式为:折旧率=(1-预计净残值率)/预计使用年限×100%。工作量法是根据实际工作量计提折旧额的一种方法,每一工作量折旧额=[固定资产原价×(1-残值率)]/预计总工作量。加速折旧法也称为快速折旧法或递减折旧法,其特点是在固定资产有效使用期限的前期多提折旧,后期少提折旧,从而相对加快折旧的速度,以使固定资产成本在有效使用期限中加快得到补偿。

第二节 厨房器具的使用与保养

厨房在生产经营活动中,不仅要使用大量设备,还必须使用各式各样的器具,如果这些器具的使用和管理不当,必然会造成额外的破坏和损耗,从而增加企业经营成本。因此,必须加强器具的管理,降低破损率,延缓折旧速度,以降低餐饮经营成本,提高餐饮经营效益。

一、设备器皿的维护

厨房器具种类多,使用人员复杂,为保证餐饮服务的质量,必须根据餐具不同的特点制定科学的规范管理和使用标准,并严格执行。

设备的维护。建立健全厨房设备的管理制度,做到"定人、定岗、定部门","谁用谁清洁谁保养"的原则。严格遵守操作规程,根据设备的不同特点,正确按规定使用,并做到每次使用前后都要清洗。

器皿的维护。餐具的维护直接影响到企业的成本,厨房的餐具又关系到菜肴的装盆和出品,故餐具的好坏也影响到产品的质量。一般厨房把餐具的破损率控制在3‰

的范围内，为了达到这一目标，管理员要制定相关的制度，约束洗碗工、传菜部和打荷厨师，小心清洗、有序存放。若有发现破损，及时做好记录，按制度赔偿。

二、管理制度

器皿管理制度要明确标准、落实责任，做到有章可循，有据可依。

（一）制度管理

强调制度管理。厨房器具管理要落实到制度，严格按制度管理，在新员工上岗前，及时培训。一般制度有器皿领用制度、器皿清洗规范制度、器皿存放制度、器皿定期更换制度、器皿损耗报废制度、器皿损坏赔偿制度等。

标准合理公平。制度是管理的手段，但在制定时要合情合理，其目的是更好地落实管理。如餐具更换制度，要根据营业量，考虑餐具的使用率，如每天使用一次，500次后一般餐具自然磨损，可定为更换期。如餐具赔偿制度，打荷人员比其他岗位的厨师接触餐具的概率高，相对来说赔偿额低，一般为器皿原价的10%，而其他岗位的是15%~20%，而洗碗工只要5%。

（二）表格管理

有了制度，没有表格的统计和在册的档案，管理也很难落实，故表格是科学管理的必要条件。器皿管理表格包括出库登记表、分布表、使用状况登记表和破损通知单。

1. 出库登记表

每个部门每次领用餐具用品都必须填写登记表（表6-4）；一般由各部门主管填写。

表6-4 餐具出库登记表

部门： 日期：

类 型	名 称	数 量	领用人	使用范围

2. 厨房器具分布表

厨房器具分布表是库房根据各部门领用情况的汇总表,便于了解厨房器具的分布状况(表6-5)。

表6-5　　　　　　　　年度厨房器具分布汇总表

领用日期	餐具名称	规　格	二级库存	中餐厨房	西餐厨房	风味餐厅	领用人

制表人:

3. 厨房器具状况记录表

厨房器具状况记录表是各个部门根据实际领用和实际盘存填写的表格(表6-6),如实反映了器具状况,可作为厨房管理人员采购餐具的依据。

表6-6　　　　　　　　年度厨房器具状况记录表

部门:

餐具名称	类　型	领用日	领用数量	破损数	破损率	现存量

记录人:

4. 厨房器具破损通知单

厨房器具破损通知单是发现或当事人主动上报器具破损后,管理人员查明原因,确定是人为因素后开出的赔偿通知单。破损通知单(表6-7)由部门管理员填写,一式三份,一份给当事人,一份给财务部,一份部门留存。

表6-7 厨房器具破损通知单

部门：　　　　　　　　　　　　　　　　　　　　　　年　　月　　日

类　型	名　称	破损数	单　价	金　额	赔偿率	当事人

填表人：　　　　　　　　　　　　　　　当事人确认签名：

第三节　常用厨房设备的使用

厨房的烹饪器具很多，各个厨房根据其生产的产品，在烹饪用具上也多有不同。本书很难全面系统地介绍各种烹饪器具，仅就各地通用的烹调器具、加工设备、加热设备对其名称、规格和一般用途作简单介绍。

> **相关链接** 🔍搜索
>
> ### 商用电磁炉掀起厨房里的绿色革命
>
> 餐桌上的美味佳肴让你垂涎欲滴，可这是以厨师们遭受烟熏火燎为代价的，他们要时时提防灼伤、中毒、火灾等不可测事故的发生，还要不时打扫"满面尘灰烟火色"的厨房。然而，新生代炉具——电磁炉则能把厨师们从恶劣的环境和繁杂的劳动中解脱出来，因此有人把商用电磁炉的出现称为是一场"厨房里的绿色革命"。
>
> 1. 节能
>
> 商用电磁炉对于餐饮行业的经营者来说，既省钱又赚钱，而且赚钱的同时不用增加投资风险。商用电磁炉热效率在98%以上，而燃油、燃气的热效率仅在20%～45%，商用电磁炉加热时不存在燃烧浪费、燃烧不充分的情况，事实表明，商用电磁炉比传统炉具（煤气炉、燃气炉、柴油炉）节能47%～80%。

2. 高效

出菜时间的快慢直接影响经营者的收益。商用电磁炉打破传统加热方式，采用了最先进的电磁加热技术，通过功率大小实行火力调节，火力够猛、够旺，温度高时，锅内会起火，炒出的菜肴锅气十足，毫不逊色！一改过去人们认为用电温度不高的主观认识。

3. 安全

作为经营者，消除、减小火灾隐患，创造安全的工作环境是首要的责任！商用电磁炉具有无明火燃烧、无废气排放、无燃料泄漏等优点，大大减少了火灾隐患；比传统的燃油、燃气炉更安全，特别适合无燃料供应或限制燃料使用的禁明火的厨房。

一、常用手工烹调器具

手工烹调器具包括中西式烹调厨师、面点厨房所使用的主要手工操作工具。

（一）中式烹调器具

中式烹调器具指生产菜品过程中用于清洗、整理、切制、调配和烹制等操作时使用的主要器具。

1. 锅

锅是一种用于煎、炒、蒸、煮、煨、炖等烹饪操作的加工器具，是最重要的一种烹饪器具。根据烹调工艺、用途和结构特点，锅主要有炒锅、蒸锅、煮锅、砂锅、平锅、高压锅和不粘锅等。

2. 锅勺和锅铲

锅勺和锅铲在烹调时用来加味、搅拌、出锅和装盘，材料、规格多样。其他还有锅刷和锅架、锅盖等工具。

3. 铁钩、铁叉

铁钩、铁叉是烹制烤制食物、汤锅中捞取大块原料的辅助用具，因各地习惯不同，这类器具在用途、结构、形状、大小、长短等方面各具差异。还有用于叉烧、烤肉串的铁扦，用于划散或夹取锅中细碎原料的铁筷，用于在炭火上烤肉的铁丝网等。

4. 滤器

滤器是用来过滤或沥干油、水、液汁和用来分离粉状物的工具。常用的滤器有漏勺、笊篱和网筛三种。

5. 调料罐

调料罐用来盛装油、盐、酱、醋、酒等调味料。质地有陶瓷、不锈钢和塑料，一般使用带盖的调味料罐。

6. 切割器具

切割器具是指对食物原料进行砍切、加工、雕刻、研磨时使用的各类器具。一般有各类刀具、砧板、模具、搅拌机等。刀具又分为砍刀、切刀、片刀、斩刀、刮刀、旋刀和雕刻刀等。

7. 砧板

砧板有木质和塑料两种，木质一般用铁树、红柳木、青阳木、皂角树制成。塑料砧板形状有圆形、方形，颜色有多种，一般红色砧板加工畜肉，黄色砧板加工禽肉，蓝色砧板加工海鲜，绿色砧板加工蔬菜，白色砧板加工熟食。

（二）面点制作工具

厨房的面点制作大部分是手工操作。在生产过程中使用的器具一般有擀棍、刀具、模具、筛、笼、簸等。

1. 擀棍

擀棍是用来擀压面片的一类滚筒状或棒状工具，除了用来擀压面片外，还可用来碾碎辅料。常用的擀棍多为木制，以枣木或檀木为好，质地实，无异味，表面光洁。

2. 刀具

面点使用的刀具属异形刀，一般较为轻便，但刀刃不甚锋利。面点刀具主要用于原料加工和切割成型或美化造型，按用途可以分为切刀、批刀、花片刀、糕刀、盆刀、菜刀、滚刀、刮刀等。

3. 模具

模具具体分为模刀、模具和裱花嘴。在面点生产过程中用模刀按压半成品；金属模具用于烤制蛋挞、小蛋糕；裱花嘴用于挤注奶油、巧克力等。另外，还有面包模用于烤制面包；木模用于制作月饼、绿豆糕等。

二、常用初加工用具

烹饪原材料品种繁多，加工处理也较为复杂。

本章主要讲述以动植物材料为主要加工对象的菜肴熟制前预处理加工设备，以及以米、面等为原材料的面点加工设备。这些设备在烹饪中的应用主要以提高厨房加工效率为目的。根据现代厨房操作加工程序、原料来源，厨房加工设备可以分为果蔬预处理加工设备、肉类预处理加工设备和面点加工设备3大类。

（一）果蔬原料加工设备

果蔬原料加工设备一般包括洗菜机（根茎洗菜机、叶菜洗菜机）、土豆剥皮机、切片机、切丝机、切丁机、多功能切菜机、碎菜机、脱水机、搅拌机等。

1. 蔬菜洗净机

用手洗菜不仅费时费力，而且会使蔬菜破损。目前有利用气泡动力洗净蔬菜的洗菜机，利用气泡为动力，无孔不入，将蔬菜洗得更干净，并且水流循环使用。该机由水槽、强力气泡发生系统、悬浮物、沉淀物回收装置、水泵循环系统、传送带系统等部分组成（图6-1）。

2. 球根剥皮机

球根剥皮机（图6-2，图6-3），能对球根类的土豆、芋头、胡萝卜、牛蒡等原料进行剥皮作业，同时还兼带清洗功能，且损耗低（5%左右）。

本机主体为高级不锈钢制造，上部圆筒内壁和旋转圆盘采用特殊工艺黏结金刚砂层，利用摩擦进行脱皮，脱皮清洗仅需1~3分钟；原料投入口可以简单拆卸，容易清洗；中央出料口设计独特，出料方便。

第六章　厨房设备管理

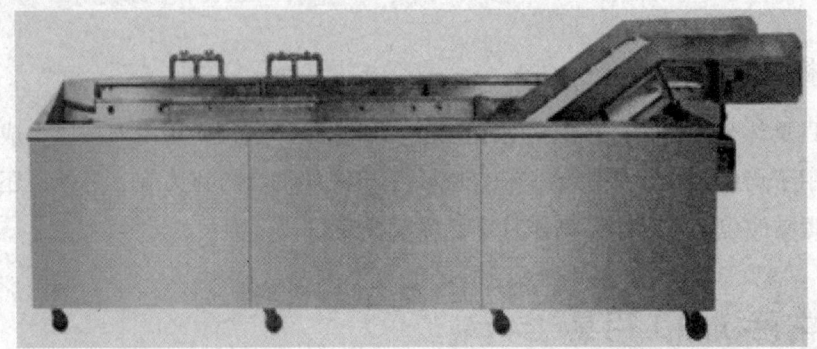

图6-1　气泡动力蔬菜洗净机

图6-2　球根剥皮机（1）

图6-3　球根剥皮机（2）

3. 多功能切菜机

多功能切菜机（图6-4，图6-5），是一种自动完成切丝、片、条、半圆条、末蓉等工序的机器。切菜机一般由送菜系统（传送带或手压式）、刀片旋转系统、变速系统、各种刀片、刀盘等组成。叶菜、海带、豆腐皮等切丝，一般使用传送带式切菜机，利用传送带的送菜速度和单刀、双刀来获得不同尺寸的形状。

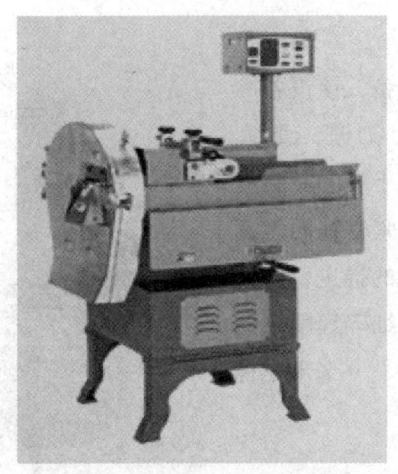
图6-4 多功能切菜机（1）

图6-5 多功能切菜机（2）

4. 碎菜机

碎菜机一般用于蔬菜的馅料加工。碎菜机的结构由机座、料盘、刀、刀轴、料盘盖、传动系统等部分组成。当斩拌刀和料盘运转时，放入原料，并完成碎菜功能，料盘速度和斩拌刀的转速可调（图6-6）。

（二）肉食蛋加工设备

肉食蛋类的初加工工序十分重要和繁重。经常使用的肉食蛋类加工设备有锯骨机、绞肉机、斩拌机、切肉片机、切肉丝机、切肉丁机、打蛋机等。

图6-6 碎菜机

1. 锯骨机

锯骨机主要用来锯切冻肉及排骨类食品。其一般由机架、工作台、传动系统、锯条、锯条自动张力装置、安全挡板装置等部分组成。当锯条运转时，随着物料在工作台上移动，将物料切割。

2. 绞肉机

绞肉机（碎肉机）是制作馅料必备的设备，该设备一般由机壳、上料装置、螺旋推进器（绞笼）、刀栅、绞刀、传动系统等部分组成。在绞肉过程中，切成小块的原料从上料装置进入加工室；由螺旋推进器推挤，紧密地向刀栅和绞刀方向推进并被切碎，随着螺旋推进器的推进，已经切碎的肉挤过刀栅落入下料槽内。为了得到细碎程度不同的肉馅，通常随机配有孔径为3毫米、5毫米、9毫米三种刀格（图6-8）。

图6-7 锯骨机

3. 切肉片机

切肉片机是肉食加工中使用最多的机器。切肉片机的种类很多，按功能分类有切火腿、肉肠等熟食品的，有切-8℃以内的冻肉和切-15℃以内冷冻肉的；按结构原理可分为圆刀切削和直刀切削、座式和落地式。切肉片机一般由机身、工作台、圆盘刀旋转系统、载肉台往复运动系统、压紧机构等部分组成。利用圆盘刀的旋转和载肉台的往复运动，完成肉的切片工艺（图6-9）。

图6-8 绞肉机

（三）面点加工设备

1. 和面机

和面机又称调粉机或搅拌机，主要用于饺子、馒头等水调面团的混合和搅拌，并以此调节面团面筋的吸水涨润，控制面团韧性、可塑性等操作性能。目前，主要有两大类型，即卧式和面机和立式和面机。其中，卧式和面机使用较为普遍（图6-10）。

图6-9 切肉片机

2. 搅拌机

搅拌机在烹饪行业中主要用于液体面糊、蛋白液等黏稠性物料的搅拌，如糖浆、蛋糕面糊和裱花乳酪等的搅拌与充气都广泛使用搅拌机。搅拌机工作时，主要以电机作为动力源，通过传动箱内的齿轮对传动来带动搅拌器，使搅拌器高速运转的同时又自身产生公转，对物料进行强制搅拌和充分摩擦，以实现对物料的混匀、乳化和充气作用。搅拌机的结构一般可以分为立式搅拌机和卧式搅拌机两种（图6-11）。

图6-10　和面机

图6-11　搅拌机

三、厨房加热设备

（一）中餐菜肴加热设备

厨房炉具是一种以液化气、天然气、电为能源对象的灶具。它具有操作方便、安全、卫生的特点。厨房炉具形式多样，一般来说，可以进行烧、煮、煎、炸、烤等各种烹调。

1. 炒炉

炒炉是中餐厨房最常用的炉具，一般以液化气、天然气为能源，火焰大，温度高，适合煎、炒、熘、爆、炸等烹制中餐菜肴（图6-12）。

图6-12　炒炉

2. 矮汤炉

矮汤炉又称平头炉，是专门用于炖汤、煮料的炉具。分双头汤炉、四头汤炉，由于汤桶较高，为便于操作故使用矮汤炉（图 6-13）。

图6-13　矮汤炉

3. 炸炉

炸炉是专门制作油炸食品的炉具，一般以电为能源。在炸制食品时，操作人员不得离开现场，结束后为了安全必须确保电源关闭后才能离开（图 6-14）。

4. 大型蒸箱

大型蒸箱由箱体、蒸车和控制部分组成。蒸汽从蒸车底部进入蒸屉，一屉屉上升将蒸物蒸熟。箱体为内外两层，形成夹层结构。热气在夹层中形成隔热层，从而提高了热效率。蒸车与箱体之间用单向接头连接，可整车进出，方便使用（图 6-15）。

第三节 常用厨房设备的使用

图6-14 炸炉

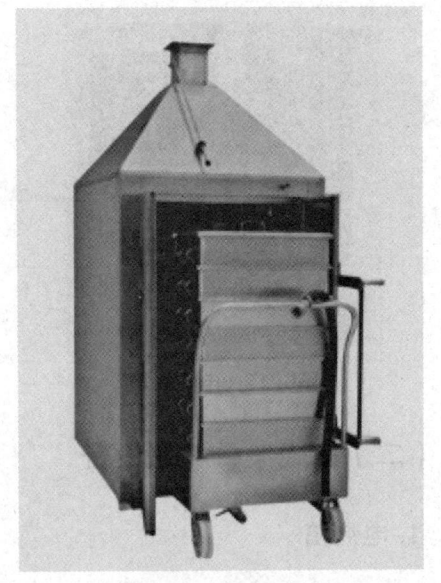

图6-15 蒸箱

5. 万能蒸烤箱

万能蒸烤箱有电气式和燃气式两种，具备蒸、烤、烘、焙、焖、烫、炖、煮、泡等功能，是现代科学技术给厨房带来的先进设备。它由外表箱体、电加热器或燃气热转换加热器、炉体、离心油脂分离装置、自动转向风扇叶轮、内置式排气管道、安全废水装置、多功能烤炉架、双层密封玻璃门、智能清洁系统、中央控制仪、IQT智能逻辑传感器等部分组成（图6-16）。

图6-16 万能蒸烤箱

6. 电磁加热烹饪设备

电磁加热烹饪设备，有电磁烤箱、电磁灶，是利用电磁感应发热原理，具有热效率高、控温准确、安全性好、环保性强等特点（图6-17，图6-18）。

图6-17　电磁烤箱

图6-18　电磁中餐炒炉

（二）西式菜肴加热设备

1. 电烤箱

电烤箱是利用电热元件所散发的辐射热来烘烤食品的电热器具，一般制作烤鸡、烤鱼、烘烤面包、糕点等菜点。根据烘烤食品的不同需要，电烤箱的温度可在50℃～250℃范围内调节。

电烤箱主要由箱体、电热元件、调温器、定时器和功率调节开关等构成。其箱体主要由外壳、中隔层、内胆组成三层结构，在内胆的前后边上形成卷边，以隔绝腔体空气；在外层腔体中充填绝缘的膨胀珍珠岩制品，使外壳温度大大降低；同时在门的下面安装弹簧结构，使门始终压紧在门框上，使之有较好的密封性。

电烤箱的加热方式可分为面火（上加热器加热）、底火（下加热器加热）和上下同时加热三种（图6-19）。

2. 扒炉

扒炉是让食品直接受热煎扒的加热设备，使用燃气或电为能源。扒炉

图6-19　电烤箱

的电阻丝以线卷状置于不锈钢管中,不锈钢管发热器一般装在平面铁板的下面,通电发热后传导给铁板,食品直接平放在平面铁板上加热烹制。电扒炉的正面装有温度调节器,可以根据需要调节温度。电扒炉主要用于煎扒肉类、海鲜类、煎蛋等,也可用于制作铁板炒饭、炒面等食品。具有使用简便、省时省工、清洁卫生等特点,普遍用于西式厨房、日本铁扒烧等(图6-20)。

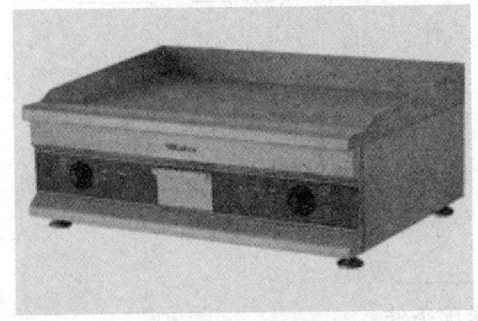

图6-20 扒炉

3.面火炉

面火炉是使食品表面直接受热烘烤的加热设备,用于西餐塌制菜肴、烘烤蒜蓉面包等,是制作西餐独特风味的炉具之一。面火炉的加热原理是电阻丝直接以线卷状置于炉架的上部,通电后,电阻丝加热至火红,向下放射热量烘烤食物,上下移动调节板来控制受热距离。其特点是使原料上部受热上色(图6-21)。

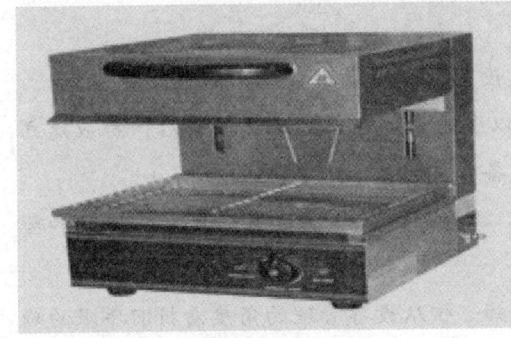

图6-21 面火炉

复习与思考

一、名词解释

折旧基金　　面火炉

二、填空

1. 电烤箱主要由箱体、电热元件、调温器、_____和_____等构成。
2. 扒炉是让食品直接受热煎扒的加热设备,普遍用于_____、_____等。

3. 编号分类是按设备类型分类，采用三节编码法，分别表示种类、_____、_____。
4. 面火炉是使食品表面直接受热烘烤的加热设备，用于_____、_____等。
5. 常用的滤器有漏勺、_____和_____三种。
6. 烤箱箱体主要由外壳、_____、_____组成三层结构。
7. 模具具体分为模刀、_____和_____。
8. 中式烹调器具指生产菜品过程中用于清洗、整理、切制、_____和_____等操作时使用的主要器具。
9. 搅拌机的结构一般可以分为_____和_____两种。
10. 折旧基金是设备改造更新的_____保障条件。

三、判断题

1. 扒炉是让食品直接受热煎扒的加热设备，使用柴油能源。（　　）
2. 为管好用好设备，金额在5000元以上的设备在正式移交使用后，都应建立设备档案资料。每份资料归档均应填写设备归档记录。（　　）
3. 调料罐用来盛装油、盐、酱、醋、酒等调味料。质地有陶瓷、不锈钢和塑料，一般使用带盖的调味料罐。（　　）
4. 折旧年限关系到设备投资回收期长短。但从设备管理的角度看折旧年限的确定，是以设备的经济寿命为标准，以每年平均总费用来确定设备的使用年限。（　　）
5. 球根剥皮机，能对球根类的土豆、芋头、胡萝卜、牛蒡等原料进行剥皮作业，同时还兼带清洗功能，损耗低（15%左右）。（　　）
6. 绞肉机通常随机配有孔径为3毫米、5毫米、15毫米三种刀格。（　　）
7. 电磁烤箱、电磁灶，是利用电磁感应发热原理，具有热效率高、控温准确，但辐射较大。（　　）

四、思考题

1. 厨房设备折旧目的是什么？有哪几种方法？详述一种。
2. 厨房设备的管理主要体现在哪几方面？
3. 在选购厨房设备时，应注意哪几方面？

厨房成本控制

第七章

厨房成本是整个餐饮企业综合成本的主要部分，厨房成本控制又是饭店或社会餐饮企业成本控制的核心，它直接决定企业的兴衰。一名合格的厨房管理者应当始终树立严格的成本控制思想。

本章通过对厨房成本的概念、毛利率，以及成本控制等相关信息进行梳理，使学生能掌握厨房成本控制、合理定价以及毛利率核算等相关技能。

学习目标

知识目标

1. 了解厨房成本的基本概念。
2. 了解成本的核算方法。
3. 了解毛利率的基本概念。
4. 掌握成本的控制措施。

技能目标

1. 能运用知识计算成本，制定菜价。
2. 能制定标准菜谱。
3. 能计算净料率，并根据净料率折算毛料进货。
4. 能运用表单计算月度毛利率。

案例

某饭店餐饮标准成本控制

南京某饭店采用了标准成本法实施对餐饮部的成本控制。在精确计算的基础上，饭店为餐饮部的每种菜肴都确定了标准成本。营业期末，再将餐饮实际成本与标准成本进行比对分析，找差距。其具体做法如下：

一、餐饮标准成本的确定

饭店首先制定标准成本卡。这项工作由厨房和财务部共同完成。厨房根据菜单确定每款菜肴的配方和用量，由财务部根据原材料价格计算出标准成本的金额。完整的标准成本卡还应该配上菜肴或酒水以及点心的照片。在餐饮经营过程中，由于客人零点、宴会、自助餐以及饭店内部公关等多种就餐形式，因此餐饮标准成本的确定方法也有所不同。其中，零点菜肴按照每个品种的标准成本确定，宴会可以按照每套菜单中各种菜肴、点心确定整套菜单的标准餐。自助餐的标准成本确定不易控制，饭店先对自助餐投入的菜肴、点心、水果分别计算成本，然后再根据客人就餐人数和消费掉的菜肴数量进行估算，测算出每位就餐客人的餐饮标准成本近似值。

二、标准成本的计算过程

该饭店实行了电脑化管理，这为实施标准成本控制带来了方便。餐饮部在实际的经营过程中只需将每款菜肴、酒水、点心的售价和标准成本价格事先输入收银电脑系统，在任何时候运用饭店的电脑系统都可以取出各餐厅的销售收入、营业成本、标准成本率等指标的报告单。但实际过程中，部分餐厅存在如下一些原因使电脑不能处理出标准成本：

1. 宴会餐厅和零点餐厅中，按标准就餐的团队餐和饭店公关用餐由于标准和菜单的经常变化，导致成本也随之变化。

2. 餐厅推出特选、临时性特别菜肴等电脑中无标准成本价格的品种。

3. 餐厅收款员不能准确地按照货号输入订单菜肴而大量地使用电脑中的食品和酒水功能键，使电脑无法按照菜肴品种进行区分统计。这种情况下就需要成本组按照每张未识别账单后的宴会菜单或餐厅订单进行单独统计，以达到各餐厅销售的全部品种都能计算出标准成本。

三、标准成本分析

实施标准成本分析是控制的关键。当月末财务人员将餐饮标准成本计算出来时，其结果与餐饮部实际耗用成本往往差异比较大。这就需要分析影响实际差异的正常与不正常因素。

1. 影响实际成本差异的正常因素有：

①饭店经营过程中向客人提供的免费畅饮酒水、赠送的水果食品等。

②免费客人的餐厅消费。

③没有即时入账的饭店内部公关消费和高层管理人员的消费。

④当期餐饮原材料价格与制定标准成本时期原材料价格变动的幅度。

2.影响实际成本差异的不正常因素有：

①食品、酒水供应储存过程中产生损耗、短少。

②食品初加工过程中出现净料率提高或降低。

③食品烹饪加工过程中产生损耗或漏洞，如烹饪失败造成浪费。

④餐饮销售过程中、管理不当造成的流失，如跑单漏单等。

⑤经营过程中的综合利用可以降低实际成本消耗，如鱼头、鸭骨、碎牛肉等做汤，自助餐厅的水果做沙拉等。

在分析的基础上将影响实际成本差异的正常因素，根据饭店内部有关统计数据一一分析，然后和当月实现的营业收入的标准成本进行比较。这个差异就反映了饭店餐饮成本的控制水平的高与低，管理方据此采取相应的控制管理措施。

厨房成本控制是饭店或社会餐饮企业成本控制的核心，它直接决定企业的兴衰。厨房成本控制需要长年的坚持和一定的投入，需要有一支过硬的厨房管理队伍，在管理上要实现标准、规格、程序的统一，全面监控成本差异，提高工作效率，在确保菜肴标准、质量、服务的基础上降低成本。

厨房成本控制是建立在对厨房各成本要素进行有效分析的基础上，在保证菜肴出品和服务质量的前提下，根据成本的预算，将标准成本和实际支出成本进行比较，找出产生差距的因素和原因，使之实现将成本控制在合理范围内的目标的管理方法。

第七章 厨房成本控制

第一节 成本的基本概念

企业要进行生产经营活动或达到一定的目的,就必须耗费一定的人力、物力和财力等资源,其所花费资源的货币表现称为成本。

一、厨房成本的构成

厨房成本不仅仅是产品成本,这部分费用还包括由于生产加工和管理疏忽所造成的各种其他费用。占了餐饮企业生产成本的一大部分,了解厨房成本的构成要素,是有效进行成本控制的前提和基础。

(一)产品成本

产品成本是计算毛利率的重要数据,它由产品的主料、辅料、调料成本所组成。

厨房产品生产的原材料必定包括主辅料和调料,它们是厨房生产产品过程中的直接成本,在整个厨房成本中所占比例最高,占餐饮生产成本的比例也较大。厨房管理中对原材料的成本控制就是对毛利率的控制,就是对生产成本的控制,也是产生企业利润的重要环节。

在实际工作中,为了促使企业厉行节约,减少损失,加强员工的责任心,对于一些没有形成产品价值的损失性支出(如生产中的失饪、变质及其他损耗),也列入产品成本中。

(二)其他费用

其他费用体现在厨房生产过程中管理所产生的燃料、水电、房租分摊、装修与设备?物料易耗、员工工资、福利、费用的支出,以及其他支出。

其他费用中的燃料支出是指在生产过程中使用的天然气、液化气、柴油、酒精等所产生的费用;水电支出指的是在生产过程中因照明需要和电力设备需要产生的电能费用，以及清洗原料和烹调用水时产生的费用；物料易耗支出是指在生产过程中消耗的保鲜纸、餐巾纸、锡纸、玻璃纸、蛋糕纸、油纸，以及洗涤剂和洗涤工具等费用；员工工资、福利支出包括员工的薪酬、保险、福利、奖金等费用，有些企业把员工的培训、奖励旅游也列入其中；管理费用包括采购原料时的运输费用；以及其他的电话费、交通费、文印制作费、维修费等的支出。

二、厨房成本的类型

餐饮企业在生产经营过程中，会产生许多费用的支出，有大有小，无论哪种支出都是企业成本，这些成本有些属于生产成本，有些是产品成本；有些是可变成本，有些是固定成本。

（一）生产总成本、单位成本和厨房成本

生产总成本。生产总成本是餐饮企业在生产产品和提供服务时所产生的各项耗费的总和。生产总成本中的费用包括：食品原材料耗用、劳动报酬、燃料和动力消耗、固定资产折旧、物品耗用、财产保险费用、税金等。

单位成本。单位成本是餐饮企业在经营中，所售卖产品在生产过程中耗费的原料成本，也就是食品原材料耗用（主辅原料、调料）。它包括菜肴、点心、果汁等生产过程中耗费的原料成本。单位成本也是产品成本，可分为厨房产品成本、宴会产品成本、单一菜肴成本等，是企业计算产品原料成本和毛利率的重要数据。

厨房成本。厨房成本是厨房生产运作过程中，在一定时期产生的生产费用。厨房成本实际上是餐饮生产成本的一部分（包括产品成本），它不作为产品成本计算的数据，也不单独作为企业计算成本的数据。我们只是把它单列出来，作为厨政管理员所要控制的部分，以有利于厨房有效地控制成本，降低费用，增加企业利润。

（二）固定成本和变动成本

固定成本。固定成本是指在产品量发生变动时并不随着增减变动的成本，即当产品销售量有较大变化时，成本开支的绝对额一般相对稳定。在餐饮企业中，固定员工的工资、设施设备折旧都属于固定成本。这些成本即使在餐饮企业没有销售量的情况下也会照样发生。

变动成本。变动成本是指随着产品销售量的变动而相应变动的成本。当产品销售量增加时，其成本发生额会同方向、成比例地增大；反之，随着销售量的减少，成本发生额便会同方向、成比例地减少。厨房中的产品成本、燃料成本、消耗品成本等，均属于变动成本。

半变动成本。半变动成本是随着产品销售量的变动而部分相应变动的成本，它与销售量不完全成比例发生变动。一般指临时工工资、加班工资、超额奖金、照明电费等。

（三）可控成本和不可控成本

从成本管理角度分类，厨房成本可以分为可控成本和不可控成本。

可控成本。可控成本是指通过严格有效管理可以改变其数额的成本。变动成本一般是可控成本，如在原料的采购、验收、储存、生产等环节加强控制，则会降低成本，使变动成本发生变化。还有广告和营销费用、修理费用等都属可控成本。

不可控成本。不可控成本是指通过管理而无法改变的成本。固定成本一般是不可控成本。例如，租金、折旧和利息等都是无法立即改变数额大小的不可控成本。

三、成本控制的原则

厨房产品的生产过程中既要为企业创造利润，又要使得顾客觉得物有所值。即要遵循成本的控制原则，在企业利润的最大化和顾客满意度最大化之间找到平衡点。

企业利润的最大化。饭店厨房作为一个相对重要的经营生产实体，应该把利润最大化作为首要目标。因此管理者要不断地开拓创新，合理地对生产加工成本进行控制以达到企业利润最大化的目标。

顾客满意度最大化。顾客是餐饮企业的"衣食父母"，成本控制得再有效，如果不能满足顾客需求，一切都难以达到经营目标。因此，厨房成本控制必须遵循追求顾客满意度最大化的原则。

四、厨房成本控制的内容

成本控制过程中既要看支出的款项，更要看控制的对象，找出对象的种类，找出对象的不明之处。制定严格规范的采购、验收制度，杜绝浪费，控制库存量等，都是厨房成本控制的内容。但还有些可控环节不甚明显，要注意观察寻找隐藏的可控环节，再考虑项目支出是否合理，是否符合规定，控制后是否影响产品质量等因素。

掌控环节，严控浪费。厨房的生产过程以原料为主，各种原料资源分布在厨房的各个环节中，每个环节稍不注意都有可能造成原料的浪费，增加成本。所以，要注意观察各项消耗定额，制定操作规范，节约原料，降低产品成本。

提高技能，增加价值。提高员工队伍的专业技能也是控制成本的内容之一。只有提高各部门的专业技能，才能提高原料的使用价值。如采购员购买优质的原料，饲养员保证鲜活，宰杀清洗员保证原料的利用，组配烹调员保证组配合理、烹调到位。结果就会有超高的产品价值，反之成本超高。提高队伍的专业技能还可以及时开发"废料"的利用，提高原材料的利用率。

灵活排班，提高效率。人员成本占厨房成本中很大一块，节约人力就是节约成本。在工作安排中合理设岗，合理落实人员，发挥每个人的最大作用。在经营时合理排班，降低加班工资的支出等，都是控制的内容。

保养设备，减少支出。厨房生产离不开现代化的设备，设备的合理使用能降低人力的支出，提高工作效率，设备的维护和保养可增加设备的使用年限，减少维修费用的支出。如冰箱的正常运作与原料的保鲜息息相关。因此，良好的设备对成本控制十分重要。

"账"与"帐"

"账"与"帐"到底用哪个字，一直令人困惑，十年前教育部、国家语委发布的《第一批异形词整理表》（2002年3月31日试行）明确"账"是"帐"的分化字。因古人常把账目记于布帛上悬挂起来以利保存，故称日用的账目为"帐"。后来为了与帷帐分开，另造形声字"账"，表示与钱财有关。

"账"、"帐"一直并存使用，但也有分工，"账"用于货币和货物出入的记载、债务等，如"账本"、"报账"、"借账"、"还账"等；"帐"专表用布、纱、绸子等制成的遮蔽物，如"蚊帐"、"帐篷"、"青纱帐"等。

> 《现代汉语词典》(2002年增补本)只有"账户"词条,而无"帐户"词条。对"账户"的解释是:会计上指账簿中对各种资金运用、来源和周转过程等设置的分类。经国家语委等修改而成的《图书编校质量差错认定细则》中的第七条列举了"常见的较难界定的别字",其中有"欠账(帐)、账(帐)簿"等,并特别说明"括号里的字是错的"。
>
> 我们只要认准"账"中有"贝",古时贝为货币,则"账"为"记账"、"结账";"帐"中有"巾",则"帐"为"帐篷"、"纱帐"。好记吧!

第二节　成本核算的方法

价格是商品价值的货币表现。确定菜肴价格是餐饮企业进行成本核算的重要一环,不仅关系到餐饮企业能否最大限度地吸引宾客,而且还影响到菜肴的赢利能力。所以一名厨政管理人员必须充分了解菜肴价格的构成和成本核算的方法。

一、产品成本价格的构成

产品成本价格由产品成本、利润、税金和其他费用所组成,这里的产品成本就是菜肴成本。其公式是:

菜肴价格 = 菜肴成本 + 利润 + 税金 + 其他费用

这里的利润是指纯利润。通常纯利润很难在短时间反映出来,一般餐饮业多把毛利润作为制定菜肴价格的依据。故:

菜肴价格 = 菜肴成本 + 毛利润

这里的毛利润包括:纯利润、税金和其他费用。

二、餐饮业毛利率的概念

毛利是成本和售价之间的差额,有销售毛利率和成本毛利率之分,在餐饮行业中成本毛利率称外加毛利率,销售毛利率称内扣毛利率。

(一)成本(外加)毛利率

成本毛利率是毛利在成本中所占的百分比。如生产一瓶调料,成本是10元,售价是15元,那成本毛利率是50%。

成本毛利率=(产品售价-原材料成本)÷原材料成本×100%
产品售价=原材料成本×(1+成本毛利率)

(二)销售(内扣)毛利率

销售毛利率是毛利在售价中所占的百分比。如生产一份排骨,成本是10元,售价是15元,那销售毛利率是33.33%。

销售毛利率=(产品售价-原材料成本)÷产品售价×100%
产品售价=原材料成本÷(1-销售毛利率)

虽然两种方法都是毛利率,但根据国家饮食业价格管理办法,建议采用销售毛利率的计算方法。

三、制定毛利率

毛利率的制定要以国家和地方政府颁布的饮食业毛利率幅度的相关法规为准则。企业要根据幅度要求,按自己所处的地段位置、既定的餐饮档次、产品层次的定位、设施设备的投入,参照同行的做法,讨论研究,还要充分考虑经营成本中的房租、人员工资等费用来制定。

在制定毛利率高低时必须遵循几个原则:
(1)高档餐饮毛利率可高些,大众餐饮毛利率则低。
(2)低成本菜肴毛利率可高些,高成本菜肴毛利率则低。
(3)名菜、花式菜毛利率可高些,普通菜肴毛利率则低。
(4)时令菜毛利率可高些,普通菜肴毛利率则低。
一般餐饮企业制定的毛利率幅度在50%~70%之间。

四、根据毛利率定价

明确毛利率后，就可以计算菜肴成本，确定菜肴价格。如既定的内扣毛利率为50%，想要为一盆红烧鱼定价，就要参考上述原则"低成本菜肴毛利率可高些，高成本菜肴毛利率则低"，如果这盆鱼的价格为20元，配料4元，调料4元，成本共28元，为中档菜肴，仍按照50%的毛利率来计算，售价就是56元。具体方法如下：

$$\begin{aligned}销售价格 &= 原材料成本 \div (1 - 内扣毛利率) \\ &= (20+4+4) \div (1 - 50\%) \\ &= 28 \div 50\% \\ &= 56（元）\end{aligned}$$

上述只是一款菜肴的价格，如要制定菜单中的全部价格，就要根据成本的高低来调整毛利率。

（一）分类定价法

一般餐饮业采取分类定价法，如成本是 21~40 元之间的菜肴为中等菜肴，用3表示；成本在 41~60 元之间的菜肴用4表示；成本在 61~80 元的菜肴用5表示；以此类推。根据原则，原料价格高的菜肴毛利率低，原料价格低的菜肴毛利率高，把它们的毛利率分别从低到高排列为 50%、52%、55%、60%、65%、70%（表7-1）。在此只列出10元以下的菜肴，其他成本的菜肴可以依此类推。

表7-1　分类定价法

成本范围	层次定位	适用毛利率	实际成本	计算售价	确定售价	备注
10元以下	1	70%	6	20	20	
			7	23.3	24	
			8	26.6	27	
			9	30	30	
			10	33.3	34	
11~20元	2	65%				
21~40元	3	60%				
41~60元	4	55%				

续表

成本范围	层次定位	适用毛利率	实际成本	计算售价	确定售价	备注
61～80元	5	52%				
80元以上	6	50%				

（二）心理定价法

菜肴定价的最终目的是要争取顾客消费，餐厅菜单定价既要慎重，又要在吸引消费者上做足文章。充分考虑消费者的心理价位来拟定菜肴的价格，这就是心理定价法。

心理定价法具体体现在消费者的心理价位上，一般消费者的心理价位是：荤菜可贵点，普通蔬菜要便宜点；没见过的蔬菜可贵点，常见蔬菜要便宜点；时鲜当令的菜可贵点，加工复杂的菜可贵点，其他店没有的菜可贵点等。这里的贵不完全等同于毛利率高，而是相对比其他的贵点。

根据这种心理，可根据市场和货源来制定价格，用普通市场上购买不到的原料制作的菜肴定价时价位可稍高，特色菜定价可稍高。

（三）同行参照法

在菜肴定价上还要考虑到市场的竞争和客人的消费能力，在定价时参考同行菜单是一种比较方便简单的方法，即按照规模、档次相似，顾客认可的餐饮企业使用的菜单价格制定本店菜单价格。

第三节　成本的控制措施

一个优秀的厨政管理员在企业的生产经营中，不仅要负责厨房的组织与生产，还要控制好厨房的菜肴成本、人员成本和其他耗用成本，要保证企业不断获取利

第七章　厨房成本控制

润。厨房成本的控制涉及厨房生产的全过程，从人员组织、原料采购到切配烹调、装盆点缀的每个环节。整个过程中的每个因素都有可能增加厨房的运营成本。但首先要控制净料率，同时制定符合既定毛利率的标准菜谱。

一、标准菜谱的设计

厨房成本的控制是通过编制标准菜谱所规定的各项控制指标来实现的。

标准菜谱是指对制作一道菜肴所需各种配料的名称、数量、价格以及烹饪时间、所需器具、制作过程等做出详细规定的清单。有了标准菜单既可以规范地按标准制作菜肴，又能达到成本控制的目的。

每个企业制定的标准菜谱，其格式并不相同，但表格内容基本相近，反映菜肴名称、主料、配料、数量、烹制方法、装盆要求、成本范围（表7–2）。即使是不同的厨师按标准菜谱操作也能生产出相同的产品。

表7–2　标准菜谱

菜肴实名			单位成本		编　号	
寓意菜名			销售价格		毛利率	
原　料	名　称	净料用量	刀工工艺：			
主　料						
辅　料			烹调流程：			
调　料						
器皿要求			制作关键：			
装饰要求						
备　注	（该菜肴是否有电子图片？是否还需说明什么？）					

二、标准菜谱的确定

确定菜肴名称。 标准菜谱确定的第一步是和点菜菜单相统一，确定菜肴名称。菜肴名称分为两种，一种是菜肴实名，另一种是菜肴的寓意名称。无论点菜菜单上的名字是否为实名，在表格上均要标注实名。

确定主辅原料和用量。 这是标准菜谱制定过程中最细致，也是最复杂的环节。原料的种类一般容易确定，但原料的用量较难作出正确判断，必须通过实验制作进行多次测定，并作合理的调整，明确主料、辅料和调味料的种类和用量。

确定工艺流程与步骤。 在确定主辅原料和用量的同时，对该菜肴的工艺流程进行明确。一般选派数名厨师分别对该菜肴进行烹制，同时记录工艺流程和技术环节，选用一种作为标准流程。工艺流程包括原料的刀工处理要求和方法、上浆过程、预热处理、加热方式和过程、加热的温度与时间、调味料投放的次序、勾芡的技术要求等。

确定盛器，拍照定稿。 烹制完成后，根据菜肴形态、色泽，选用合适的容器，确定形状和尺寸，并确定装饰的要求，最后进行拍照存档。

计算出菜肴的成本。 原料组配与工艺流程确定后，主辅料和调料的数量也同时得出结论，根据净料率和原料采购价格，即可计算出菜肴的单位成本。在确定菜肴成本时要考虑到原料价格随市场变动的因素，取中间值计算。

标注销售价格和毛利率。 根据既定毛利率和单款菜肴的毛利率方案，计算出售价。一是提供数据精确定价；二是便于厨师在工作时了解全过程，能在原料涨价和跌价时发现问题，及时汇报调整。

三、原料净料率

厨房生产使用的各种食品原料，有不少鲜活品种在烹制前要进行初步加工。在初步加工之前的食品原料一般称为毛料，而经过屠宰、切割、拆卸、拣洗、涨发等初步加工处理，使其成为可直接切配烹调的原料则称为净料。

(一)净料率的概念

净料率也称出净率,是指食品原料在初步加工后的可食部分的重量占加工前原料总重量的比率,净料率和损耗率之和是原料的原重量。它是食品原料利用率的指标,其计算公式为:

$$净料率 = (加工后可用原料的重量 \div 加工前原料总重量) \times 100\%$$

同一种原料,加工方法相同,加工前后的重量变化,有一定的上下幅度。原料质量好,净料率就高;原料质量差,净料率就低。同样,质地相同的原料,加工技术好,净料率就高;加工技术差,净料率就低。因此,净料率对成本的核算与控制、食品原料利用状况分析及采购、库存数量等方面,都有着很重要的实际影响。

(二)净料率的运用

净料率就是净料重量与毛料重量的比率。其计算公式为:

$$净料率 = 净料重量 / 毛料重量 \times 100\%$$

利用净料率可以直接根据毛料的重量,计算出净料的重量,其计算公式为:净料重量 = 毛料重量 × 净料率。利用净料率计算成本的关键在于净料率的准确性。

与净料率相对应的是损耗率,也就是毛料加工处理时所损耗的重量与毛料重量的比率。

$$损耗率 = 损耗重量 / 毛料重量 \times 100\%$$

从以上公式中得知,毛料重量 = 净料重量 + 损耗重量,损耗率 + 净料率 =100%。净料率的大小直接关系到净料成本的高低。

根据所需净料数量,利用净料率可以方便地计算出所需毛料的数量,以便经济地采购原材料。这是餐饮行业中常用的方法。

净料率的大小直接关系到净料成本的高低,应用净料率能更方便、快捷地计算出净料成本,所以,掌握净料率的精确度是成本核算中的关键问题。

原料(毛料)具有的规格质量和净料加工处理技术水平是决定净料率的两大因素。这两大因素如有变化,将引起净料率的相应变化。同一品种、同一规格质量的原料,由于净料加工处理的操作人员技术水平不同,净料率就可能不同。同样,如果净料加工处理的技术水平相同，但原料的规格质量不同，净料率也会不一样。在实际工作中，绝不能用某一种技术情况下的净料率来代表一般技术情况下的净料率；也不能用某一种规格质量的净料率来代表同一品种一般规格质量的净料率。因此，对净料率的测算，必须从实际出发，多做记录、比较，找出规律，以确保成本核算的正确。以下是几种换算方法举例。

1. 计算净料重量

利用已知的净料率，可以根据毛料的重量计算出净料的重量。其计算公式为：

$$净料重量 = 毛料重量 \times 净料率$$

例题

问：现购进芦笋16千克，已知芦笋的净料率为60%，问经清理后能得多少净芦笋？

解：净料重量 = $16 \times 60\%$ = 9.6（千克）

答：可得净芦笋9.6千克。

2. 计算毛料用量

利用已知净料率，可以根据需要的净料的用量，计算出毛料的用量。其计算公式应为：

$$毛料数量 = 净料数量 \div 净料率$$

例题

问：宴会20桌，菜单内有鱼香芦笋菜肴，根据鱼香芦笋标准菜谱每盆400克，已知芦笋净料率为60%，问应采购多少芦笋？

解：计算所需净芦笋用量 $0.4 \times 20 = 8$（千克）

毛料数量 = $8 \div 60\%$ = 13.33（千克）

答：应购进14千克芦笋。

3. 计算净料单价

利用净料率，将毛料成本价换算为净料成本价，方便主、配料成本的计算。其计算公式为：

$$净料单价 = 毛料单价 \div 净料率$$

例题

问:现芦笋的市场价格为 9.60 元/千克,已知芦笋净料率为 60%,问经清理后的净芦笋单价是多少?

解:净料单价 = 9.60 ÷ 60% = 16.00(元/千克)

答:经清理后的净芦笋单价是 16 元/千克。

(三)净料率数据

虽然各种原料由于产地、品种的不同,同一种食品原料的净料率有所不同,但总体上的变化是不太明显的。因此,根据经验,可以对厨房常用的食品原料的净料率进行规范化的规定,以较科学地确定每种食品原料的净料率(表7-3)。

表7-3 干货类原料净料率参照表

编号	毛料		处理工艺	净料		
	名称	数量(克)		品名	数量(克)	净料率(%)
1	干黄笋(大)	500	拣洗、泡发、片成片	水发笋片	1250~1750	250~350
2	龙口粉丝	500	拣洗、泡发	净湿粉丝	1750	350
3	红苕粉丝	500	拣洗、泡发	净红苕粉丝	1500	300
4	贵州筒笋	500	拣洗、水发	净筒笋	1500	300
5	小木耳(黑)	500	拣洗、泡发	水发黑木耳	4500	900
6	宽粉条	500	拣洗、泡发	净湿宽粉条	1750	350
7	干海带丝	500	拣洗、泡发	净海带丝	2500	500
8	干豇豆	500	拣洗、泡发	净干豇豆	2500	500
9	大黑木耳	500	拣洗、泡发	水发黑木耳	3000	600
10	干黄花菜	500	拣洗、泡发	水发黄花菜	1000~1500	200~300
11	干银耳	500	拣洗、泡发	净水发银耳	3000	600
12	荞麦面	500	开水泡、余熟	熟荞面	2500	500
13	宽蕨粉	500	拣洗、泡发	熟蕨粉	1500	300
14	带壳百果	500	剥去外壳	净白果仁	3000	60
15	干香菇	500	拣洗、泡发	水发香菇	1250	250
16	竹荪	500	拣洗、泡发	水发竹荪	3500	700
17	干花菇	500	拣洗、泡发	水发花菇	1500	300
18	茶树菇	500	拣洗、泡发	水发茶树菇	2250	450
19	牛肝菌	500	拣洗、泡发	水发牛肝菌	2000	400

表7-4 水产类原料净料率参照表

编号	毛料		处理工艺	净料		
	名称	数量（克）		品 名	数量（克）	净料率（%）
1	带鱼	500	去头尾、内脏、银粉	净带鱼	375	75
2	龙头鱼	500	去头尾、内脏	净龙头鱼	375	75
3	银鳕鱼	500	去皮、内脏	净银鳕鱼	375	75
4	虾仁	500	去沙肠、朦皮、洗净	净虾仁	450	90
5	草鱼	500	去头、尾、骨	净草鱼片	175	35
6	鳝鱼（去骨）	500	去肠、尾、余血	净鳝丝	350	70
7	牛蛙	500	洗净	净蛙块	250	50
8	鲇鱼	500	去内脏、大骨、鳍、尾	净鲇鱼块	380	76

表7-5 禽畜类原料净料率参照表

编号	毛料		净料处理工艺	净料		
	名称	数量（克）		品 名	数量（克）	净料率（%）
1	带皮兔（不带头）	500	洗净、煮熟	熟兔肉	300	60
2	牛腱子	500	剔筋、洗净、煮熟	熟牛腱子	325	65
3	带皮羊肉	500	洗净、煮熟	熟羊肉	350	70
4	牛里脊	500	拉去皮、筋，切片腌	腌牛里脊	500	100
5	五花肉	500	洗净、煮熟	熟五花肉	380	76
6	梅肉	500	剔肉筋、切丝腌	腌肉丝	485	97
7	牛尾	500	斩牛尾脊骨、尾尖	净牛尾	350	70
8	座板肉（带肥肉）	500	洗净煮熟	熟座板肉	390	78
9	牛大肚	500	洗净、煮熟	熟牛大肚	290	58
10	牛心	500	洗净、煮熟	熟牛心	450	90
11	牛舌	500	洗净、煮熟	熟牛舌	350	70
12	猪儿肠	500	洗净、腌码	腌猪儿肠	350	70
13	猪腰	500	洗净、片去腰臊	净腰花	425	85
14	猪心	500	去朦皮、洗净	净心	450	90
15	猪肚	500	撕油筋、洗净	熟大猪肚	290	58
16	猪肝	500	去筋、切片	肝片	425	85
17	去骨鸭掌	500	进一步去骨、煮熟	熟鸭掌	350	70
18	猪肠头	500	去油筋、煮熟	熟肠头	200	40
19	鲜鸡杂	500	去胆、筋、血水	净鸡杂	350	70
20	鲜乳鸽	500	去毛、内脏	鸽肉	250	50
21	扦排	500	去多余的肉	净扦排	400	80
22	土公鸡	500	去脚、血水、煮熟	熟公鸡肉	350	70

续表

编号	毛料 名称	毛料 数量（克）	净料处理工艺	净料 品名	净料 数量（克）	净料率（%）
23	鲜土鸭	500	洗净、煮熟	净土鸭	340	68
24	猪耳	500	去耳根、洗净、煮熟	层层脆	350	70
25	发毛肚	500	去肚梁、边角	净毛肚	350	70
26	冻鹅肠	500	洗净、食碱发	发鹅肠	400	80
27	冻鸭	500	洗净、剔骨	净鸭肉	250	50
28	去骨鸡腿肉	500	斩丁、腌制	腌鸡丁	600	120
29	冻掌中宝	500	解冻、腌制	腌掌中宝	400	80
30	猪里脊	500	拉皮、剔筋	净里脊	400	80
31	猪舌	500	去舌骨、煮熟	熟猪舌	300	60
32	猪腿瘦肉	500	剔筋、切片	净瘦肉片	350	70

表7-6 蔬菜类原料净料率参照表（一）

编号	毛料 名称	毛料 数量（克）	处理工艺	净料 品名	净料 数量（克）	净料率（%）
1	青笋（带叶）	5000	去叶、削皮、去老叶	净青笋	2000	40
2	长茄子	500	去蒂、洗净	净茄子	450	90
3	大芹菜	1000	择叶、削皮	净芹菜	650	65
4	青柿椒	500	去蒂、籽	净青柿椒	400	80
5	油菜	500	择老叶、老筋	净油菜	350	70
6	香菜（无根）	3500	去头、去老叶	净香菜	2800	80
7	菠菜	1000	择老叶	净菠菜	800	80
8	西葫芦	1000	去蒂、籽	净西葫芦	700	70
9	圆葱	1000	去老皮	净圆葱	800	80
10	莜麦菜	500	去老叶	净莜麦菜	400	80
11	叶生菜	500	去老叶、茎	净叶生菜	400	80
12	土豆	1000	削皮	净土豆	900	90
13	大白菜	5000	去老叶	净白菜	4000	80
14	青尖椒	500	去蒂、籽	净尖椒	350	70
15	葱	500	去根、叶	净葱白	300	60
16	广菜心	500	去老黄叶	净广菜心	300	60
17	小黄瓜	500	去蒂	净黄瓜	450	90
18	香葱	500	去根须、叶	净香葱	350	70
19	大葱（干）	500	去干皮	净大葱	350	70
20	荷兰豆	500	撕筋、去两端	净荷兰豆	450	90

续表

编号	毛料		处理工艺	净料		
	名称	数量（克）		品名	数量（克）	净料率（%）
21	西蓝花	500	去根	净西蓝花	350	70
22	蒜薹	500	择蒂、去茎	净蒜薹	400	80
23	心里美萝卜	1000	去蒂、根	净萝卜	900	90
24	黄瓜	500	去皮、瓤	净黄瓜	250	50
25	西芹	1500	削皮、撕筋	净西芹	975	65
26	韭黄	500	撕皮	净韭黄	450	90
27	圆白菜	1500	去黄叶	净圆白菜	1275	85
28	韭菜	500	去黄叶	净韭菜	400	80
29	球生菜	1000	去老叶、心	净球生菜	600	60
30	老姜	500	刮皮	净姜	400	80
31	胡萝卜	500	削皮	净胡萝卜	400	80
32	法香	400	去茎	净法香	240	60
33	冬瓜	2800	刮皮、去瓤籽	净冬瓜	1960	70
34	干葱头	500	去皮	净葱头	350	70
35	鲜百合	250	去根部、老瓣	净百合	200	80

表7-7 蔬菜类原料净料率参照表（二）

编号	毛料		处理工艺	净料		
	名称	数量（克）		品名	数量（克）	净料率（%）
36	红椒	500	去蒂、籽	净红椒	350	70
37	小芹菜	500	择叶、去老根	净芹菜	325	65
38	莲藕	500	削皮、去两端	净莲藕	350	70
39	小米椒	500	择蒂	净小米椒	350	70
40	芦荟	500	剥皮	净芦荟	325	75
41	红皮萝卜	500	去两端	净红皮萝卜	450	90
42	美人椒	500	择蒂	净美人椒	450	90
43	杭椒	500	择蒂	净杭椒	450	90
44	七彩椒	500	去蒂、籽	净七彩椒	350	70
45	蒜苗	500	去须根、老叶	净蒜苗	300	60
46	新土豆	500	削皮	净土豆	425	85
47	金针菇	500	切去老根	净金针菇	425	85
48	四季豆	500	撕筋、去两端	净四季豆	450	90
49	山药	500	削皮	净山药	425	85
50	老南瓜	500	刮皮、去籽	净南瓜	375	75

续表

编号	毛料		处理工艺	净料		
	名称	数量（克）		品名	数量（克）	净料率（%）
51	地瓜	500	削皮	净地瓜	400	80
52	椿芽	500	切去老茎	净椿芽	400	80
53	芦笋	500	去老茎、削皮	净芦笋	300	60
54	芥蓝	500	削皮、去老叶	净芥蓝	250	50
55	小白菜	500	去根、去黄叶	净小白菜	380	75

第四节　健全成本核算体系

厨房是餐饮的一部分，餐饮的成本核算主要是完整、准确、及时地计算整个餐饮企业的进销存账务。通过统计盘点每日、每旬、每月发生的进销存数据，编制出食品饮料的日、月报表，每日的进货数据、领用数据和库存数据。通过这些数据计算出营业额、毛利率和综合毛利率，通过分析研究存在的问题，调整对策。

一、日常数据

日常数据有原料数据、菜肴数据和营业数据。原料数据有厨房采购和领用的原材料验收单、入库单和领用单。菜肴数据是每日的菜肴生产销售数据，有点菜单、宴会单、酒水销售单。营业数据有营业收入日报表，又细分为菜肴收入汇总表、酒水收入汇总表、菜肴销售排名表。

二、月度数据

月度数据是根据每月（每旬）的汇总统计、盘存而得出的数据。有月度原材料验收汇总表、月度原材料入库汇总表、月度原材料领用汇总表、各库房的原材料库存表以及月度营业收入日报表。

原材料库存的统计在前面章节中已经提及,在厨房的半成品可以作为"以存计耗"。根据月度的统计数据计算月度毛利率。

三、月度毛利率计算方法

月度耗用成本的计算方法:

上月原料库存额 + 本月原料入库额 = 本月原料领用额 + 月末盘库存额。

此原料领用额就是本月的原材料耗用成本。

原材料耗用成本 =(上月原料库存额 + 本月原料入库额)— 月末盘库存额

(月度耗用成本实际上和月度领用原料额相同)

月度菜品毛利率的计算方法:

产品毛利率 =(月菜肴营业额 — 原材料耗用成本)÷ 销售收入 × 100%

综合产品毛利率 =(月总营业额 — 原材料耗用成本 — 酒水饮料耗成本)÷ 销售收入 × 100%

复习与思考

一、名词解释

销售毛利率　　成本毛利率　　可控成本　　产品毛利率

二、填空

1. 产品成本是计算毛利率的重要数据,它是由产品的主料、_____、_____所组成。
2. 毛利是成本和售价之间的差额,但毛利率有_____和_____之分。
3. 菜肴价格 = 菜肴成本 + 利润 + _____ + _____。
4. 净料率 =(_____ ÷ _____)× 100%
5. 厨房成本核算的日常数据有原料数据、_____和_____。

6. 综合产品毛利率＝（月总营业额－_____－_____）÷销售收入×100%。

三、简答题

1. 厨房标准菜谱确定的一般步骤是什么？
2. 厨房成本控制的主要内容是什么？
3. 厨房成本控制的主要原则是什么？
4. 根据菜肴毛利率定价主要有哪些方法？

四、计算题

某饭店中餐厅销售清蒸鲥鱼和松鼠鳜鱼，进价成本分别为11.5元／千克和18.6元／千克，净料率分别为82%和78%，盘菜用量为0.75千克，两种菜肴的配料成本分别为0.8元和1.2元，调料成本分别为0.5元和0.7元，毛利率分别为52%和68%，请分别确定两种产品的价格。

厨房食品卫生与安全管理

第八章

餐厅是人们工作、学习后补充营养的地方,或是聚会庆贺的场地。如果人们食用的菜点卫生不达标,或厨房存在重大卫生隐患,轻则消费者身心健康受到伤害,重则消费者的生命安全受到威胁。因此,厨房食品安全方面的工作是厨房管理中的基础工作。食品卫生与安全管理对提高厨房管理水平和厨政人员素质有重大意义。

本章主要分析和阐述了厨房卫生与安全的特征、分类和要素,卫生问题和安全问题易发生的环节,以及相关处理技巧和制度,帮助学习者熟悉厨房食品卫生与安全管理工作。

学习目标

知识目标

1. 掌握厨房食品卫生与安全管理的含义和特征。
2. 了解厨房卫生问题的分类。
3. 理解安全生产的意义和厨房的安全操作规范。
4. 理解食品安全对厨房以及餐饮企业经营的意义。
5. 理解厨房卫生管理的策略和原则。
6. 掌握卫生管理的方法。

技能目标

1. 能够运用厨房食品卫生与安全管理的相关理论,提出提高产品卫生质量、改善厨房卫生环境和安全生产的途径和方法。
2. 能够运用食品卫生与安全管理理论和安全生产规则指导和组织厨房的生产与加工。

案例

四川崇阳一场婚宴 396 人食物中毒

中新网 10 月 27 日电 2010 年 10 月 23 日，四川省成都市崇州崇阳镇发生一起由婚宴导致的较大食物中毒事件，造成 396 人就诊、123 人住院治疗的严重后果。这是四川省近期发生的第二起较大食物中毒事件。针对此情况，国家食品药品监督管理局向承担餐饮服务食品安全监管职责的四川省卫生厅发出通知，要求：一是要依法严格对此次食物中毒事件进行深入调查，对该餐饮服务单位是否依法依规经营，是否落实食品安全第一责任人的情况进行全面调查，依法做出相关处理，并及时上报事件调查处理进展情况。同时积极做好人员救治工作。二是在监管职责交接期，要进一步落实餐饮服务食品安全监管职责，从省内近期发生的较大食物中毒事件中汲取教训，进一步加强监管工作，严防类似事件再次发生，切实保障公众饮食安全。

国家食品药品监督管理局将密切关注事件调查处理的进展情况，将适时对四川省餐饮服务食品安全监管工作进行督促检查。

四川崇阳 396 人食物中毒续：事发饭店被罚近 24 万元

《成都晚报》10 月 28 日报道 2010 年 10 月 22 日晚和 23 日中午，崇州市川西蓄电池厂龚某为其子在琴鹤苑休闲中心举办婚宴。截至 10 月 27 日 17 时，崇州市人民医院、崇州市中医院、崇州市金鸡卫生院先后接诊患者 396 人，确诊中毒病人 48 人，现有住院患者 19 人。目前，患者情况良好。

成都市、崇州市疾控中心根据就诊病人的临床表现、实验室检查结果以及流行病学调查资料，根据《食物中毒诊断标准及技术处理总则》(GB14938—94) 和《副溶血性弧菌食物中毒诊断标准及处理原则》(WS/T81—1996)，判定此次事件是因为食品污染造成的一起副溶血性弧菌食物中毒事件。据省卫生厅通报：成都市卫生部门确认中毒餐次为 10 月 22 日晚餐和 10 月 23 日午餐，红烧甲鱼和琴鹤香辣蟹为导致中毒食品，原因是相关食品未彻底加热煮熟煮透。

据崇州市宣传部通报，事发后，崇州市卫生局即对琴鹤苑休闲中心采取行政控制措施，展开深入调查，依法对其罚款人民币 239256 元，并没收其食品加工用具。

 案 例 分 析

此事件说明，微生物性食物中毒是中毒事件中最为频发的，而没有煮熟、煮

> 透的食物，最易造成微生物性食物中毒。中毒事件一旦发生，不仅影响顾客的身体健康和生命安全，而且给企业带来不可弥补的损失，也给厨师长带来终身的阴影，并且影响到自己的前程。因此，厨房工作人员要加强食品安全意识，妥善保管食物，加工时煮熟煮透，排除一切食品安全的风险隐患。

餐厅是人们工作、学习后补充营养的地方，或是聚会庆贺的场地。人们食用的菜点卫生不达标，或者厨房存在重大卫生隐患，轻则消费者身心健康受到伤害，重则消费者的生命安全受到威胁。食品卫生与安全管理是厨房管理中的基础工作。

第一节　厨房卫生和个人卫生

厨房的清洁卫生，维系着整个饭店（餐饮企业）的对外形象。厨房卫生既包括烹饪原料、产品生产和销售经营环境的卫生，还包括就餐客人食用过程以及食用后身心的健康。个人卫生包括个人生活卫生和操作卫生。

一、厨房的卫生要求

厨房的平面布局要符合从原料到成品的流水作业线，以免发生交叉污染。最好形成三个通道和三个出入口，即原料通道及入口、成品通道及出口、使用后的餐饮具回收通道及入口。当无法分设时，应在不同的时段分别运送原料、成品及使用后的餐饮具，或者将运送的成品加以无污染覆盖。进行凉菜配制、裱花操作、食品分装操作的，应分别设置相应专间。制作现榨饮料、水果拼盘及加工生食海产品的，应分别设置相应的专用操作场所。

厨房要充分利用自然通风，保证室内良好的空气质量。各个加工间的结构应便于清洗消毒、防尘和防蝇。有些企业的厨房已经把操作台面的底部都做成了实体的瓷砖台，以防老鼠和蟑螂藏身。门窗应有纱门、纱窗，以防蚊蝇等昆虫。厨房地面应有一定的坡度，设有专门的排水道，并在排水道的口端装上金属网封口，既可预防杂物堵塞下水道，又可防止老鼠等钻入厨房。

二、从业人员的卫生要求

厨房的从业人员包括厨师、初加工人员和清洁员。厨房的从业人员每天都在和食品接触，加强对该群体人员的卫生要求，是把住病从口入的重要环节。有许多传染病是通过带有病原微生物的工作人员污染食品而引起的。因此，厨房人员的卫生工作做得好坏，直接影响到食品的安全。

（一）个人卫生的一般要求

厨房从业人员要有自觉的卫生意识，养成良好的卫生习惯，自觉做到勤理发、勤洗澡、勤洗衣服、勤洗被褥、勤洗手、勤剪指甲。同时加强身体锻炼，防止疾病。患有痢疾、伤寒、甲型病毒性肝炎、戊型病毒性肝炎等消化道传染病，以及患有活动性肺结核、化脓性或者渗出性皮肤病等有碍食品安全的疾病，不得在接触食品的岗位上岗，病愈后须经卫生防疫部门检查合格后方可重新从事餐饮工作。

（二）操作时的个人卫生

厨房从业人员需持有健康证上岗，应遵守《餐饮服务食品安全操作规范》，保持良好个人卫生，操作时应穿戴清洁的工作衣帽，头发不得外露，不得留长指甲、涂指甲油、佩戴饰物。操作前应洗净手部，操作过程中应保持手部清洁，手部受到污染后应及时洗手。洗手消毒要符合《推荐的餐饮服务从业人员洗手消毒方法》。

冷菜间、裱花间厨师进入专间时，应更换专用工作衣帽并佩戴口罩，操作前应严格进行双手清洗消毒，操作中应适时消毒。不得穿戴专间工作衣帽从事与专间内操作无关的工作。还有：

- 操作时严禁吸烟、吃东西，严禁从事其他可能污染食品的行为；
- 不准面对食品咳嗽、打喷嚏、擤鼻涕，不得在操作时挖鼻孔、掏耳朵等；
- 要尽量避免用手拿取直接入口食品，确需直接接触时，应认真洗手并消毒后操作；

- 试味时，应用专用小碗或汤匙；
- 不得将私人物品带入厨房，不用不洁的厨具、食具接触熟食品；
- 生熟食品不混放，不得将消毒后的厨食具与未消毒的厨食具存放在一起；
- 进入食品处理区的非操作人员，应符合现场操作人员卫生要求。

三、食品贮存卫生要求

食品变质的原因十分复杂，贮存不当是导致食品腐败变质的重要因素。食品贮存的作用不仅是存放食品，更重要的是防止腐败变质，保证食品质量，延长食品期限。在餐饮企业中贮存食品的方法主要有低温贮存和常温贮存，还有为了增加风味而采用的原始的食品腌腊发酵方法。

（一）低温贮存食品

食品腐败变质，主要是由于食品内部的酶所进行的生化反应和来自外部的微生物活动所引起的。这种变化需要适宜的温度和水分。微生物生长的温度是10℃~40℃。在低于10℃时，微生物生长缓慢，甚至完全停止繁殖，微生物和食品中的酶的活力也降低，有些微生物处于休眠状态。因此，利用低温能有效地长时间贮存食品。低温贮存法通常分冷藏贮存、冷冻贮存和冰冻贮存。

冷藏贮存。冷藏贮存是指贮存温度在1℃~10℃之间的冷藏库内贮存原料。一般贮存水果、蔬菜、禽蛋、熟食和乳制品等。

冷冻贮存。冷冻贮存是指在贮存温度在-7℃~-1℃之间的冷冻库内贮存原料。一般贮存短期存放的禽畜类、水产类产品和有些需冷冻的蔬菜。

冰冻贮存。冰冻贮存是指在贮存温度在-18℃以下的冰冻库内贮存原料。一般贮存长期存放的禽畜类、水产类产品、速冻食品等。

（二）盐腌酱制食品

盐腌酱制传统上是为了较长时间保存食品，但现在都是为了增加饮食风味，调节味觉。盐腌适用于鱼类、肉类和蔬菜类食品，糖渍适用于水果类食品。

在保存盐腌酱制类食品时，应注意防潮，防止发霉，要及时在太阳下晾晒1~2天，增加香味，否则会降低食品的质量，无太阳时要挂在通风处。

（三）安全卫生管理

虽然低温贮存能抑制微生物的生长，但冰箱不是保险箱。无论在什么温度环境中贮存食品都不能忽略它的安全卫生。食品贮存库内要保持良好的清洁状态，避免灰尘或异物污染食品，定期进行库内清扫和消毒。

（1）按原料分类存放，并保持一定的空隙。

（2）易碎物品不进库房，防止碎屑掉入食品中，灯泡要加装铁丝网罩。

（3）严禁在冰库中存放药品和其他非食品材料。

（4）保持清洁，定时除霜，保持正常温度。

（5）有些原料要密封贮存，防止原料脱水变质。

第二节　食品容器卫生要求

食品在生产销售过程中，要接触到各种容器、用具和包装材料。传统上使用的许多容器、包装材料大多是纸、木、竹、玻璃、陶瓷和金属等材质，一般比较安全。随着化学工业和食品工业的发展，出现了许多用新型合成材料制成的食品容器具和包装材料，如塑料制品、橡胶制品、接触食品的涂料等。有些材料可安全盛装食物，而有些在与食品接触过程中存在的有害物会迁移到食品中，可能给人体健康带来危害，必须引起足够的重视。

一、塑料制品的安全

塑料是以合成树脂为主要原料，并加入某些添加剂如增塑剂、稳定剂、润滑剂、色素等，在一定温度和压力下加工成一定形状的食具、容器和包装材料。这样制得的塑料制品具有质软、绝缘、坚固、不透水、耐腐蚀等优点，故广泛应用于食品工业、家庭日常生活中。由于制造塑料产品过程中需要加入许多化学合成的添加剂，因此，国家对塑料食品容器、食具和包装材料都有一定的卫生要求。目前，作为食品包装材料、容器和食具用的树脂有聚乙烯、聚丙烯、聚苯乙烯、聚氯乙烯、三聚氰胺甲醛、聚酯塑料等。

聚乙烯塑料。聚乙烯塑料（简称PE），高密度聚乙烯材料质地柔软，一般制成保鲜膜、保鲜袋；低密度聚乙烯材料质地较硬，一般制成奶瓶、水桶等，其制品耐煮沸。聚乙烯塑料在制造过程中，很少使用化学添加剂，无毒，对人体无害。在购买保鲜膜时应认准PE标志。但某些聚乙烯树脂，含低分子聚乙烯或乙烯单体，不宜长期盛装食用油或含油脂高的食品，因为长期盛装会将其低分子成分溶出，而使食品带有蜡味，影响食品质量。

聚丙烯塑料。聚丙烯塑料（简称PP），是丙烯单体的高分子聚合物，为透明固体状。聚丙烯的性质与聚乙烯基本相同，一般制成微波炉餐具、食品瓶、啤酒桶等食品容器包装材料，无毒，对人体无害。如要在微波炉中使用，请认准PP标志。它的耐热性、耐油性比聚乙烯好，但容易老化。

聚苯乙烯塑料。聚苯乙烯塑料（简称PS），是由苯乙烯单体聚合而成的高分子聚合物，耐水耐酸碱性能好，低温性，不耐热，较脆易破裂，且在常温下对油脂不稳定。一般制成一次性餐具、梳子、玩具、糖果盒、购物袋，材料无毒。PS不宜长期存放油脂，成品中又常含重金属添加剂，与水、醋、油接触会溶解，对人体有害，并可致癌。所以厨房要远离PS，禁用购物袋和一次性餐具。

聚氯乙烯塑料。聚氯乙烯塑料（简称PVC），是氯乙烯单体聚合而成的高分子聚合物，是产量最大的一种塑料。PVC属硬塑料，易分解和老化，分解物有毒性。一般制成工业产品，如塑料鞋、电缆。也有加入大量的辅助材料制成薄膜、购物袋，其毒性更大，可致癌。厨房不能用PVC作食品容器和包装材料。不要燃烧它，燃烧后会产生氯化氢、氯气等有毒气体。

三聚氰胺甲醛塑料。三聚氰胺甲醛塑料，又名密胺树脂（简称MF），属于热固体塑料，是由三聚氰胺与甲醛聚合而成的高分子化合物。该塑料质地坚硬，美观，可耐120℃高温，可用于制作各种食具、容器等，安全性较高。密胺餐具使用广泛，但有些不法厂家的密胺餐具，内材是其他廉价物质，对人体有害。在购买时要注意品质和价格。另外，密胺餐具不宜在微波炉中使用，表面有损尽快报废。

聚酯塑料。聚酯塑料，又称聚对苯二甲酸乙二醇酯塑料（简称PET），主要用于生产矿泉水瓶和碳酸饮料瓶，无毒安全。但在聚合中使用含锑、锗、钴、锰的催化剂，因此，应防止这些催化剂的残留。厨房中尽量不使用饮料瓶，更不用它灌装热水和调料。

二、陶瓷、搪瓷容器具的卫生

陶瓷、搪瓷容器都是以釉料涂在泥坯或金属坯上经高温烧结而成。釉料中的彩釉大多为重金属盐类，含铅、镉等有害物质。用彩釉料制成的陶瓷、搪瓷容器具盛放醋、果汁、酒等酸性食品时，会使铅等重金属溶出迁移到食品内而造成食品污染。

目前我国所生产的陶瓷、搪瓷颜色有黄色、绿色和赤褐色等，经实验得出以黄色及棕褐、棕黄色的陶釉含铅量最高，其次是绿色及蓝色，赤褐色陶釉含铅量最少。在卫生检验中，用4%的醋酸液浸泡陶瓷或搪瓷器食具，一般规定浸泡液中铅不超过7毫克／升，镉不超过0.5毫克／升的器食具才可用来盛装食品。

厨房如使用搪瓷容器，宜选用白色为好，但不宜盛装酸性食品和饮料。

三、金属容器和包装的卫生

随着食品生产机械化程度的提高，使用金属材料制成的食品容器、器具及设备也很多。这些金属材料制品的主要卫生问题是向食品内溶入了有害的金属。

不锈钢。不锈钢材料正日益广泛地应用于食品工业、餐饮业中，如餐饮业中的厨房设备、用具、容器等大都是不锈钢材料制造的。它具有很强的抗腐蚀能力，但在使用过程中注意不能长时间接触酸性、过咸的食品，以免产生腐蚀。

铝制品。铝制品在使用过程中常在铝表面形成致密的氧化铝薄膜，该薄膜层有一定的抗腐蚀能力，比较稳定。但在食盐、酸、碱的长期作用下，铝制品表层易被腐蚀而变黑，故不建议使用。

铁制品。铁本身容易氧化，其氧化产物为氧化铁和四氧化三铁（铁锈），但其毒性极低，有时因氧化物的渗入而使食品略带黄褐色及铁锈味。故用铁锅盛装食品，尤其是酸性食品和过咸食品时，不能盛放过久。有些铁制品容器或工具常在表面覆盖珐琅或镀以其他金属（铬、镍、锡等），除了使其表面光滑易洗刷外，也增强了铁制品的稳定性和抗腐蚀性。建议不使用劣质珐琅器皿或珐琅质残缺的器皿。

铜制品。铜有一定毒性,铜制品作为食品容器的一般很少。但炊具有一些是铜制品,如铜制火锅、铜锅铲、铜制的餐具、容器等。在过去糖果糕点生产中常使用铜锅或一些其他用具。铜有促进氧化的作用,不适合用来作烹调炊具及容器具,否则它会破坏蔬菜中的维生素 C,不建议厨房内使用。

金属箔。金属箔是指把金属压延至厚度为 0.01 毫米的薄片,多用来包装糖果、巧克力,使食品与外界隔绝,起保护食物的作用,常用为铝箔、锡箔和纯度高的金箔。厨房内不准使用铅箔和劣质的金箔。

四、食品用纸的卫生

食品包装用纸是用纯木浆为原料生产的纸,但有些企业用回收纸和其他材料制作生产,并在生产过程中加入化学致癌的荧光增白剂处理,有些大肠菌群和致病菌严重超标,不符合国家标准。

在厨房中食品包装用纸使用较广,如纸袋、纸盒、蛋糕纸、餐巾纸等。在选购时要选用符合国家食品用纸标准的产品,不选用非食品用纸,更不选用颜色深、质量差的材料。

第三节 烹饪加工卫生

食品加工和烹调操作卫生是保证食品卫生,防止食品污染,预防食物中毒和消化道传染病发生的重要环节。注意加工过程中的卫生,可以避免在烹调加工时因操作不当对食品造成的污染,也可以防止把含有毒有害物质或腐败变质的原料送上餐桌。

一、烹饪原料初加工的卫生

（一）初加工的卫生要求

初加工卫生是指烹饪原料在择洗、分档、宰杀、改刀过程中的卫生。

初加工间的设计卫生要求。初加工间应设在食品仓库和烹调间附近，便于操作。初加工间应设有洗菜池、解冻池、生菜砧板、熟菜砧板、半成品放置台（架），周围无污染源。不准存放有毒有害物质，地面要有一定的倾斜度，并有专用下水道，保持地面和墙壁的整洁。

不同种类的原料分开清洗。动物性原料含脂肪及污物较多，植物性原料附着的寄生虫卵和泥土污染较多，清洗时应分位清洗。洗菜池专门用于蔬菜的清洗，解冻池则主要用于动物性原料的解冻和清洗，应严格区分，不可混用。可生食的原料更应用单独水池清洗。

拣洗过程中要清除有害物质。在食品拣洗过程中，应建立食品验收制度，无论从市场采购还是在本单位冷库中提取的货源，都要经过质量检查，凡发现有腐败、霉变现象，或有被农药、霉菌、化学毒物污染和致病菌及寄生虫病原体污染的食品，都不得作烹饪原料使用。对于原料自身所含有有害于人体物质的应废弃，如发芽土豆、畜肉中的甲状腺和肾上腺等组织。

初加工间要求经常性地清扫，以保持清洁。初加工结束后，每天坚持彻底清扫，废弃物桶不可积压过夜，应及时清理倒掉，以免滋生细菌、蛆虫造成污染。抹布应随时洗净，每天消毒一次。

（二）常用原料的加工卫生

1. 蔬菜初加工卫生

蔬菜在清洗前应先择去黄叶、老叶和病斑的菜叶。蔬菜表面常附有泥土、污秽、微生物、虫卵和残留农药，清洗时应认真洗涤干净。尤其是叶片上的虫卵较多，可以用2%的食盐水洗涤以除去虫卵，或用0.3%的高锰酸钾浸泡5分钟杀灭病原体。喷洒过农药的蔬菜，应用清水浸泡一段时间，再清洗使用，以除去外表吸附的药剂。

2. 动物性原料初加工卫生

经过冷冻的动物性原料应在解冻池内进行自然解冻或采用掰开等方法，切不可用温热水解冻。解冻后清除动物性原料中所带有的有害物质，如畜肉表面的病痕、脓疱、血污，体内的甲状腺、肾上腺和淋巴结等。禽类的腚尖、腔上囊，水产鱼类的肝脏（如鲅鱼、旗鱼），淡水鱼中鲇鱼、光唇鱼的卵。

水产品加工时，除刮除体表黏液、鳞片外，还要摘除内脏，注意不要碰破苦胆。在清除鱼鳃过程中，要注意清洗干净。否则，鱼鳃所带有的污染物也容易引起食品卫生问题。

禽类加工时应注意清洗内脏和腹腔的血污并应细心操作，以免碰破苦胆和肠衣造成污染。

家畜内脏污秽较多，洗涤困难，在洗涤时应采用盐醋搓洗、里外翻洗、刮剥洗、漂洗、灌洗等多种方法进行，以确保卫生。

（三）干货原料涨发的卫生

干货原料涨发按原料品种不同，涨发方法也不同。

水发。一般用冷水，也可用热水，炎热气候要注意及时换水。香菇、木耳等可直接水发，另外一些质地僵硬的原料要加碱水涨发，如鱿鱼，一般用7%的碱水。涨发好的原料必须用冷水反复漂洗，以除去碱味。

油发。油温加热不宜过旺，原料要求很干燥，如已受潮要烘干后再入油锅，不然易发生炸油现象，烫伤操作人员；同时又防止原料在涨发时发生外焦里生（未发透）的情况。干货原料涨发要注意充分地去除原料上吸附的泥沙、杂质等，涨发用具要清洁，以免造成污染。

二、冷菜制作卫生

冷菜品种很多，制作方法也不同，但都具有直接食用的特点，所以必须重视冷菜制作的卫生。冷菜制作一般可分为冷制凉食、热制凉食和工艺冷盘等。

冷制凉食。有凉拌菜、醉腌菜，采用原料不加热食用的菜肴。因此原料必须用净水彻底清洗，去净泥沙、杂质，果蔬原料还可用盐水或3%的高锰酸钾浸泡，再用净水冲洗。腌制菜肴要选用干净的容器，蟹、贝类水产品可用清水活养一会，以便吐出体内污物。腌制时可在蟹脐内放入花椒。

热制凉食。以熏、烤、煮、卤等为主，选用卫生合格制品，大块原料必须一次性烧熟煮透。使用的卤汁要保持清洁，制作熏制菜肴时熏烤过程不宜过长，调料及上色的添加剂要符合卫生质量标准。

工艺冷盘。工艺冷菜原料在制作时不使用色素，在拼摆时应采用优质不锈钢工具，不用非食品原料作衬垫物，拼摆卫生要求高，拼摆时间不宜过长，完成后应加覆保鲜膜。

三、热菜制作卫生

注意锅罐卫生。在热菜制作过程中，首先应保持灶面的卫生清洁，保持调料罐卫生，上班时及时清理更换，下班时加盖，以防调料过夜有蟑螂侵入；注意汤桶、汤锅的卫生，使用时要重新清洗一遍。

预防菜肴夹生。食品在烹调加工过程中，最基本的卫生要求是烧熟煮透，以达到灭菌的目的。有些蔬菜加热不透还易引起食物中毒，如四季豆所含的红细胞凝集素必须在高温下才能被破坏，如烧煮不透极易引起食物中毒。

防止有害物质产生。烹调使用的油温不宜过高，过高会破坏油脂中所含的维生素等营养，也可能产生有毒物质。另外，要防止菜肴烧焦烧煳，否则既影响菜肴口味，更会产生有害于人体健康的物质。

适时使用调味料。烹调中调料的使用有着严格的顺序和时机要求。如味精（谷氨酸钠）本身无毒，但加热到120℃时，大部分谷氨酸钠都变成焦谷氨酸钠，不仅失去鲜味作用，而且对人体有微毒。上浆、挂糊的半成品和烤制的原料不宜投放味精。

四、面点制作卫生

面粉发酵是淀粉在酵母菌的作用下发酵并产生二氧化碳和乙醇的过程。传统的面粉发酵常用留下的老面接种，掺和揉和，在20℃～30℃之间进行，但由于这种面肥长期使用已不是纯酵母菌，而夹杂大量乳酸菌、醋酸菌，因此发酵后面团呈酸性，必须兑碱中和。兑碱又要掌握好兑碱的量，避免影响制品色调风味。另一种是利用鲜酵母发酵，一般在30℃以下，1小时即可。一般采用鲜酵母发酵面团制作面食为宜，以减少碱性物质对营养的破坏。面食制作完成后要加盖存放，预防尘埃和其他不洁物的侵蚀。馅料制作要按需准备，随用随做，不宜加醋。

食品卫生"五四制"

1. 四不：采购员不进、保管员不收、食品加工员不做、服务员不卖腐败变质的食物。
2. 四隔离：生熟隔离，成品与半成品隔离，食品与杂物药物隔离，食品与天然冰隔离。
3. 四过关：一洗，二刷，三冲，四消毒。
4. 四定：定人，定物，定时间，定划片分工、包工负责。
5. 四勤：勤洗手剪指甲，勤洗澡理发，勤洗衣服、被褥、勤换工作服。

第四节　厨房安全规则

安全生产是保证厨房正常运作的前提。在厨房的每个岗位都必须意识到安全的重要性，在工作中时刻注意正确防范，以卫生与安全作为第一工作，千万不能忽略安全可能给自己或顾客造成的伤害。为此，许多厨房在开张前先制定一些安全防范制度，是有一定道理的。

一、厨房员工安全操作规程

（一）厨房员工安全操作守则

（1）员工上岗应按要求身着饭店工作服及工作鞋。

（2）厨房员工穿着制服、戴帽子、穿平底鞋、系围裙，衣袖要扎好，胸前口袋中不得放火柴、打火机、香烟等物。

（3）员工当班时应保证精力集中，不应在厨房内跑动、打闹。

（4）厨房的设备应由主管人员定期检查，以防意外事故发生。

（5）厨师使用厨房设备须严格遵守正常的操作规程（新员工须由主管人员对其进行设备使用方面的培训）。

（6）油炸锅在使用过程中应保证人员不离岗。

（7）当油、水、食物泼到地面上时，要立即清除。

（8）碗、盘、玻璃器皿打碎时，不得用手去捡拾，要用扫帚去清理。

（9）擦拭锅炉要先确定已经不会烫手，然后才用手去擦。

（10）衣物、桌布等易燃物不得在火炉上烘烤。

（11）搬运重物特别是热汤汁时不要一人操作，以免扭伤和烫伤。

（12）刀具和锋利的器具落地前不要用手接拿。

（13）应保证刀具的锋利，不锋利的刀具最易伤人。

（14）厨房员工不得随意处理突发的断电事故。

（15）工作时应注意保持地面清洁以免滑倒受伤。

（16）工程人员断电挂牌操作时，切忌合闸。

（17）每天打烊后，值班者应最后离开，在离开前要切实检查炉灶是否还有余火，煤气开关的把手是否在关闭的垂直位置，逐一检查电气用具插头是否拔下，最后关灯离去。

（二）煤气炉具的安全操作规定

（1）煤气炉具应设计在通风良好的厨房中使用，须远离易燃物品，并要求布局在不易燃烧的物体上，如水泥板、石板、铁板。

（2）使用煤气前，应检查所有煤气开关是否处于关闭状态。点火时，要做到火等气，先开煤气总阀，再划火凑近火眼，最后开灶具的开关点燃灶具。千万不要先开灶具上的开关，后划火柴点火，以免煤气放出与空气混合，再遇火种，极容易发生爆炸。

（3）调节风门可对火焰进行调节，使火焰呈蓝色。如果火焰发红和冒烟，则说明进风量小，应调大风门；如果发生回火，则要关闭灶具开关，调小风门再点火。火点着后，再调节风门，使燃烧火焰正常。如果发生离焰，则说明进风量大，应调小风门。

（4）经常保持灶具的清洁，尤其要保持火眼畅通。灶具点燃后应有人看管，防止火焰被溢出的汤水浇熄或被风吹灭使燃气大量泄漏，造成事故。

（三）液化气（天然气）安全使用规定

（1）液化气罐必须直立放置，并使其不致被撞到而倾倒。

（2）液化气罐须隔离火源，避免日光直射，应置于通风良好的位置，保持35℃以下的温度。

（3）液化气罐若须放在木箱内时，箱底须有换气孔，以维持通风。液化气罐腰部用锁链固定，防止震动或意外碰撞。

（4）液化气罐及其周围不得放置易燃品，如汽油、酒精、抹布、纸张等。

（5）装卸液化气罐时，需确定附近无火源、引火物以及易燃物。

（6）在室内使用液化气器具须注意通风，不得在密闭室内使用液化气燃烧器具。

（7）液化气燃具的周围需有一定的空间，燃具周围30厘米以上、上方1米以上必须留出空间，以防引发火灾。

（8）液化气输气管必须是金属管，不能使用塑料软管代替，装置在室内时，应距离电源线30厘米以上。

（9）输气管衔接处的螺旋纹至少要5圈以上，并需结合紧密，不漏气。

（10）点火时的注意事项：先慢慢地旋开炉灶出气开关，使用点火器点火；如使用火柴点火，应先将火柴靠近炉灶出气嘴，再慢慢旋开开关。

二、仓库安全管理规定

（一）器皿安全管理规定

（1）穿平底胶鞋，不得佩戴松弛的饰物。

（2）工作时戴手套保护双手。

（3）搬运盘碟时一定要用推车。

（4）清理盘碟时应留意发现有无破损，将破损盘碟随时挑出来放在一边，不得再用。

（5）搬运太重的物件或大的垃圾桶时，要找人帮忙，不要勉强用力。

（6）如果操作出现伤口，必须进行医治处理。

（7）如果怀疑财物、器皿有可能遭偷窃时，须立即报告上级并维护现场。

（二）单人搬运安全管理规定

（1）过重的物体不要单独搬运，以免伤害身体。

（2）推举重物应屈膝，运用腿肌，不要运用腹肌或背肌，否则容易引起背部酸痛或拉伤。

（3）推举重物应先吸一口气，一直维持到物品放下时才呼出，深吸一口气可以拉紧肌肉避免拉伤。

（4）切忌扭转腰背，反方向去拿重物，搬运物品不要扭转身体方向，以免拉伤。

（5）搬运物体时应注意四周。背后是最容易发生事故的方向，不可搬运物体向后退。

（6）搬运长形物体时应保持前面高、后面低，尤其在转角处或前面有障碍物时应特别注意。

（7）推滚圆形物体时应站在物体后面，并注意前面是否有人，双手不要放在圆形物体的边缘，碰撞时最易伤手。

（8）超过人体高度的物料，即使不重，也不要一个人搬动，防止伤人。

（三）手推车安全管理规定

（1）尽量把重的东西放在推车的下面，重心越低越稳。

（2）推二轮车时，尽可能把物体放在车的前端，重力由车轴负担，推车人员保持车子平衡并推动车子前进。

（3）推车前进经过转角处时，不要在后面推，应改在旁边拉，这样可以看到另一方向的来人或是来车，以免撞倒。

（4）推车进出电梯时，若是负载物太重，应找人帮忙。

（5）堆放在推车上的物体高度以不妨碍视线为标准，要把物品安放妥当，以免滑落。

（6）在推车上堆放椅子时，一次以8张为限。

（7）不要拉着推车后退。

（8）注意随时控制推车的速度，不要推着车跑，不要太快。

（9）特种用途的推车，除指定用途外不作别的用途。

（10）手推车如滑轮有损坏，或者有台面倾斜、把手脱落等任何问题，应立即停止使用，报请修理。

（四）工作梯使用安全管理规定

（1）梯子不能架设在可以摇动的地砖上或是不坚实的地面，而应有平坦及稳固的立足点。

（2）架设梯子应使其稳固，上下共4个支点，力求稳妥。上端宜使其固定，万一不能固定时，下端的两脚就要扎牢；如果不能扎牢时，就得有人在一旁协助，防止滑动。

（3）上下梯子时，两手两脚不能同时放在同一横栏上，以防身体失去重心。

（4）切忌在上下梯子时手中拿有任何物件。

（5）不得使用横栏有短缺的梯子，任何有缺陷的梯子都不可使用。

（6）梯子应经常保持完整无损，管理人员要经常查看。

（7）梯子的两脚（下面的两支点）宜装置不会滑动的垫子，以减少滑动的危险。

（8）架设梯子的斜度，自上端支点垂直地面至梯脚的水平距离应为梯长的1/4。如梯长4米，则斜靠的地面水平距离应在1米以内。

（9）绝不容许两人同在一张梯子上。

（10）梯子绝对不许架设在门口，以防门内（外）有人出入推翻梯子；除非将门锁上，或有专人看守。

（11）梯子不使用时要立即收妥，无人看管时不得竖立，以免倒下伤人，或将人绊倒。

三、防火管理规范

（一）厨房防火制度

（1）厨房各种电器设备的安装使用必须符合防火安全要求，严禁超负荷使用，绝缘要良好，接点要牢固，并有合格的保险设备。

（2）厨房的各种机电设备操作使用必须制定安全操作规程，并严格遵照执行。

（3）厨房在炼油、炸食品和烤食品时，必须设专人负责看管。炼、炸、烘、烤时，油锅、烤箱温度不得过高，油锅不得过满，严防油溢着火引起火灾。

（4）厨房的各种煤气炉灶、烤箱点火使用时必须按操作规程操作，不得违反，更不得用纸张等易燃品点火。

（5）不得往炉灶、烤箱的火眼内倒置各种杂质、废物，以防堵塞火眼，发生事故。

（6）各种灭火器材、消防设施不得擅自动用。

（7）熟练使用各种灭火器材、火灾报警器，掌握其性能、作用和使用方法。

（8）知道所在部门灭火器材和手按报警器的位置，知道距离最近的消防疏散门。

（9）一旦发生火情，速拨电话通知总机或饭店消防中心。

（二）厨房液化气防火安全管理制度

（1）液化气灶操作人员必须经过专门学习，掌握安全操作液化气灶的基本知识。

（2）员工进入厨房应首先检查灶具是否有漏气情况，如发现漏气，不准开启电器开关（包括电灯）。

（3）员工进入厨房前应打开防爆排风扇，以便清除积沉于室内的液化气。

（4）操作前应检查灶具的完好情况。

（5）点火时，必须执行"火等气"，千万不可"气等火"的原则。即点燃火柴，再打开点火棒，点燃火棒后，将点火棒靠近灶具燃烧器，最后打开燃烧器供气开关，点燃燃烧器。

（6）各种液化气灶具开关必须用手开闭，不准用其他器皿敲击开闭。

（7）灶具每次使用完毕，要立即将供气开关关闭。每餐结束后，值班人员要认真检查每只供气开关是否关闭好。每天夜餐结束后要先关闭厨房总供气阀门，再关闭各灶具阀门，然后通知供气室关闭气源总阀门。

（8）发现问题应立即关闭总阀门，并及时报告主管领导和安全部门。

（9）经常做好灶具的清洁保养工作，以便确保安全使用液化气灶具。

（10）无关人员不得动用液化气灶具。

（11）食品加工和制作，要牢记食品卫生准则，切实注意安全。

（12）下班时关闭所有电灯、排气扇、电烤箱等电器设备，并锁好所有门窗，一切检查无误后，方可下班。

（13）坚守工作岗位，起油锅时绝对不准离人，要思想集中，正确掌握油温，防止外溢或过热引起火灾。

（14）严格执行安全操作规定，经常检查电器、机械设备的完好状况，发现不安全因素及时报请维修。

（15）一旦发生火灾事故，应立即关闭液化气总阀，关闭电源，一面报警，一面动用灭火器材扑救。

四、厨房事故预防

厨房事故是厨房安全管理中应尽力杜绝和防范的。厨房事故一般指日常运转中出现的烫伤、扭伤、跌伤、割伤、火灾等情况。由于厨房间的不安全因素时常存在，管理员要采取行之有效的方法加强控制，加强员工培训，提高安全防范意识，预防事故发生。

（一）烫伤的预防

厨房加热源无论是煤气、液化气、煤，还是柴油、蒸汽等，给厨房员工造成的灼伤事故都占厨房事故的很大比例。一旦灼伤，轻则影响操作，重则需要送医院治疗，伤者更是疼痛难忍。预防灼伤的措施包括以下几点：

（1）遵守操作程序。使用任何烹调设备或点燃煤气设施时必须按照产品的说明书进行操作。

（2）通道上不得存放炊具。凡有手柄的桶、壶及一切炊具，不得放置在繁忙拥挤的走廊通道上。

（3）容器注料要适量。不要将罐、锅、水壶装得太满，避免食物煮沸过头，以防溅出锅外。

（4）搅拌食物要小心。搅动食物通常使用长柄勺，保持与食物的距离。

（5）预先准备。从炉灶或烘箱上取下热锅前，必须事先准备好移放的位置。如果事先有了准备，提锅的时间就能缩短。提既烫又重的容器前，应毫不犹豫地及时请同事帮忙。

（6）使用合格、牢靠的锅具。不要使用手柄松动、容易折断的锅，以免引起锅身倾斜、原料滑出锅或把手断裂。

（7）冷却厨房设备。在准备清洗厨房设备时要先进行冷却。

（8）懂得怎样灭火。如果食物着火了，将盐或小苏打撒在火上，不要用水浇，必须学会使用灭火器和其他安全装置。

（9）使用火柴要谨慎。将用过的火柴放入罐头盒内或玻璃容器内。

（10）安全使用大油锅。如准备将大油锅里的热油进行过滤或更换，必须注意安全，一定要随手带抹布。

（11）禁止嬉闹。不允许在操作间奔跑，更不得拿热的炊具在手里开玩笑。食品服务人员应该接受训练，学会正规地倒咖啡和其他热饮料。

（12）张贴"告诫"标志。在潮滑或容易发生烫伤事故的地方，需张贴"告诫"标志，以告诫员工注意。

（13）定期清洗厨房设备。防止炉灶表面和通风管盖帽处积藏油污。

（二）扭伤、跌伤的预防

厨房员工在搬运取物，清除卫生时容易造成扭伤和跌伤。跌伤多发于扭伤，故要预防地面滑而摔倒跌倒的事故。

（1）清洁地面，始终保持地面的清洁和干燥。有溢出物须立即擦掉。

（2）清除地面上的障碍物，随时清除丢在地面上的盘子、抹布、拖把等杂物，一旦发现地砖松动或翻起，立即重新调换铺整。

（3）小心使用梯子。从高处搬取物品时需使用结实的梯子，并请同事扶牢。

（4）开门关门要小心。进出门不得跑步，经过旋转门时更要留心。

（5）穿鞋要合脚，厨房员工应穿低跟鞋，并注意防滑，最好是鞋底不滑的合脚鞋子。不穿薄底、已磨损、高跟的鞋以及拖鞋、网球鞋或凉鞋；要穿脚跟和脚底不外露的鞋，鞋带要系紧以防摔跤。

（6）清扫积雪和冰，入口处和走道不得留存积雪和冰。

（7）避免滑倒，使用防滑地板蜡。

（8）张贴安全告示，必要时张贴"小心"或"地面潮湿"等告示。

（9）修理楼梯。楼梯的踏板如破裂或磨损需及时更换。

（10）保持光亮度。保证楼梯井或其他不经常使用地区的光亮度。

(三)割伤的预防

刀割伤是厨房加工、切配及冷菜间菜点厨房员工经常遇到的伤害。预防割伤的措施有下列几点:

(1)锋利的工具应妥善保管。当刀具、锯子或其他锋利器具不使用时应随手放在餐具架上或专用的抽屉内。

(2)按安全操作规程使用刀具。将需切割的物品放在桌上或切割板上,刀在往下切时须抓紧所切物品,注意在切薄片时容易削去手指。当刀斩食物时必须将手指弯曲抓住原料,使刀刃落在原料块上。刀具大小要合适并清楚刀刃的锋利度。此外,手柄已松动的刀具必须修理或报废。

(3)保持刀刃的锋利。钝的刀刃比锋利的刀刃更易引发事故。因刀刃越钝,员工所使的力就越大,食品一旦滑动就会发生事故。

(4)各种形状的刀具要分别清洗。将各种形状的锋利刀具集中摆放在专用的盆内,并将其分别洗涤,切勿将刀具或其他锋利工具沉浸在放满水的洗池内。

(5)禁止用刀嬉闹。不得拿刀或锋利工具进行打闹,一旦发现刀具从高处掉下不要用手去接。

(6)集中注意力,使用刀具或其他锋利器具要谨慎。

(7)不得将刀具放在工作台边上,应放在台子中间,以免掉到地上或砸到脚上。

(8)厨房内尽量少用玻璃餐具。尽快处理碎玻璃,可用扫帚和簸箕清扫干净,不能用手捡。如果玻璃碎在洗涤池内,先将池水放掉,然后用湿布将碎玻璃捡起。通常是将碎玻璃或陶瓷倒入单独的废物箱内。

(9)利用安全装置。厨房设备要安有各种必备的防护装置或其他安全设施。

(10)谨慎使用食品研磨机,使用绞肉机时必须使用专门的填料器。

(11)设备清洗前,须将电源切断(拔去插头)。

(12)谨慎清洁刀口。擦刀具时抹布折叠到一定厚度,从刀口中间部分向外侧刀口擦,动作要慢,要小心,清洁刀口一定要符合规定要求。

(13)使用合适的刀具。不得用刀代替旋凿或开罐头,也不得用刀撬纸板盒和纸板箱。必须使用合适的开容器工具。

(四)伤口的紧急处理

刀伤是厨房最难避免的一种事故。一旦发生刀伤,要视伤口大小、情节轻重及时采取措施。有些只要进行简单处理即可奏效。当然，伤口也不全是刀刃引起的。注意以下几点对伤口的及时有效处理是十分必要的。

（1）割伤、损伤和擦伤。马上清洁伤口，用肥皂和温水清洁伤口处皮肤；用无菌棉垫或干净的纱布覆盖伤口进行止血；轻轻更换无菌棉垫、干净纱布和绷带；如果伤口在手部，须将手抬高过胸口。

（2）不得用嘴接触伤口，不得在伤口处吹气，不得用手指、手帕或其他污物接触伤口，不得在伤口上涂防腐剂。

（3）撞伤部位用冰袋或冷敷布在受伤处压25分钟，如果皮肤上有破损，创口需进一步按刀割伤处理。

（4）水疱可用软性肥皂和水清洗，保持干净，防止发炎。如水疱已破，按开放性伤口处理，如受感染应就医。

（五）电器设备事故与预防

电器设备造成的事故也是生产中常见的问题。预防电气设备事故也是十分重要的。

（1）员工必须熟悉设备，学会正确拆卸、组装和使用各种电气设备的方法。

（2）采取预防性保养。定期由专职电工检测各种电气设备线路和开关。

（3）设备接地线。所有的电气设备都必须有安全的接地线。

（4）遵守操作规程。操作电气设备时，须严格按照厂家的规定。

（5）谨慎接触设备。湿手或站在湿地上，切勿接触金属插座和电气设备。

（6）更新电线包线。已磨损露出电线的电线包线切勿继续使用，要使用防油防水的包线。

（7）切断电源清洁设备。清洁任何电气设备都必须拔去电源插头。

（8）避免电路过载。未经许可，不得任意加粗保险丝，电路不得超负荷。

（六）火灾的预防与灭火

厨房还有一类常见的事故就是火灾，可采取以下几种防火措施：

（1）配置足够的灭火设备。厨房每位员工都必须知道灭火器的安放位置和使用方法。

（2）安装失火检测装置。使用经许可和可经常测试的失火检测装置，这些设备可用于防烟、防火焰和防发热。

（3）考虑使用自动喷水灭火系统。该系统是自动控制火灾极为有效的设施。另外，一种安装在通风过滤器下的特效灭火装置也是很有效的，厨房可不用考虑其类型（化学干粉、二氧化碳或特殊化学溶液）。饭店安全部门应统筹安排、设计安装并进行保养和管理。

厨房发生的火灾通常有三种类型：①由普通的易燃材料引起（木材、纸张、塑料等）；②由易燃物质如汽油和油脂引起；③由电气设备引起。

小型火灾通常可用手提式灭火器扑灭。灭火器须安放在接近火源最合适的地方，并经常进行检查和保养。此外，极为重要的是对员工进行消防训练，使其学会正确使用灭火装置。灭火设备有多种，通常使用的是干化学药品多用灭火器，适用上述三种火灾。手提式灭火器一般都很容易操作，但不能忽视对员工的训练，使之掌握特殊灭火装置的特性。通常，灭火器使用前必须将一个安全销拔去。使用多用化学灭火器时必须将化学灭火材料覆盖住所有燃烧区域，以防死灰复燃。

拟订一份厨房卫生与安全生产守则。

复习与思考

一、填空

1. 冷藏贮存是指贮存温度在_____℃之间冷藏库内贮存原料。一般贮存水果、_____、熟食和乳制品等。

2. 厨房发生的火灾通常有三种类型：①由普通的易燃材料引起（木材、纸张、塑料等）；②_____；③_____。

3. 一旦发生火灾事故，应立即_____，关闭电源，一面报警，一面_____。

4. 输气管衔接处的螺旋纹至少要_____圈以上，并需_____，不漏气。

5. 厨房不能用_____作食品容器和包装材料，不要燃烧它，燃烧后会产生_____等有毒气体。

6. 易碎物品_____，防止碎屑掉入食品中，灯泡要_____。

7. 不锈钢材料正日益广泛地应用于食品工业、餐饮业中，但在使用过程中注意不能长时间接触_____、_____的食品，以免产生腐蚀。

8. 加热到120℃时，大部分谷氨酸钠都变成_____，不仅失去鲜味作用，而且对人体有微毒。在操作中对上浆、挂糊的半成品和_____不宜投放味精。

9. 厨房如使用搪瓷容器，宜选用_____，但不宜盛装_____和饮料。

10. 干货原料涨发按原料品种不同有_____和_____。

二、判断题

1. 厨房卫生只包括烹饪原料、产品生产和销售经营环境的卫生。（ ）

2. 厨房的平面布局要符合从原料到成品的流水作业线，以免发生交叉污染。形成三个通道和三个出入口，即原料通道及入口、成品通道及出口、使用后的餐具饮具回收通道及入口。（ ）

3. 面粉发酵是淀粉在酵母菌的作用下发酵并产生二氧化碳和乙醇的过程。传统的面粉发酵常用留下的老面接种，掺和揉和，40℃～50℃下进行。（ ）

4. 冰冻贮存是指贮存温度在0℃以下，冰冻库内贮存原料。一般贮存长期存放的禽畜类、水产类产品、速冻食品等。（ ）

5. 一些质地僵硬的原料要加碱水涨发，如鱿鱼，一般用7%的碱水，涨发好的原料必须用冷水反复漂洗，以除去碱味。（ ）

6. 聚苯乙烯塑料（简称PVC）是氯乙烯单体聚合而成的高分子聚合物。（ ）

7. 搅拌食物要小心。搅动食物通常使用短柄勺，保持与食物的距离。（ ）

8. 食品加工和制作，要牢记食品卫生准则，切实注意安全。（ ）

9. 各种形状的刀具要分别清洗。将各种形状的锋利刀具集中摆放在专用的盆内，并将其分别用烧碱洗涤，切勿将刀具或其他锋利工具沉浸在放满水的清洗池内。（ ）

10. 更新电线包线，已磨损露出电线的电线包线切勿继续使用，要使用防油防水的包线。（   ）

三、思考题
1. 厨房操作的个人卫生要求有哪些？
2. 油锅温度过高引起燃烧，如何处理？
3. 在操作过程中如何预防烫伤？

第九章 员工培训与管理

通过本章的学习，使学生了解厨房人员合理配备的方法和依据，认识到合理配备的必要性，掌握招聘培训员工的方式和方法，学会日常的排班及厨房管理制度的制定。

本章主要论述了厨房人员的定编要素、排班方法、工作时间流程表，以及餐饮企业用人的模式、员工招聘方法、内部培训等内容，还列举了一些常用的规章制度和员工的考核方法。

学习目标

知识目标
1 了解人员定编要素。
2 了解用工模式的性质。
3 了解员工招聘的方法。
4 理解制度制定的目的和绩效考核的意义。

技能目标
1 能够给岗位人员安排班次。
2 能够制定相关厨房制度。

> 案 例

双向选择，竞聘上岗

本书编者总结自己数十年厨政管理的工作经验，十分乐意在此与大家一起讨论分享：在厨房人员的调配上，实行"双向选择，竞聘上岗"的方式。所谓"双向选择，竞聘上岗"，即以厨房各班组（部门）为单位，通过员工和班组领班之间的双向选择，来确定员工的入岗，具体操作流程如下：

首先，公开公布"双向选择，竞聘上岗"的过程，以班组为单位，并由各领班与员工之间进行沟通谈话，双向选择以确定入岗意向。其次，入岗竞聘分三轮进行：第一轮，将各岗职数和入岗条件、要求张贴公布后，由员工和领班分别填写入岗意向和选择意向表，进行双向选择。根据双向选择结果，由领班填写第一次双向选择岗位确认表。汇总各岗点人员数，确认后，在厨房张贴公布第一次双向选择结果和空缺岗位及未竞聘成功员工名单。第二轮，在首次竞聘公布三日后，未入岗员工和缺岗岗点领班分别填写入岗意向和选择意向表，进行第二次双向选择。根据选择结果，由领班填写岗位人员确认表。汇总各岗点确认情况后，在厨房张贴公布所有入岗结果。第三轮，若两次竞聘不成功，则该员工由人事部门重新调配其他岗位。

竞聘上岗以两年为一周期，实施以来，厨房已基本形成了"职责明确，以岗定薪"的人力资源管理模式，为餐饮的发展、品质提升和技术队伍的稳定提供了有力的保障。

案例分析

"双向选择，竞聘上岗"是一个不断完善岗位的过程。各餐饮企业可根据自身的情况调整，可以先由总厨师长与各主管领班进行双向选择，再由各领班与员工进行双向选择。其目的是充分发挥员工的积极性，发挥班组领班的主导性。在实施过程中必然会有个别矛盾，但实施的目的是使合适的人员到合适的岗位上，理顺厨房的人事管理。

第九章　员工培训与管理

第一节　人员的合理配备

厨政管理的核心，根本上在于人力资源的管理。因为厨房的各项运作、各种规章制度都要人去具体执行。目前企业中，还难以用设备来替代人工烹调。所以，厨房员工队伍配置合理，能保持相对稳定的格局，那么菜肴出品的质量、创新、成本控制、安全卫生等厨房管理要素才能落到实处。

厨房员工的配备，通常可分为两大类：一类是相对固定的员工，即各岗位的厨师；另一类是可变动的员工，其配备的数量与生意的淡旺有直接关系，如厨房的保洁、洗杂等辅助性岗位员工和实习生。这两类员工，通过管理决策层的总体把握，在充分考虑人员定编的因素后，可给出厨房人员配备的基数。

一、定编要素

很多管理者都会抱怨：厨房的用人成本不断上升，但又没有好的办法来控制。厨房人员的配备不仅直接影响劳动力成本的大小、厨师队伍士气的高低，而且对厨房生产效率、出品质量以及生产管理的成败有着不可忽视的影响。所以厨房设立之初的人员定编十分重要，如果能配备合理，并做到人尽其才，人尽其力，那工作就会顺畅许多。

在厨房人员的定编上，通常根据总体经营方向及餐厅和厨房规模来组建厨师班子。如果根据经营项目来定编厨师，如中餐、西餐、日本料理、酒吧，那么厨师的设置就要按经营的岗位来配置，任用人员如果不擅长所在的岗位技术，则会增加人力成本。如果根据规模来定编，岗位人员设置过多，人力成本会增加，办事效率会下降；设置过少则使厨房处于高强度运转状态，员工疲劳操作，会导致厨房出品质量下降。当然人员定编的变动还与经营思路的转变和经营状况有关，如果主旨不变，定编人员不宜经常变动。

在定编决策上，应考虑的要素有以下几点：

饭店的经营类型和营业时间。饭店的经营是以零点为主、宴会为主、自助餐为主，还是兼而有之？不同经营类型的餐位周转率不同，菜品供应的规模也不同。由于烹调、销售、服务三者要同步协调，所以对厨房人员配置的数量要求和侧重点也不同。再者，饭店营业时间的长短也直接关系到厨房人员的配备。

饭店的经营档次。中高档经营与大众化经营对烹调出品的要求是不同的。相对而言，在中高档饭店，厨师分工更细，强调环节的紧凑和保证出品质量，人员配备上自然要求数量更多些。而大众化经营的饭店，则要求没有那么高，人员配备也就相对要少。

厨房的布局设备和生产规模。厨房的大小、结构布局、生产能力，都影响着厨房人员的配备。厨房紧凑，布局合理，生产流程顺畅，相同岗位功能合并，货物运输路程短，厨房人员就可减少；厨房多而分散，各加工、生产厨房间隔或相距较远，或不在同一座建筑物，或不在同一楼层，配备的厨房人员则要增加。厨房设备性能先进、配套合理、功能全面，不仅可以节省厨房人员，而且还可以提高生产效率，扩大生产规模；相反，则需多配备人员，才能满足生产需要。厨房规模大，餐饮服务接待能力就大，生产任务无疑较重，配备的各方面生产人员就要多；反之，厨房规模小，厨房生产及服务对象有限，厨房则可少配备一些人员。

菜单与产品标准。如饭店提供的菜单品种较多、规格齐全，菜品加工制作复杂，加工产品标准要求高，那无疑要加大厨房的工作量；如饭店供应的菜品主要是像牛排、套餐这样固定菜式，品种数量相对较少的，在人员配备上，可能会比经营综合风味、菜单品种数量较多的饭店所需的人员少一些。

员工的技术水准。员工技术全面、稳定，操作熟练程度高，工作效率高，厨房员工就可少配；员工大多为新手，或不熟悉厨房产品规格标准，或员工来自四面八方、缺乏默契，工作效率就低，不仅员工要多配，生产的差错率也会较高。

同行参数。同行的参考数据是非常宝贵的经验，是测定基数的重要指标。据相关数据统计，餐饮部所有员工（包括管理者）与餐厅的餐位数比例一般为35：100，餐饮部员工与餐位数的比例一般为1：20～30，厨房人数与餐厅人员之间的比例约为4：6。当然同行参数的比较需有可比性，即须在同等规模、档次、环境和设备的餐饮企业中，其数据才有参考作用。

二、定编案例分析

以某五星级饭店的餐饮部为例,在定编前,首先了解定编要素。

饭店经营类型:综合经营,设有宴会厅、零点餐厅、自助餐厅,其中宴会厅承接大型宴会,其中的包厢承接高档商务宴请,同时也负责会议接待。

饭店经营时间:零点餐厅的营业时间为10:00 ~ 22:00;自助餐厅全天24小时营业,并提供送餐服务。

有效餐位数:宴会厅每日餐位数约800位,零点餐厅每日餐位数约260位,自助餐厅每日餐位数约420位。

经营档次:主要提供高档次的中餐分食制产品,兼营高标准的零点及自助餐产品。

餐厅厨房布局:整个饭店为别墅式庭院建筑,只有大宴会厅和零点餐厅在同一幢建筑,称主厨房;其他各餐厅分布较为分散,自助餐厅位于一幢建筑,其他3个宴会厅分别在其他别墅中,厨房相应分散。

设备和生产规模:主厨房因建造年代较久,布局和设施并不先进和完备,其他厨房规模较小,有些产品要主厨房加工后提供。

菜单与产品标准:该饭店零点菜单品种较多,仅固定菜单就有200多道菜肴,另有每两月更换一次的时令特色菜肴,对产品的制作和出品要求严格,宴会冷菜均为每人位。

员工的技术水准:在几十年的发展中,厨房已形成一支较为稳定的人员队伍。

目前厨房人员配备如表9-1所示。

表9-1 某五星级饭店厨房人员配备

岗 位	在编定编数				实习生	合 计
	行政总厨	厨师长	领 班	厨 师		
管理岗	1	2				3
炉 台			1	13		14
切 配			1	8	2	11
冷 菜			1	15	1	17
中 点			1	9	1	11
西 点			1	5		6
西 餐			1	7		8
初加工			1	3	2	6
合 计	1	2	7	70	6	86

由上述实例可以看出，自助餐供应量大，加上宴会冷菜均为每人位，故厨房的冷菜人员配备较多。所以，根据企业不同，必须切合实际地分析实际的运作情况，来确定厨房人员的定编，不能按本照抄，否则会出现问题。

三、合理排班

班次安排是劳动组织中一个重要的内容，它是以岗位或班组为单位的劳动分工形式，既要做到业务分工上的合理性，又要做到工时安排上的合理性。班次安排非常讲究技巧和方法，在排班时，要考虑"闲时少留人，忙时人手足"，以适应营业需要。

（一）根据当天营业峰值安排班次

一般根据餐厅的营业需要安排厨房的作息班次，把人员集中在营业高峰期。下面以中餐厨房的炉台部门6人为例，表9-2中，填底色的为上班时间，空白的为休息时间。

表9-2　炉台厨师班次安排

时间	6-	7-	8-	9-	10-	11-	12-	13-	14-	15-	16-	17-	18-	19-	20-	21-	22
营业段	早	餐		/	中		餐	/	/	/	/	晚		餐			/
A	√	√	√	√	√	√	√										
B					√	√	√					√	√	√	√	√	√
C					√	√	√					√	√	√	√	√	
D					√	√	√					√	√	√	√	√	
E					√	√	√					√	√	√	√	√	
F				√	√	√	√	√	√	√	√						

如某一厨师第一轮以A班次7小时为上班时间，第二轮即以B班9小时为上班时间，第三轮为C班，依次类推。

（二）根据每周营业峰值安排休息日

餐饮企业的营业状况根据工作日与休息日也有峰谷的表现，市区餐厅双休日生意清淡，而景区餐厅以双休日为高峰。在安排员工的休息日时应避开营业高峰。根据劳动法规定每周工作40小时计算，如每天工作8小时，则每周工作5天，休息2天。

第九章　员工培训与管理

下面是某一小组的周轮休表，考虑到该餐厅周六生意较好，故只安排1人休息。周六上班人数为5人，其余为每天4人。如表9-3所示。

表9-3　某小组周轮休表

组人数		周一	周二	周三	周四	周五	周六	周日
6人	1	休息	休息	上班	上班	上班	上班	上班
	2	上班	休息	休息	上班	上班	上班	上班
	3	上班	上班	休息	休息	上班	上班	上班
	4	上班	上班	上班	休息	休息	上班	上班
	5	上班	上班	上班	上班	休息	休息	上班
	6	休息	上班	上班	上班	上班	上班	休息

（三）排班案例

各企业根据各自不同的情况，排班要求也不同，表9-4、表9-5和表9-6是某饭店冷菜班组班次表和各班次工作内容表，仅供参考。

表9-4　冷菜班组班次

岗位名称	各班人数	定编人数	工作时间	
冷菜领班	1	1	9:30～13:30	15:30～19:30
中餐厅冷菜备料	1	1	8:00～15:30	
中餐厅烧烤、卤水	1	1	9:00～13:30	15:00～19:00
中餐厅冷菜	1	5	8:30～16:00	
	2		9:30～13:30	15:30～19:30
	2		13:30～22:00	
榨汁、水果	1	4	7:00～14:30	
	1		8:00～13:30	15:30～18:00
	1		10:00～13:30	15:30～20:00
	1		13:30～21:00	
自助餐厅冷菜	1	3	5:30～13:30	
	1		13:30～22:00	
	1		9:30～13:00	15:30～19:30
机动		2		

第一节 人员的合理配备

表9-5 自助餐厅厨房（上午班）工作内容

时间	工作内容	标准及要求
5:30～6:30	首批产品摆放	检查产品原料质量是否符合标准，装盘摆放参照《自助餐冷菜摆放标准》（以下简称《标准》）
6:30～7:00	员工早餐	员工早餐时间
7:00～9:00	二批产品摆放	包括4款寿司，并按《标准》摆放
	餐间巡台	巡台间隔时间10分钟，根据具体情况适当添加产品
	定期卫生保养	根据《卫生清洁保养计划》，完成清洁保养工作
9:00～10:30	午餐原料准备	午餐冷菜、小料、刺身、水果及寿司的原料准备及装盘
10:00～10:30	早餐收尾	对可再利用的产品进行分类整理，并归位存放 要注意"三轻"：操作轻、走路轻、说话轻
10:30～11:00	员工午餐	员工食堂用餐
11:00～11:30	产品摆放	检查产品原料质量是否符合标准，并按《标准》摆放
11:30～13:30	餐间巡台	巡台间隔时间10分钟，根据营业时间适当添加产品
	卫生清理	对工作点的卫生进行清洁整理，物品按"五常"标准归位摆放
	订料、开单	根据客源情况及"五常"标准，及时做好原料的订购及开单
	交接	与下午班人员进行工作交接

表9-6 自助餐厅厨房（下午班）工作内容

时间	工作内容	标准及要求
13:30～14:30	交接工作	与早班人员进行工作交接，了解晚餐的客源情况
	餐间巡台	巡台间隔时间10分钟，根据营业时间适当添加产品
	午餐收尾	对可再利用的产品进行分类整理，操作时可使用餐车，但要注意"三轻"：操作轻、走路轻、说话轻。
14:30～16:30	晚餐产品准备	晚餐冷菜、小料、刺身、水果及寿司的原料准备及装盘
	晚餐寿司制作	制作晚餐的4款寿司，制作完后按标准存放
	调料添补	根据"五常"标准，对调料进行领用添补
	原料领用	领用当日晚餐及次日早餐原料
	卫生保养	根据《卫生清洁保养计划》，完成清洁保养工作
16:30～17:00	员工晚餐	员工食堂用餐
20:30～21:00	晚餐收尾	对可再利用的产品进行分类整理，操作时可使用餐车，但要注意"三轻"：操作轻、走路轻、说话轻
	厨房卫生	对工作点的卫生进行清洁整理，物品按"五常"标准归位摆放

四、人员的选择

将厨房员工分配到各自合适的岗位，因才施用，不仅是人事部门的工作，更是厨政管理人员的重要工作。出于对厨政管理工作的专业把握，厨房各岗位需要配备什么样的员工，厨政管理人员比人事部门应该更加清楚，而人事部门提供员工的背景材料、综合素质情况，以及对其进行岗前培训等也是必不可少的。因此，密切人事部门与厨房之间的协调与配合，共同确定厨房岗位人员的选择与安排，是十分必要和有利的。

在对厨房进行岗位人员的选择和组合时，需要注意量才施用和优化组合。

量才施用，因岗设人。厨房在对岗位人员进行选配时，首先要考虑对各岗位人员的素质要求，即岗位的任职条件，包括人员的职业道德、专业知识、教育水平、岗位技能、工作经验等。上岗的员工要能够胜任岗位工作并能履行其岗位职责，在员工上岗过程中，厨政管理人员还应适当激发其潜能和兴趣，让其发挥聪明才智、施展才华，并激励员工在岗位上做出成绩，以实现员工自身价值。

公平竞争，优化组合。厨房人员分配到岗后，其岗位并非一成不变。在生产过程中，可能会发现一些员工学非所用、用非所长，或者会暴露出一些班组群体搭配欠佳、团体协作精神缺乏等问题。如不解决这些问题，不仅影响员工工作情绪和效率，久而久之，还可能产生不良风气，妨碍管理。因此，必须优化厨房岗位组合，同时兼顾各岗位主要技术岗位工作的相对稳定性和连贯性。优化厨房必须建立在公平公正的理念上，在岗位优化组合形成制度之后，员工的责任感和自律、自觉及其创新意识都会加强。

第二节 合理取酬

一、用工模式

用工和就业实际是同一件事，只是针对对象不同。对于劳动者来说，只有取得就业资格，才能够真正地参与到劳动生产过程中，在创造价值的同时获得薪酬；对于企业而言，只有通过合理选择员工，充分发挥每个岗位员工的作用，才能得以立足并长远发展。

各种不同的解决人力需求的方法，我们称之为用工模式。近年来，受劳动力市场供求关系的影响，企业为了自身生存、发展的需要，在用工体制及用工理念上也有所改革，逐渐形成了合同制员工与其他各类非长期用工相结合的劳动用工模式。

合同工。合同工指企业、事业单位通过签订合同招收的员工。劳动合同分为长期和短期，长期合同是指与用人单位签订5年以上劳动合同，短期合同是指与用人单位签订1年劳动合同。签订的合同一般采取书面形式，内容包括时限、任务及共同遵守的各项义务等。劳动合同制实际上就是一种用工形式。

劳务工。劳务工全称是劳务派遣工，是与由劳动行政部门认定资质、经工商部门注册登记的劳务型公司签订劳动合同或劳务合同后向实际用工单位进行劳务输出，从事劳动服务的一种用工形式。劳动者与劳务型公司建立劳动关系或劳务关系，由劳务型公司按规定发放薪酬、缴纳社会保险费。劳动者与劳务输入的实际用人单位不发生劳动关系和劳务关系，只是从事劳动服务。

业务外包。业务外包是指利用外部资源来完成原先一贯由内部人员完成业务的一种形式。一般以合同的方式委托专业服务团队，从而达到降低成本、提高效率、充分发挥自身核心竞争力和增强企业对环境的应变能力的一种用工模式。业务外包的优势不受用工期限的限制，降低了用工成本，简化了人力资源管理。但业务外包也存在不少问题，如质量监控难度大，缺乏后续人才培养的条件等。

目前在餐饮企业中，为适应和构建和谐劳动关系，促进企业发展，同时存在合同工、劳务工和业务外包等不同形式的用工。从饭店厨房的角度来说，如果根能据饭店自身的实际情况，针对厨房不同岗位来选择合理的用工模式，势必能够优化厨房内部的资源配置，节约成本，找到最优化、最高效的人力资源解决方案。

二、薪酬确定

近年来，餐饮消费一直呈不断上升的趋势，厨师的薪酬也由此水涨船高。目前餐饮业人力资源市场上，高级厨师高薪已渐成普遍现象。一名总厨年薪高则三四十万元低则十万元。一般大厨月薪也多在六七千元。厨师的薪酬正在赶超白领是显而易见的事实。当然从小厨师一步步做到厨师长，再做到总厨，也并非一日之功。

薪酬分配是十分复杂的工作，没有一个所谓的完美固定模式。对于餐饮企业来说，由于实际情况的不同，衡量一种薪酬分配方案是否合理，其实并不需要看它是否先进，是否跟上了时代潮流，只需要看它是否适合企业自身的发展就可以了。

根据饭店厨房运作形式的不同，现有的薪酬分配大致可分为委托管理、股份制、自主经营三大类型。

（一）委托管理

委托管理主要是指外包（承包给个人）、托管（委托管理公司管理）经营。

厨房个人承包。在普通饭店中，个人承包厨房的运作方式仍不在少数。其薪酬分配的基本模式是：饭店按照包厨合同将每月薪酬交与承包者个人，由其按自己制定的薪酬标准对厨房成员进行分配。这种运作形式下，薪金通常包括保底薪酬和提成比例：整个厨房的保底薪酬也就是全体厨房工作人员的基本薪酬之和。基本薪酬的计算与饭店的规模、档次、人员安排等方面有密切关系。比如一个饭店的厨房要安排30人，上灶厨师10人，厨工20人，保底薪酬就是各厨师的月基本薪酬之和加各厨工月基本薪酬之和。各厨师、厨工的基本薪酬由包厨者与之协商。与饭店方达成协议后，保底薪酬会写入合同，不管饭店营业如何，保底薪酬是饭店必须支付的。提成比例一般由饭店方和承包者协商而定。一般超过既定营业额提成比例是6%～7%（视不同情况而定）。如果营业额达不到既定数，那就没有任何提成。如一餐饮双方谈定的营业额是200万元，如某月没达到200万元，承包人就没有提成；如达到220万元，就提超出部分的20万元×6%=1.2万元。由此而得的1.2万元，由包厨者按不同比例分发给厨师。这种包厨方式有段时间较为普遍，在某种程度上有利于厨师长集中管理，有利于工作的展开。但也存在弊端，容易造成厨房人员无视餐饮管理人员、奖金没下发起不到激励作用等现象。

管理公司托管。随着餐饮业的发展，饭店管理公司也日渐增多。公司托管确实比较专业和规范，它是厨房个人承包的升级版。公司托管有利于企业尽快规范化，使之正常运作经营，避免了集体辞职事件。缺点是费用偏大，增加了沟通的环节。委托管理的厨房，薪酬由公司统一领取，扣除管理费后按岗位系数下发；有的不用扣管理费，管理费由餐饮企业直拨给公司。

（二）股份制

"厨房股份制"是近年来才出现的模式。在这种模式下，厨师的酬劳不与营业额挂钩，而与企业的利润挂钩。此类模式多用于私营企业或餐饮承包的厨房，入股者虽然仍承担厨房管理，但他的身份已有所变化。

一是技术入股。餐饮业的快速发展吸引了资金雄厚的企业家加入该行业。但新入行的企业家缺乏餐饮厨房的管理经验，迫切希望有一位既精通餐饮管理，又具备高厨艺、人品好的厨师来辅佐。"技术入股"模式应运而生。有些技术股即产权股，有些技术股持有者只享受分红而无产权。二是资金入股。厨师与老板结为合作伙伴，共同承担风险、共同赢得利润。虽然厨师长的股份不大，但在客观上使得厨师长看重企业的利益，增强责任心，严格把好质量关和管理关，研发吸引消费者的菜肴，使企业的利润最大化。

（三）自主经营

除了上述厨房外包、托管、股份制以外，饭店厨房还是以自主经营为主，常见的薪酬分配是按照岗位来定薪酬。现代企业管理要求建立适应现代企业制度和市场竞争要求的薪酬分配体系，要充分发挥薪酬机制的激励和约束作用，从"以人定薪"转变为"以岗定薪"，最大限度地调动员工的工作主动性、积极性和创造性。

这种薪酬分配模式首先要制定合理的岗位固定系数，再根据员工能力、贡献来调整可变系数。尽量实现岗位评价合理，酬劳分配公平。

岗位固定系数和可变系数，是岗位说明书的一项数据内容。岗位说明书是根据岗位性质的责任大小、工作难易程度、技术含量，以及岗位人员的受教育程度、技术高低、敬业表现和创造价值，通过研究评价、划分系数等级，制定成一系列的岗位说明书。以此作为双向聘任、以岗定薪的依据。

以岗定薪是一个全面的评价过程，是一个有效的绩效考核体系。其目的是发挥薪酬机制的激励和约束作用，把薪酬与考核挂钩、与贡献挂钩、与员工能力挂钩。通过绩效考核，绩优者晋升，绩劣者降级。

第九章 员工培训与管理

> **案例**
>
> ## 企业的薪酬激励
>
> 某物业管理公司成立之初，非常注重管理的规范化，充分调动员工积极性，制定了一套较科学完善的薪酬管理制度，公司得到了较快的发展，短短两年多的时间，公司的业务和规模就得到了扩大。但公司的薪酬管理制度没有随公司业务发展和人才市场的变化而适时调整，还是沿用以前的。公司领导原以为发展已有了一定的规模，经营业绩理应超过以前，但事实上，整个公司的经营业绩不断滑坡，客户的投诉也不断增加，员工工作失去了往日的热情，出现了部分技术、管理骨干离职，其他人员也出现不稳定的预兆。其中工程部经理在得知自己的收入与后勤部经理的收入相差很少时，感到不公平，他认为工程岗位相对后勤部岗位工作难度大、责任重，应该在薪酬上体现出这种差别，所以，工作起来没有了以前那种干劲，后来辞职而去。因为员工流失、员工工作缺乏积极性，致使该公司的经营一度出现困难。
>
> 在这种情况下，公司领导意识到了问题的严重性，经过对公司内部管理的深入了解和诊断，发现问题出在公司的薪酬系统上，而且关键的技术骨干的薪酬水平较市场明显偏低，对外缺乏竞争力；公司的薪酬结构也不尽合理，对内缺乏公平，从而导致技术骨干和部分中层管理人员流失。针对这一具体问题，该公司就薪酬水平进行了市场调查和分析，并对公司原有薪酬制度进行调整，制定了新的与企业战略和组织架构相匹配的薪资方案，激发了员工的积极性和创造性，公司发展又开始恢复良好的势头。
>
> ——资料来源：摘自马晓宇整理的《现代企业薪酬激励》（略作删减）

案例分析

从这一事例可以看出，企业的薪酬制度科学与否，对企业发展的影响是巨大的，甚至是致命的。怎样建立科学合理的薪酬激励机制，如何发挥薪酬的最佳激励效果，以求企业能吸引和留住人才，造就一支高效、稳定的员工队伍，实现企业可持续发展，是企业人力资源管理的一项非常重要的工作。

理想的薪酬制度，第一应适时调整，以与外部具有竞争力的薪酬同步，以吸引有才能的人；第二要合理确定企业内部各岗位的相对价值；第三是薪酬必须与工作绩效挂钩，达到激励员工的目的。尽管薪酬不是激励员工的唯一手段，除了薪酬激励这一物质激励手段外，还有其他物质激励手段和精神激励方法，但薪酬激励却是一个非常重要、最容易被管理者运用的激励方法。企业管理者必须认识到薪酬对激励员工的重要意义，薪酬管理并不是对金钱的直接关注，而是关注如何正确使用薪酬这一金钱的激励作用。所以，如何实现薪酬效能的最大化，是一门值得探讨的管理艺术。

第三节 招聘与培训

由于厨师在餐饮企业中占有举足轻重的位置，其技术水平、菜肴特色和受顾客欢迎的程度，都直接影响着企业的经济效益，所以厨师的招聘十分重要。且因厨师的工作较为复杂，技术性强，所以在招聘厨师时，厨政管理人员往往要直接参与其中，协同饭店人力资源部做好人员的招聘。

一、招聘计划与要求

招聘计划指的是把对工作空缺的描述变成一系列目标，并把这些目标和相关的求职者的数量和类型具体化的工作。即一方面要研究招聘人数，另一方面要确定招聘类型，有计划地定期或不定期地招聘录用所需要的各类人才，避免人员招聘中的盲目性和随意性，为人力资源系统充实新生力量，实现企业内部人力资源的合理配置，为企业扩大生产规模和调整生产结构提供人力资源的可靠保证。

（一）招聘计划的内容

招聘计划一般包括以下内容：
- 人员需求清单，包括招聘的职务名称、人数、任职资格要求等内容；
- 招聘信息发布的时间、渠道和报名截止日期；
- 应聘者的考核方案，包括笔试、面试时间、场所、内容设计等；
- 招聘工作完成日期；
- 新员工的培训上岗时间；
- 招聘费用预算，包括资料费、广告费、人才交流会费用等。

（二）招聘计划的撰写

> **相关链接** 🔍搜索
>
> ### 招聘计划样张
>
> 招聘目的（略）
>
> **一、招聘目标（人员需求）**
>
> 1. 前台接待员：女，28岁以下，五官端正，身高1.63米以上，大专学历，形象好，气质佳，英语口语流利，招聘人数2人。
>
> 2. 总机接线员：女，28岁以下，五官端正，身高1.60米以上。声音甜美，普通话标准，英语口语较好，招聘人数2人。
>
> 3. 收银员：女，28岁以下，五官端正，1.58米以上，诚实稳重，有相关工作经验和大专学历者优先，招聘人数5名。
>
> 4. 中/西餐服务员：男女不限，五官端正，26岁以下，男1.68米以上，女1.58米以上，诚实稳重，有相关工作经验或大专学历者优先，招聘人数8名。
>
> 5. 中/西餐厨师：男女不限，30岁以下，诚实稳重，能吃苦耐劳，有相关工作经验或大专学历者优先，招聘人数8名。
>
> 6. 实习生：男1.68米以上，女1.58米以上，26岁以下，诚实稳重，应届毕业生均可，经培训合格后安排在餐饮、客房等部门实习，招聘人数10名。
>
> 7. 咨客：女，26岁以下，身高1.62米以上，大专学历，五官端正，形象好，气质佳，英语口语流利，招聘人数3人。
>
> **二、信息发布时间和渠道**
>
> 1.《××日报》　　　7月18日
> 2. ××人才招聘网站　　7月18日
> 3. 饭店集团网站
>
> **三、招聘小组成员名单**
>
> 组长：×××（人力资源部经理）：对招聘活动全面负责
> 成员：×××（人力资源部薪酬专员）：具体负责应聘人员接待、应聘资料整理
> 　　　×××（人力资源部招聘专员）：具体负责招聘信息发布、面试、笔试安排
>
> **四、选拔方案及时间安排**
>
> 1. 资料筛选　　截至7月25日

2. 初试：8月1日面试前台接待员、总机接线员、客房服务员
         8月2日面试中/西餐服务员、收银员、咨客
         8月3日面试中/西餐厨师、各岗位实习生
3. 复试：8月4日笔试
4. 复审、录取

五、新员工的培训、上岗时间

8月8~17日培训，18日上岗

六、招聘费用预算

1. 《××日报》广告刊登费　　　4000元
2. ××招聘网站信息刊登费　　　800元

合计：4800元

附1. 表9-7 招聘工作进程表

表9-7　招聘工作进程

日期	内容	负责人	协助部门
7月11日	起草招聘信息内容	×××	××、××
7月13日	完成招聘信息版面设计	×××	××、××
7月14日	与报社、网站进行联系	×××	××、××
7月18日	报社、网站刊登招聘信息	×××	××、××
1月25日	整理应聘资料并对其筛选	×××	××、××
7月26日	通知应聘者面试	×××	××、××
8月1~4日	进行面试、笔试	×××	××、××
8月5日	向通过复试的人员发放录用通知	×××	××、××
8月8日	新员工报到	×××	××、××
8月8~17日	培训	×××	××、××
8月18日	各部门派员、带领新员工上岗	×××	××、××

人力资源部　××年×月×日

二、厨师的人才来源

厨师岗位是个技术含量较高的岗位，在招聘时仅凭学历、等级和外表，很难看

第九章　员工培训与管理

出其技术水平和岗位适应度，必须通过实践操作和试岗，才能找到最合适的人选。一般的厨师岗位一旦有空缺，先从内部调整，再从外部招聘补充。

饭店内部调整。内部换岗有利于激发个人的兴趣，提高钻研开发的能力，简化招聘录用程序，缩短对新岗位的适应期。一般薪酬系数较高的岗位先从内部招聘，空出的初级岗位再从外部补充，不仅能降低高岗位的人力成本，更促进了厨房其他人员的工作积极性。

外部选聘。适用于外部选聘的岗位和人员，一般为补充的初级岗位，或现有员工不具备的技术岗位，或者有专业背景和专业技能特长的人员。外部招聘一般来源于职业院校的应届毕业生，其他饭店的在岗厨师、失业人员、退伍、转业军人等。

目前，厨师招聘较为常见的程序是：饭店确定需要什么样的厨师，与烹饪职业院校联系，通过面试选择合适的学生，进行培训或实习。这样，入选的人员因为基本功好、素质高，有些有专业特长，只需进一步的制度规范管理就能上岗。但缺点是缺乏上岗经验、熟练程度不够。

三、人才招聘方法

人才招聘的方法很多，除企业内部招聘以外，还有委托招聘、自主招聘。自主招聘又有通过交流洽谈会招聘、网上招聘、校园招聘等不同形式。一般形式有：

（一）委托招聘

委托招聘是委托第三方的人才服务机构来招聘员工。这些机构常年为企事业用人单位服务。他们一般建有人才资料库，可根据用人单位的需求，查询资料库信息，将与所需人员条件相匹配的选出来让企业挑选。通过人才服务机构选择人员，可节约人力、物力，且费用不高，但供挑选人员数不多。

（二）自主招聘

招聘洽谈会。政府、行业每年都要举办多场人才招聘洽谈会。在洽谈会中，可与应聘者直接进行接洽和交流。此形式应聘者人员集中，企业选择的余地较大。

媒体招聘。可在传统媒体刊登招聘信息，等待应聘者上门。问题是费用较高，应聘人员零散。现在企业多通过网络发布信息，完成招聘工作。优点是费用低、覆盖面广、联系快捷。

校园招聘。 企业与院校联系，通过张贴招聘信息、举办招聘讲座和毕业生推介会，进行招聘。其优点是专业对口率高，人员相对集中。

员工推荐。 员工推荐是一个较有效的方式，因为推荐人对被推荐人的素质、技术和经历都有所了解。

人才猎取。 对于高系数岗位人才和专业性较强的人才，通过寻觅来猎取人才也较为普遍。优点是针对性强，目的明确。

四、培训计划与实施

成功的企业都十分重视员工的培训，把有效的培训视为经营战略任务，有时企业与企业间的竞争本质上就是企业人员素质的竞争。企业要提高厨房人员的素质，只有通过有效培训使员工的行为表现与培训的目标相吻合，这也是厨政管理者的岗位职责之一。

培训的目的是系统地提高厨房人员技艺、增强团队凝聚力、规范操作流程，同时有效地提高厨房的生产效率并改进工作方法。在培训前首先要对现在存在的不足和问题进行客观剖析，再制订一个合理的培训计划。

（一）培训计划的类型

培训计划的制订必须兼顾企业资源条件和员工素质基础，并充分考虑人才培养的超前性及培训结果的不确定性。以培训计划的时间跨度可分为长期、中期和短期三种类型。培训计划撰写的一般内容有：培训的目的与目标，培训时间，培训地点，培训教师，培训对象，培训方式，培训内容，培训组织工作的分工和标准，培训资源的落实，培训的预计效果，培训效果的评价等。

（二）常见培训方法

由于厨房人员的文化知识水平和操作技能参差不齐，厨师培训的形式和内容也应有所区别，培训方法要针对不同层次的培训对象灵活掌握。

讲授法。 可聘请具有丰富知识的专业人员，通过语言讲授的形式向受训者传授知识。讲授内容力求生动易懂，结合工作中的实际问题进行解剖性讲授。

讨论法。受训者围绕问题进行讨论，提出自己的看法和建议，最后由培训者归纳总结，得出问题的正确答案。讨论的目的是促进思维，互动中相互学习。

演示法。通过专家的操作示范，提高受训者技能的方法。其目的是通过演示，使受训者很快了解步骤，掌握技术要领。有些通过视频来演示。

指导法。根据培训计划的要求，现场指导受训者进行操作。此法一般用于厨房设备的操作培训、菜点制作培训，等等。

上述几种培训方法，在实际工作中应做到灵活运用，不断总结经验，找到最佳的培训方法，以达到培训的目的。

（三）培训内容

厨师培训的内容大致可以分为入职培训、专业技能培训、德育培训等。

1. 入职培训

入职培训主要是针对新员工进行的。一个新员工从一种环境到另一种环境中，往往会受到各方面的冲击，如人与人之间关系的协调、学识经验、工作的不适、理想与现实差距等，都会感到较大的压力。因此，入职培训不可忽视，入职培训一部分是基础教育，另一部分是行为培训。

基础教育培训的目的是培养员工对企业的归属感，帮助员工适应新的环境，融入企业文化，包括企业的历史和文化、规章制度和守则、管理架构与特色，员工的仪表和卫生要求，以及员工福利等内容。行为培训的目的主要是让员工熟悉工作流程，帮助员工了解生产知识，统一规范，包括厨房的生产工作流程、原材料领用手续、成本控制的必要环节、厨房应急事件处理等内容。

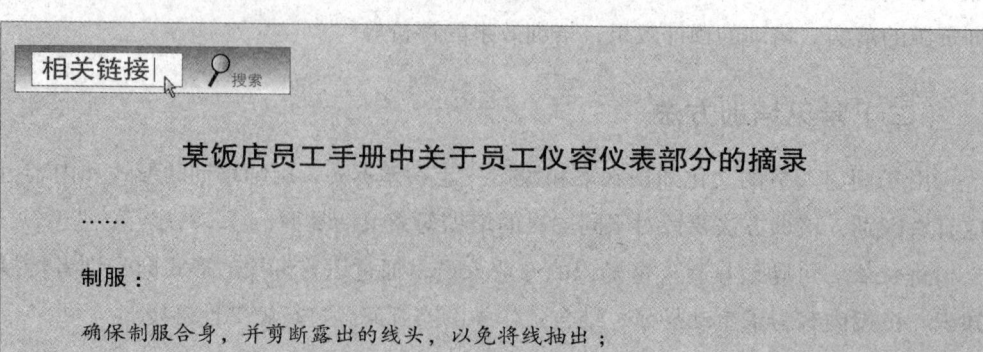

常换洗衣服，保持制服和衬衫烫平整，没有污点和斑点；
全套得体着装，并充满自豪感。
身着制服时注意行为举止：
确保扣上制服的领口、袖口扣子；
确保制服的标签没有外露；
戴围裙的员工要确保围裙始终干净，绳结要整洁。
不要在制服口袋里乱放东西，以免变形。

工卡：
工卡名牌应佩戴在正确的位置和方向（左胸口正上方10cm处）；
保持工卡的干净、清洁、没有任何污损。

仪态：
仪态是一种自我约束，是保持镇定自若和尊严的能力与表现。在工作中应该避免以下不雅的行为：
抠、咬指甲；
打哈欠、伸懒腰；
吸烟、不时地看表；
在宾客面前吃东西或嚼口香糖；
拍、打衣服上的污迹，用手拨弄头发，整理衣服，或在公共场合搞个人卫生；
小声嘀咕，哼歌，吹口哨或不停地抠脚；
玩弄钱币、钥匙等发出叮当声。
……

有些饭店把入职培训内容看得过于简单，往往只分发一些手册或带新员工在饭店中走马观花转一圈。这样的培训是达不到应有的效果的。入职培训的时间一般为一周或十天，但各饭店的情况不同，可自行安排，以达到预期的目的。

2. 专业技能培训

专业技能培训可分为专业理论知识和烹饪技能两个方面。一般来说每位厨师都会在学校接受相关的训练，但厨艺的增长是一个不断学习的过程，进入新的工作岗位后，更应不断加强专业技能的培训，以适应工作岗位的需求。厨房工作看似不需要太多理论知识，但实际上，高超的烹饪技艺也蕴含着菜肴烹制者的文化和艺术修

第九章 员工培训与管理

养。为了追求烹饪技艺的提高，厨师必须丰富自己的文化、艺术知识和专业理论知识的学习，比如，食品原料知识、食品生化知识、食品卫生知识、食品营养知识、烹饪工艺流程知识、烹饪美学知识、成本核算知识、菜品开发和创新知识，等等。烹饪专业技能更是检验一个厨师能否干好的基本要素，"光说不练"毫无实际意义。厨房员工的专业技能培训，应根据不同的工作、不同等级和岗位的需要分别进行。主要有：各种原料的加工技术、标准菜点菜谱的制作技术、创新菜点的推广使用、新的烹饪工艺技术、盛菜装盘技术、调味料的使用与味型开发、新型厨房设备的使用，等等。这类培训，通常会以示范操作、分步骤讲明操作要领的方法为主，而文字方面只做简单记录。

以下是厨房炉台班组创新菜培训卡，培训后每人一套，便于厨师随身携带，随时温习。

相关链接 🔍搜索

创新菜卡片（1）

菜名：外婆烩桃
原料：水蜜桃
制作过程：将水蜜桃一切为二，去核；加水和糖，用大火烧开后，小火炖酥软。
装盆要求：上桌时，加薄荷叶装饰。

创新菜卡片（2）

菜名：黑椒牛柳意粉
原料：意大利面、牛柳、红椒、洋葱
制作过程：①将意面出水至中间无白点，拌油凉透后用油炒，加盐和黑胡椒粒；②将牛柳、红椒、洋葱片同炒，加黑胡椒粒和番茄沙司，出锅盖在意大利面上即可。
装盆要求：意面上加盖牛柳酱料。

---

3. 德育培训

与专业技能培训一样，德育培训也是一个长期培训计划，主要是指厨师所应具

备的职业道德方面的培训。通过培训，学习国家的政策和法律法规，提高厨师思想觉悟，培养厨师的良好职业道德精神。

（四）培训途径

饭店厨房内部自行培训。该培训途径有两种形式可以选择：安排优秀的行政总厨或者厨师长担当培训讲师的角色，对厨师进行培训；有条件的餐饮企业，也可以从外面聘请有从厨经验，善于演讲的培训讲师，定期进行培训，按课时支付培训讲师报酬。

参加培训班培训。主要是对厨师某一项技能，进行有针对性的培训。目前餐饮企业越来越重视菜品的质量和创新，各种各样针对厨师的培训也应运而生。企业可以根据条件，抽选人员参加培训，或专门组织开班，进行强化培训。

走出去到兄弟企业、到全国各地进行考察、交流。自行组织，或参加一些协会组织的考察活动。

第四节　制度与考核

一个企业的发展靠的是管理的到位，管理到位靠的是制度的落实。制度既是企业管理的手段，也是员工工作的目标。制度可以作为指导性文件，也可作为员工工作和福利的保障，更可以作为绩效的评价目标，使管理更加趋于合理化和公平化。

一、管理制度的作用

管理制度反映企业经营目的和观念，企业目标与战略，企业的管理组织以及各业务职能领域活动的规定。但随着时代的发展和周围环境的改变，企业的管理制度已经开始对人本身有了关心和思考，如保障工作时间、合理安排作息。管理制度不仅仅是管理员工的制度，也是提高企业的规范，保障员工利益的制度。

第九章 员工培训与管理

规范的作用。 企业管理制度本身就是一种规范，是企业员工在企业生产经营活动中须共同遵守的规定和准则。制度的种类一般有组织机构、岗位职责、岗位说明、工作流程、管理表单等，还有业务标准的指导性制度。企业制定这些制度的目的，就是要求员工在工作行为中按照企业经营、生产、管理相关的规范与规则来统一行动、工作。如果没有统一的规范性的企业管理制度，企业就不可能在企业管理制度体系下正常运行，实现企业的发展战略。

考核的作用。 企业管理制度一般由规范的标准、流程或程序，规则的控制、检查、奖惩等内容组成。通过制度可以了解和检查员工的工作情况和业绩表现，得出的数据又可作为奖励和扣罚的依据，作为加薪和晋升的依据。

利益保障作用。 企业通过制度，使得员工按照制度工作，保障企业的正常运作。员工在制度中能学到规范的工作要领和管理知识。制度还能反映员工的利益，如休息日、节假日加班薪酬、福利的保障，等等。不仅如此，员工还可以以制度规定为目标得到升职和提薪。

厨房制度选录

厨房制度选录是采用某一五星级饭店厨房的部分制度，这些制度虽然只是制度中的一部分，但也反映了一个厨房的繁杂性和可控性。这些制度有饭店性质的局限性，在纯餐饮企业和连锁企业及政府学校的厨房要作一定的调整和完善。

食品原料采购索证制度

一、根据《食品安全法》有关规定，采购员在采购下列食品及其原料时，应进行索证。

1. 乳制品；
2. 肉禽制品；
3. 水产制品；
4. 蛋制品；
5. 粮谷类制品；
6. 糕点（包括面包）；
7. 食用油；

8. 调味品、酱腌菜；

9. 蜂蜜；

10. 豆类、薯类、蔬菜类、菌类、果品类制品；

11. 酒类、饮料（包括固体、液体）、茶叶及冷饮食制品；

12. 专供婴幼儿的主、辅食品；

13. 新资源食品、表明具有特定保健功能的食品、特殊营养食品等需要特殊审批的食品；

14. 食品添加剂；

15. 食品容器、包装材料、食品用工具、设备；

16. 食品用洗涤剂、消毒剂及洗消剂；

17. 进口食品及出口转内销食品；

18. 卫生行政部门认为应当索证的其他食品。

二、采购上述食品时，应当索取食品生产单位和供货商的卫生许可证和营业执照，并对其是否在有效期限和许可项目范围内进行核对；同时，还应当索取食品生产单位或委托检测单位出具的同批次产品质量和卫生检验合格证或报告。

三、食品添加剂应索取省级卫生行政部门颁发的卫生许可证。

四、采购肉禽类原料应索取动物及动物产品分销信息凭证。

五、进口食品及其原料应索取口岸进口食品卫生监督检验机构和国家进出口商品检验部门的卫生检验证明。

六、食品卫生检验合格证明或化验单，应注明产品的厂名、品名、生产日期及批号。证、单只对该批号产品生效，证、单有效期限与该批食品的保质期一致，证、单不得涂改或伪造。

七、采购定型包装食品时，商品标签上应有品名、厂名、厂址、生产日期、保质期等内容。采购散装食品应符合《散装食品卫生管理规范》的要求。

八、采购人员需及时掌握食品安全形势，不得采购被曝光、列入"黑名单"的原料。

九、建立规范详细的原料索证管理台账，做到记录清晰易查。"五常"管理督导人员定期对所采购原料的索证资料进行核查。核对索证资料是否与采购物品相符，检验报告是否与所采购批次相符。

十、采购人员应定期向主管部门和当地卫生监督机构反映采购食品的卫生质量情况。如有问题或怀疑有其他异常情况，应及时向卫生监督机构报告。

入库食品验收制度

一、采购的食品及原料在入库前，库管员应对其索证情况进行审核，并对其食品卫生质量情况进行感官检查。

1. 肉类：审核有无兽医检疫合格证明，查验胴体有无兽医检验印章。

2.定型包装食品：审核生产经营单位的卫生许可证是否在有效期限和许可范围内，检验合格证明或化验单是否为该批次产品的检验结果；核对包装标志是否按规定标明品名、产地、厂名、生产日期、批号或者代号、规格、配方或者主要成分、保质期限、食用或使用方法等；表明具有保健功能的食品，是否有卫生部或国家食品药品监督管理局签发的保健食品批准证书，标签上是否有保健食品批号和标志；食品添加剂是否有省级卫生行政部门的卫生许可证，标志是否有"食品添加剂"字样；进口食品是否有口岸进口食品卫生监督检验机构和国家进出口商品检验部门的卫生检验证明，是否有中文标志。

3.散装食品：审核加工单位的卫生许可证是否有效，检查标签是否按规定标明食品名称、配料表、生产者和地址、生产日期、保质期、保存条件、食用方法等。

4.农副产品等非定型包装食品及原料：审核供货合同，检查有无腐烂变质、霉变、生虫、污秽不洁、混有异物或感观性状异常。

如有上述问题，不签收，不入库。

二、认真做好包括进货名称、数量、索证情况、感官检查等项目的验收记录，并妥善保存，以备查考。

库房管理制度

一、主副食品分库存放，非食品及个人生活用品不得进入食品库房，严禁在食品库内存放杀虫剂、洗涤剂、消毒剂等有毒、有害物品。

二、做好库房的防霉、防蝇、防虫、防鼠工作，库房内不得有霉斑、鼠迹、苍蝇、蟑螂、蜘蛛网等。仓库内定期清扫，保持仓库、货架清洁卫生。经常开窗或用机械设备通风，保持干燥。

三、物品摆放须严格按仓库总体布局，成品、半成品及食品原料应分区设置，按使用频率分区、分架、分层存放，与货架标签内容相符。

四、肉类、水产类、禽蛋等易腐食品应分别冷冻、冷藏贮存，按照定置图摆放。用于保存食品的冷藏设备，要保持清洁，及时除霜，定期消毒，并贴有明显标志，配有温度显示装置。生食品、熟食品、半成品分柜存放，杜绝生熟混放。

五、严格执行冷藏冷冻设备检查维修制度，定期进行设备检修，保证冷藏设施正常运转，温度显示装置良好。

六、严格执行出入库登记及食品卫生质量检查验收制度。

七、定型包装食品按类别、品种上架存放，货架上贴挂标签，注明品名、供货单位、生产厂家、生产日期、保质期、进货日期等。

八、经常检查库存食品质量，发现超过保质期、腐败变质、发霉、生虫或其他感官异常食品及原料时应及时处理，不得与其他食品混放。及时将库存情况通知采购员，防止出现食品堆积或断档。

九、各类食品存放与规定区域，不得超过划线，严格按标签名称整齐规范摆放，存取物品以左进、右出为序，领取物品应在30秒内找到。

十、保持仓库整体卫生的整洁，每周对仓库的卫生进行彻底打扫。

初加工卫生管理制度

一、清洗、加工食品前应先检查原料质量，剔除不可食部分，不加工不符合卫生要求的原料。

二、蔬菜类食品原料要按一择二洗三切的顺序操作。彻底浸泡清洗干净，做到无泥沙、无杂草、无烂叶烂根。

三、各种食品原料不得落地存放。清洗加工食品原料必须先检查质量，发现有腐败变质、有毒有害或其他感官性状异常，不得加工。

四、清洗池按水产、肉类、蔬菜类标志分池清洗，保证水池上、下水道通畅，初加工产生的废弃物及时清理到水池旁的带盖密闭垃圾桶内。

五、清洗后的食品应保持清洁，放置于货架。原料清洗后按容器类别存放、沥水，定位摆放整齐。易腐食品及时冷藏保鲜，防止腐败变质。

六、加工肉类、水产类、蔬菜类的操作台、用具和容器要分开使用，并有明显标志，盛装海水产品的容器要专用。

七、加工结束及时拖净地面，水池、操作台、工用具、容器及所用机械设备清洗干净，定位存放，做到刀不锈、板不霉、整齐有序，及时清理垃圾，保持室内清洁卫生。

八、每天下班前五分钟"五常"检查，工用具归位，设施完好，卫生整洁。

九、每周对工作场所进行全面的大清扫，包括地面、墙壁、天花板、台面、货架等每一个角落。

厨房卫生管理制度

一、餐饮部经理对本单位食品卫生负直接领导责任，厨师长负责整个后厨的食品卫生管理，各操作间班组长负责本加工环节的食品安全卫生，各岗位责任人负责本岗位和责任区的食品安全卫生。做到分工负责，层层把关，共同做好厨房的卫生工作。

二、制定各岗位卫生管理要求和岗位责任制，张贴在工作区内，食品加工人员要严格遵守卫生要求，认真落实岗位责任。

三、所有食品加工人员要严格按照餐饮从业人员个人卫生要求，工作前穿戴好清洁的工作衣帽，养成良好的个人卫生和加工操作习惯。

四、厨房内所有冰箱、冰柜按不同操作间不同用途进行标注，并指定专人负责，不得将加工后的原料、半成品和成品混放。

五、各操作台、砧板、刀具、容器、抹布等均应做到生熟分开使用，标志清楚，定位存放，食品存放场所无交叉污染的现象。

六、各备餐柜内调料、原料、辅料分类摆放整齐，定期检查，凡有超过保质期限、无标签或标志不全者不得使用。

七、所有加工人员在制作前，应对待加工食品原料进行检查，发现腐败变质及其他不符合卫生要求的食品及其原料不得加工制作。

八、初加工过程中，动物性食品与植物性食品要分池清洗，分台加工、存放，不得混洗、混放，造成交叉污染。

九、需要熟制加工的食品必须烧熟煮透，大块烧煮加工食品的中心温度应达到70℃以上。

十、食物烹调、制作后至食用时间超过2小时，必须在10℃以下或60℃以上的条件下保存。

十一、奶油类原料必须低温存放，含奶、蛋的面点制品应在10℃以下或60℃以上的条件下保存。

十二、禁止出售感官异常或变质食物，外卖食品必须注明制作时间和保质期限。

十三、隔餐隔夜的熟制食品食用前必须经过充分加热。

十四、装盘时对餐具进行检查，发现有污渍、异物、异味者不得使用，退回洗碗间重新清洗消毒。

十五、工作结束后各岗位人员要及时将工具、灶面、灶下、台面、地面清扫干净，抹布洗净消毒晾干，砧板清洗消毒竖立，刀具上架，其他工用具放入工具柜内，调料加罩加盖。

食品添加剂使用卫生管理制度

一、食品添加剂是指为改善食品品质和色、香、味，以及为防腐和加工工艺的需要而加入食品中的化学合成或者天然物质，如同常使用的色素（胭脂红、柠檬黄、酱色）等着色剂、甜味剂糖精钠、肉类发色剂亚硝酸钠或亚硝酸钾、各种香精、碱面等。

二、采购食品添加剂必须从正规经营单位购买，索取省级卫生行政部门颁发的生产企业卫生许可证复印件和产品检验合格证明，并查验包装标签是否符合《食品添加剂卫生管理办法》的规定。食品添加剂标志应标明品名、产地、厂名、卫生许可证号、规格、配方或者主要成分、生产日期、批号或者代号、保质期限、使用范围与使用量、使用方法等，并标示有"食品添加剂"字样。

三、不得使用非食品添加剂加工的食品，如用甲醛处理水发食品。不得在超越使用范围的岗位使用食品添加剂，如在制作凉菜熟食时禁用人工合成色素。

四、使用食品添加剂时，要按照规定使用范围和使用量，不得凭经验随意扩大使用范围和使用量。不得使用未经批准、受污染或者变质以及超过保质期的食品添加剂。不得以掩盖食品腐败或以掺假、掺杂、伪造为目的而使用食品添加剂。

五、食品添加剂的存放应有固定场所专人保管，并做好进货、领取和使用的记录。

六、定期检查食品添加剂使用情况，食品添加剂应少进勤进，先进先出，避免过量库存和过期。对已使用或库存的食品添加剂应每月检查一次，过期的食品添加剂应及时处理。

食品留样制度

一、为保证食品卫生安全，预防食物中毒事故的发生，及时查明食物中毒事故原因，采取有效的救治措施，实行食品留样制度。

二、酒席宴会超过50人以上者或重要客人的接待，所有菜点都应留样。

三、留样的采集和保管必须有专人负责，配备经消毒的专用取样工用具和样品存放的专用冷藏箱。

四、留样的食品样品应采集在操作过程中或加工终止时的样品。不得另外制作，不同食品品种分别用不同容器盛装留样。为了防止样品二次污染，留样容器应专用并经消毒确保清洁，样品应密闭保存在留样容器。对于配餐企业，可以直接在配送好的集体用餐盘（份）中采集，以保证样品的代表性，每个品种留样量250g，不少于200g。

五、留样样品采集完成后应及时存放在5℃左右的冷藏条件下，保存48小时以上，不得冷冻保存。

六、原则上留样食品应包括所有加工制作的食品成品，并做好留样记录和样品标记，每份样品必须标注品名、加工时间、加工人员、留样时间（××月××日××时）。

七、一旦发生食物中毒或疑似食物中毒事故，应及时提供留样样品，配合卫生监督机构进行调查处理工作，不得有留样样品而不提供或提供不真实的留样样品，影响或干扰事故的调查处理工作。

厨房出菜管理制度

为了加强对厨房出菜的管理，保障菜点出品的质量，提高宾客满意程度，特制定厨房出菜制度如下：

一、厨房案板切配人员，负责随时接受和核对菜单。

二、按照餐厅原有点餐系统操作，使用书面订单须有收银员的印记，宴会和团体菜单须有宴会预订部或行政总厨开出的正式菜单。

三、配菜岗点凭单按规格及时配制，并按先接单先配，紧急情况先配，特殊菜肴先配的原则办理，保证上菜速度。

四、负责围边点缀的打荷人员,排菜必须准确及时、前后有序,菜肴与餐具相符,成菜及时送备餐间,提醒跑菜员取走。

五、点菜从接受订单后,第一道热菜出品不得超过10分钟,冷菜不得超过5分钟。因误时拖延出菜引起客人投诉由当事人负责。

六、所有出品菜单必须妥善保存,餐毕及时交各岗点主管备查。

七、炉台岗点对打荷所递菜肴要及时烹调,对所配菜肴规格质量有疑问者,要及时向配菜岗点提出,妥善处理,烹制菜肴先后程序及上菜速度要服从打荷的安排。

八、各岗点领班应对出菜的手续和菜肴质量进行检查,如有质量不符或手续不全的出菜,应及时追回并追究责任。

厨房考核细则

一、扣罚

1. 上岗期间随意擅自离岗、接打私人电话、编发信息者,每发生一次,扣当月奖金5%。

2. 上班时间看闲书、干私活、大声喧哗、嬉戏打闹、在禁烟区域吸烟者,每次(人)扣当月奖金5%。

3. 岗点卫生检查每发现一项不符合要求的,除责令重做外,扣该天在岗人员当月奖金2%,多项多扣,以此类推。

4. 工作不负责任、操作失误,不按规定、数量、质量要求操作而造成饭店利益损失者,(有下列情况)每次扣当事人当月奖金5%。

(1)切配、打荷漏夹桌号夹子。

(2)未按宾客的特殊要求进行配菜或烹调制作及漏配菜肴。

(3)未按规定贴上菜点出品制作人员标号。

(4)菜点出品中出现异物、虫、草等不应出现的物品。

(5)各岗点未及时通知厅面断货原料的菜点。

(6)菜点出品制作时间超过正常太久。

(7)工作粗心,引起客人对厨房菜肴质量进行投诉者。

(8)不按操作规程生产,损坏厨房设备和用具者。

5. 擅自拿、吃饭店食物或自烧食物,每次扣当月奖金5%。

6. 员工休息时间到餐厅厅面或包厢休息,每次扣当月奖金5%。

7. 上下班未按饭店规定路线行走进入岗位者,每次扣当月奖金2%。

8. 未经领导同意,无正当或特殊理由,随意调班和换休者,扣当月奖金5%。

9. 对其他员工犯有过失行为而知情不报,经领导调查核实,则连带考核,扣当月奖金5%。

10. 搬弄是非、影响员工之间团结者,每发现一次扣当月奖金5%,两次以上从重处理。

11. 工作中无正当理由不服从领导指挥分配或故意消极怠工者，每次扣当月奖金10%。

12. 营业结束后，未按规定整理好本岗点的物品、原料、调料、器具、用具及未搞好收市卫生工作者，每次扣当月奖金5%，屡次不改则从重处理。

13. 不注意个人卫生、不穿制服上岗、不文明礼貌、随意吐痰、乱扔烟蒂，每发现一次（人）扣当月奖金5%。

14. 工作时故意摔敲（打）饭店（厨房）器具、用具、损坏物品者，除责令赔偿外，扣当月奖金10%。

15. 未经部门领导同意及安排，除本岗位人员及顶班人员外，任何人不得进入与其无关的岗位进行操作或指使他人操作，违者一并扣除当月奖金10%，对因此而造成饭店利益损失者，从重处理。

16. 威胁上级、侮辱同事、聚众闹事，造成恶劣影响的，经调查核实，作终止劳动合同处理。

17. 偷盗饭店、员工财物者，一经查实，除责令退还外，作终止劳动合同处理。

18. 挑拨离间引起吵架、殴打他人或相互打架斗殴者，作终止劳动合同处理。

二、奖励

1. 以下1~3条奖励50~100元。
（1）踊跃投稿于饭店月刊和部门板报，并被录用。
（2）饭店或部门组织的培训考试成绩第一名。
（3）由领班提名奖励，员工个人有突出事例的。

2. 以下1~3条奖励100~300元。
（1）饭店组织的暗访中，获得暗访老师特别表扬。
（2）创新菜肴或对厨房操作流程提出合理化建议，并被采纳的。
（3）对成本、费用控制提出合理化建议，并被采纳的。

3. 以下1~3条按《餐饮部员工质量考核实施方案》操作。
（1）参加地方性各类技能大赛，并获得名次的。
（2）在饭店、集团组织的技能比赛中获得名次的。
（3）参加全国性各类技能大赛，并获得名次的。

二、绩效评估

绩效评估是通过一定的程序，定量定性对考核项目作出客观、公正的评判。以员工为考评对象的绩效评估，是评定员工在工作行为、工作成果、完成情况、职责履行程度等方面的表现情况。绩效评估是企业管理者与员工之间的一项沟通活动，评估的结果可以直接影响到薪酬调整、奖金发放及职务升降等诸多员工的切身利益。

（一）绩效评估内容

对厨房员工的绩效评估内容主要是以岗位的工作职责为基础来确定的，首先要与企业的文化和管理理念相一致；其次要提高考评的效率，降低考评成本，选择岗位的主要工作内容进行考评，明确工作的关键点。

为了使绩效评估更具有可靠性和可操作性，应该在对岗位的工作内容分析的基础上，根据厨房的管理特点和实际情况，对评估内容进行分类。比如将评估内容划分为"专业技能"考评、"日常工作"考评和"工作态度"考评三个方面。

专业技能是指在考评期内被考评人的业务技能和专业知识，如菜肴的出品、新菜的开发、菜品质量，等等。对于没有专业技能的员工（如厨房保洁）则不需进行考评。

日常工作的考评一般以岗位职责的内容为准，如果岗位职责内容过杂，可以选取工作过程中的重要项目考评。

工作态度的考评一般是对员工的协作精神、工作热情、礼貌程度进行考核。比如，对前台服务人员的微笑考核，对厨师的工作热情的考核，特别是明档厨师。

（二）绩效评估流程

绩效评估流程一般是从基层组织开始，逐层进行，有些以月度为基础，有些以年度作考核时段。

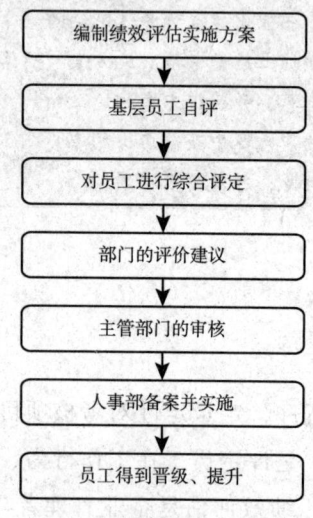

图9-1　绩效评估流程

（三）厨房员工考评表

表9-8　厨房员工考评表

考核内容		记　分	得　分	评分标准
业务能力 60 分	理论知识	10		对厨师从事具体岗位应具备的理论知识进行考核，得分占 10%
	实践能力	15～25		根据从事的具体岗位，对工作能力进行考核，得分占 25%
	菜肴开发	10～15		菜点开发指标，一般完成 5～10 分、完成较好 10～15 分，得分占 15%
	客人投诉	10		根据菜肴退回率和客人投诉率扣分，没有投诉和质量问题得 10 分，得分占 10%
综合表现 40 分	出勤率	15		全勤记 15 分，出勤率为 96% 以上记 14 分，低于 90% 每低 1% 扣 1 分，得分占 15%
	劳动态度	8～10		工作积极主动，服从分配，有较强的责任心得 8～10 分，工作表现较好，能服从分配，得 1～7 分，得分占 10%
	遵守店规店纪	10		能遵守一切规章制度得 10 分，能较好遵守得 1～9 分，受处分不得分，得分占 10%
	单项先进	5		评为内部先进记 1～5 分，得分占 5%
加分		5～10		各级社会、行业获奖，给企业争得荣誉
评价得分				
评价等级		□A.95 分以上　□B.85～94 分　□C.70～84 分　□D.50～69 分　□E.50 分以下		
评定初步建议		签名：	评定最终建议	签名：

复习与思考

一、名词解释

岗位说明书　　绩效评估　　劳务派遣工　　食品留样采集

二、填空

1. 厨房人员的_____不仅直接影响劳动力成本的大小、厨师队伍士气的高低，而且对厨房生产效率、出品质量以及生产管理的成败有着不可忽视的影响。

2. _____是以岗位或班组为单位的劳动分工形式。

3. 厨师岗位是个_____含量较高的岗位，一般招聘通过实践操作或试岗，才能找到最有效的合适人选。

4. 以员工为考评对象的_____评估，是评定员工在工作行为、工作成果、完成情况、职责履行程度等方面的表现情况。

5. _____既是企业管理的手段，也是员工工作的目标。

三、选择题（可多选）

1. 在对厨房进行岗位人员的选择和组合时，需要注意什么？（　）
   A. 自由选择　　　B. 男女搭配　　　C. 优化组合　　　D. 量才施用

2. （　）能最大限度地调动员工的工作主动性、积极性和创造性。
   A. 以人定薪　　　B. 以岗定薪　　　C. 改造思想　　　D. 双向选择

3. 厨师的工作较为复杂，技术性强，所以在招聘厨师时，（　）往往要直接参与其中，协同饭店人力资源部做好人员的招聘。
   A. 总经理　　　B. 餐厅经理　　　C. 营销部经理　　　D. 厨政管理人员

4. 人才招聘的方法很多，有委托招聘、自主招聘。自主招聘的形式有（　）。
   A. 招聘洽谈会　　　B. 媒体招聘　　　C. 校园招聘　　　D. 员工推荐

四、思考题

1. 假设一小部门人数为6人，试排出合理的班次。
2. 为什么厨房要制定许多制度？草拟一份中餐冷菜房的日常制度。
3. 你能制订一份培训计划吗？

菜点设计开发与创新管理

第十章

通过本章的学习,能了解到菜点设计的基本方法,菜点开发创新的途径和创新原则,培养学习者菜肴开发创新的管理能力、菜点命名的能力以及菜单制作能力。

本章讲述了菜点设计、菜点造型的方法,以及菜点的创新原则和途径;通过经典的案例,使学习者了解菜点设计的微妙,掌握菜点命名的方法和寓意取名的技巧。

学习目标

知识目标

1. 了解菜点设计的基本方法。
2. 了解菜点开发创新的途径。
3. 理解菜肴创新的原则。
4. 掌握菜单的编排知识。

技能目标

1. 掌握菜肴开发创新的管理能力。
2. 能根据菜肴创新的方法创新菜肴。
3. 掌握菜点的命名方法,能够设计寓意菜名。
4. 能够根据需要设计各类菜单。

案例

菜肴寓意命名实例

（一）

一天笔者下班的路上，接到一个朋友的电话，说她正陪女儿在电视台录制节目，要做菜比赛，让我取菜名。我疑惑，她女儿是电视台的小明星，怎么做菜了？原来是地方台选送去北京的，烹调是其中一项才艺表演。内容是当场选料，每人烹制菜肴两款，原料有西芹、豆腐、百合、番茄、咸蛋、香菜、葱等，她们打算制作凉拌豆腐和百合西芹，说晚上7点要上台，让我尽快对菜名做修饰。

我在路上就想到"一品豆腐"或"一品白玉"，但仔细思虑，如主持人询问何为"一品"，那如何解释？再说一品文官是鹤，武官是麒麟。取"一品"不恰当。到家后即动笔重新思量，"白玉如意"、"白玉吉祥"……最后敲定"豆腐荷花"（制作方法：用半块豆腐切成三角形，再切成片，分6份围在盘子外围成6片叶子，里边再向内围番茄6片，最中间摆上另半块豆腐丁，用咸蛋黄结顶，在外围6块豆腐叶的空间，间隔倒上酱油、麻油、辣油三种调料，呈荷花状），取名为"白玉祥和"。如问："为何？"则可答："豆腐洁白如玉，造型像荷花，像荷的谐音就是祥和，故名白玉祥和。"而另一款我则取名为"珠联璧合"，糯米小球如"珠"，碧绿的西芹如"古璧"，百合为"合"，搭配为"联"。

（二）

市面上名为发财的菜肴数不胜数，有些寓意丰富，有些牵强附会，如"发财鱼球"、"发财鱼肚"。考究的寓意菜名一定要有深刻的内涵，能抓住意象深究到底，如"发财鱼球"改变为"发财牡丹"则大不一样。虽然牡丹花的制作比鱼球的制作要增加难度，但菜肴的整体价值远远高于鱼球。如问："牡丹为何发财？"答曰："发财为丝，牡丹为花，丝中有花，有何不发。"又疑："丝中有花，何为是发？"答曰："丝中有花，就是'始终有花'的谐音，始终有钱花，再加上牡丹象征富贵，发菜代表发财，还会有不发之理。""妙哉妙哉！"

案例分析

菜名设计看似简单，实际学问很深，设计者必须具备开发菜肴的能力，了解菜肴的烹调技法，了解菜肴的原料比例和造型，了解宴会菜肴配比原则等。上述几款菜肴的寓意取名案例，说明了要做好一名出色的厨政管理人员必须具备综合知识。

第一节　菜点的设计方法

菜肴的设计方法并不是固定的，但它必须以菜肴的属性为依据，科学地组合原料，再融入工艺使之达到食用和审美最佳效果。组合方法为三种，即单一原料成菜、主辅料搭配组合、多种主料组合。在此组合的基础上，再在原料加工工艺上、加热调味过程中、装盆环节上对菜肴进行美化。

一、基本组合方法

科学地组合原料是菜肴设计中不可缺少的一环，科学地组合原料通俗地讲就是原料的合理搭配，行业俗称为合理配菜。配菜时常用的方法有以下几种：

单一原料成菜的方法。单一原料成菜就是指由单一原料所组成的菜肴。在选料时要选用具有特色、新鲜、鲜活的原料，重点突出原料的优点和风味。如杭州风味油焖春笋，选用的是春雷后出土的鲜笋，此时的原料鲜嫩，无异味。但也有些单一原料成菜时，要采用鲜汤煨制，利用鲜汤来提鲜的方法也属于单一原料成菜，如黄焖鱼翅、红烧大乌参等。

主辅料搭配组合的方法。主辅料搭配组合就是指由一种主料和一种或一种以上的辅料组合成一道菜肴。一般主料多为动物性原料，而辅料多为植物性原料。配菜时应紧紧抓住主辅料的特点进行搭配，在质和量的方面应以主料为主，起主导作用。辅料对主料的色、香、味、形起到衬托和补充的作用，使菜肴的营养更加丰富多样。

多种主料组合的方法。多种主料组合就是把多种原料不分主次，不分多少进行组合。一般有两种，一种是组合时，原料在刀工处理时使其大小基本一致，有时形状也大致相同，如植物四宝、爆双脆。另一种是原料也不分主次，但原料的品种较多，在刀工处理时使其形状尽量趋于不同，如素什锦、罗汉素烩等。

二、造型加工方法

（一）利用加工工艺来处理

一款菜肴如要勾起食用者食欲，首先要在色香味形上下功夫。"色"要在菜肴组合时就考虑到，"形"大部分也要在刀工处理时预先成型。无论是一款普通菜肴还是花式菜肴，在外形和色泽方面都要具有艺术美感。因此，在选料时要考虑到色泽的搭配，在刀技处理时也要强调"色"。不仅如此，更重要的还是要运用各种加工工艺和技法，使菜肴具有较高的艺术性，使成品达到造型美观、整齐划一、色泽悦目、质感各异、营养合理的要求。

常用的加工技法有以下几种：

叠（粘）。就是将几种不同色彩和不同性质的原料，间隔地粘叠在一起，成为具有一定形状和色泽的半成品菜肴，如锅贴鱼饼、千层豆腐。锅贴鱼饼采用底层肥膘上层鱼蓉粘叠而成；千层豆腐是一层豆腐一层鱼蓉，间隔数层用粘叠方法加工而成。

卷。就是将具有一定韧性的整形原料，把碎散的原料包卷起来，成为圆柱或圆筒形的半成品菜肴，如奶油鸡卷、网油虾塔、炸响铃和烛光虾卷等菜肴，均是选用卷的加工方法制作而成。

包。就是将具有一定特性的材料，把碎散的原料包裹起来，成为不同的几何形状的半成品菜肴。包制材料有选用食用的原料，也有选用无毒耐高温非食用的材料，如蟹粉石榴包、腐皮三角包、豆腐饺选用的是食用原料包制；荷叶蒸肉、纸包三鲜、虎跑素火腿采用的包制材料是荷叶和玻璃纸，要剥离外层后才能食用。

酿。就是把主料剔除骨头和废料，或挖去内囊，填入碎散原料仍保持主料原有形状的半成品菜肴，如八宝糯米鸭、肚包鸡、酿扒海参、荷包鲫鱼、酿灯笼椒、蟹酿橙等菜肴，均是选用酿的加工方法制作而成。

镶。就是将加工成蓉胶的原料，镶在其他原料表面，形成各种形状的半成品菜肴，如百花鱼肚、琵琶大虾、八卦鱼肚、百鸟朝凤等菜肴，均是选用镶的加工方法制作而成。

扎（捆）。就是把加工成型的原料，用其他原料捆扎成一定形状的半成品菜肴，如柴把鸭子、捆扎肘花、玉棍里脊、罗棰鸡腿等菜肴，均是选用扎的方法制作而成。用于捆扎的原料也有食用原料和非食用原料，食用原料一般选用小葱、笋干丝、带豆、鸭肠、芹菜；非食用原料如捆扎材料选用棉绳。

（二）利用加热调味来处理

一款菜肴经过组配、刀工和加工工艺处理后，就要加热处理，在加热的过程中不仅仅是对菜肴加热和调味，使之成熟和入味，还要对菜肴提色、造型使之成为色、香、味、形俱佳的菜肴。一般的方法有以下几种：

通过加热技巧来保色。 即通过加热技巧，使原料保持原来的色泽或色泽变得更为鲜艳。一款菜肴色泽好坏直接影响人们的食欲，而且还能反映出其内在菜品的质量。尤其是绿叶蔬菜如何保持色泽鲜艳，是厨师一直研究的课题。一般采用敞开锅盖加热，使蔬菜中的有机酸充分挥发，避免叶绿素发生脱镁反应；另外，旺火急炒也能降低脱镁反应程度，较好地保持蔬菜的绿色。也有在烹制前先将蔬菜焯水，采用水宽、火旺、下料少、时间短、速冷激等保色措施，在加热前先用少量的盐腌渍也是保色的好方法。

万能蒸烤箱及其保色功能

浙江旅游职业学院组建了师生团队为杭州凯特对外贸易有限公司研制开发Retigo万能蒸烤箱的预设菜谱程序。Retigo万能蒸烤箱产自捷克，是一款集煮、烘、炸、蒸、烤于一体的新型高科技厨房设备。一、其特点是不被雾气所遮挡，能透过特殊玻璃清楚看到箱内食物的变化；二、可根据预设菜单程序，一键就能完成食物的烹调全过程。其最惊奇之处是保色功能，荷兰豆、西蓝花等绿色蔬菜经万能蒸烤箱的加热，仍能保持鲜艳的翠绿，并可重复加热不变色。该蒸烤箱是一款目前最先进的现代高科技技术产品。

通过调味技巧来增色。 即通过添加调味料，来保持和增加原料的色泽。以前多用碱和小苏打来增加蔬菜的翠绿色，但相应会破坏蔬菜的营养，故现在不采用。一般添加盐、油来保色，如在蔬菜焯水时，在水中加入一些盐；在蒸、炒蔬菜前，先撒点盐拌一拌，使蒸出来的蔬菜色泽翠绿。又如在焯水时，加入适量的油，使油迅速地裹在蔬菜的周围，阻止水与蔬菜的接触，又提升水温使之保色。另外，用油炸，用蜂蜜涂，添加番茄酱、淋亮油都是上色和增色的方法。

> **相关链接** 🔍 搜索
>
> ### 保色小技巧
>
> 为了保持绿色蔬菜的鲜艳翠绿，在蒸、炒前，可以先用少量盐腌渍一下。如丝瓜一般不宜保色，倘若在刀工处理后撒上少量盐拌一下，再入锅蒸或炒，能收到较好的效果。
>
> 凉拌绿色蔬菜如需添加食醋时，应于临上桌前添加，因叶绿素在酸性环境中会产生黄褐色的脱镁叶绿素，影响蔬菜的色泽。

通过加热调味增香。即在加热过程中利用调味和技巧使菜肴增加香味。在烹制菜肴时加入香料和调料使菜肴增加香味，如加入桂皮、茴香、黄酒、酱油；在烹制过程中，加盖密封，或用棉纸、锡纸等包裹使之保持香味；在烹制起锅后，淋上花椒油、葱油等，增添菜肴的香味。

通过加热突显自然形态。即利用整鱼、整虾、整鸡、整鸭，甚至整猪（烤乳猪）、整羊（烤全羊）的自然形状，在加热过程中，使之保持最佳状态或人为需要的状态，来体现一种原料自然美。

通过加热突显刀工形状。即利用刀功处理时形成的形状，通过加热把它体现出来，使原料更美观、更匀称，突显刀工的精细程度。

通过手工和模具造型。原料经刀工处理和加工技法制成蓉后，用手工制成丸子、珠子，或成丝、条再加热；也有灌入模具，成为需要的形状，再加热成菜。

（三）利用盛装美化来处理

许多菜肴的色泽、造型等由于受原料、烹制法或盛器等因素的限制，装盘后并不能达到色、香、味、形的和谐统一，因而需要对其进行美化处理。所谓菜肴装盆美化就是在菜肴的盛装过程中，通过利用其他物料和一定的加工处理，对菜肴色泽、形态等方面进行装饰的一种技法。

辅料撒播法。将细碎的辅料放置在成熟的菜肴表面上，起增色或调味的作用，与覆盖式不同的是凌乱无序，但形散而意不散。这种装饰方式一般在菜肴成熟后运用。如撒在"芙蓉鸡片"上的火腿末，红白相映，使鸡片色泽显得更洁白、更漂亮，不仅可以引起食欲，而且能增加成品的风味；又如撒在"干烧鲤鱼"上的葱花，既能增色，又起到增香作用。

主料组拼法。采用两种以上的菜肴优化组合，拼成一款菜肴。改变单一菜肴的呆板平淡状况，丰富种类，增加色彩，增添气派。如"太极双泥"、"脆炸双味"。

排列间隔法。将烹制好的块状（球形）原料，用排列的方法摆放在盘中，也可间隔绿色青菜之类，可竖排，可围着圆心排列，也可紧可松，使成型整齐有序，增加色彩差异，起到美化作用。

辅料衬垫法。在盛装烹制好的菜肴前，先在盘中衬垫另一种可食用原料或衬纸，再在衬垫物上装上菜肴，起到衬托的作用。如冰糖扒蹄下衬垫小青菜或生菜，蟹粉石榴包下衬垫芹菜，脆炸鲜奶下衬垫蛋糕纸等。

雕刻点缀法。用少量的可食用原料通过一定的加工造型，摆放在菜肴的一侧或中间。常见的点缀原料有黄瓜、番茄、香菜、水果、花瓣和萝卜雕刻，根据点缀的形式又可分为对称点缀、中心点缀、单边点缀、等份点缀。此法既简洁易做，又起到点缀作用，故常被厨师采用。

色差围边法。在菜肴装盆前用，用蔬菜水果等原料加工成片、球、小花等状，在盘中围成平面几何图形或具象图形。几何图形有三角形、四方形、菱形、五边形和圆形等，具象图形有桃形、叶形、蝴蝶形、宫灯形等。围边能起到间隔餐具与菜肴的色调，增加色差，衬托菜肴的作用，但要做到恰如其分，使菜品的色、香、味、形、器有机地统一。

容器造型法。选用漂亮合适的容器来盛装菜肴。容器又分为瓷陶制品和食用容器。瓷陶制品要选用新颖有创意的；食用容器是用面条、土豆丝、瓜果作为原料，如面篮、瓜盅，给人以清新高雅之感。

第二节　菜点创新的管理

创新菜点就是指在继承传统烹饪技艺的基础上，通过思维和实践研制成具有新意特征的菜点。如一款创新菜点能在一定地域、一定时间内被广大消费者所试尝和认可,且有较强的生命力和市场价值的则是成功的创新菜。

一、菜点创新开发的原则

菜点创新前,应充分了解传统菜肴的特点,因为传统的东西是前人留下的东西,没被历史的长河所淘汰的东西一定是好东西。所以担任菜点创新的厨师一定要在岗位上工作一段时间,熟悉原料的品质和菜肴制作方法,善于思维、乐于研究。

正确定位。创新菜肴首先要抓住各类菜点的本质特征,在继承传统的基础上,做到有的放矢,迎合潮流,对菜肴进行局部改良和创新。

顺应时尚。每个时代都有一种时尚,时尚是人们热衷于追捧的新鲜事物。对菜肴来说,时尚递进的速度非常快,只有具备了时尚才能具有广阔的市场前景。当前的菜肴的时尚是适应人们对饮食变化追求的简洁菜、概念菜以及有机食品、健康食品。

顾及成本。创新过程中,不能一味追求菜肴的时尚和花式,要考虑到原料成本、采购成本、时间成本、制作成本。只有原料成本和工耗成本适中,性价比高且美观精致的菜肴才具有生命力。

二、创新菜点的开发途径

创新是社会进步的动力,是效益增长的灵魂。要使一个厨房的菜点创新开发工作持续进行并卓有成效,管理者必须提高自身的创新意识,加强与同行的交流和沟通,创造良好的研发环境,督促和激励菜点研发人员。

注重交流,把握趋势。菜肴创新不是一件容易的事,首先研发人员必须具备一定的基础素质,再考察一些相等规模的饭店,开阔视野,全方位地了解同行的原料特色和菜品特色,开拓思维,激发灵感;同时通过到先进城市的考察又可以看到时代的潮流和时尚风向标,准确把握趋势。

接触新事物,开拓新视野。通过交流收集信息是一种直接有效的方法,但由于时间和其他条件所限,不能经常外出考察。杂志、书籍、报纸、网络也是帮助收集新信息、开拓新视野的途径。在接触这些的过程中要善于发现信息,挖掘信息,扩大信息,从中发现新设备、新技术、新工艺、新调料、新餐具,为研发工作提供扎实的铺垫。

加强培训，激励优秀。管理人员应经常组织研发人员参加培训学习，或请专家来组织培训。研发人员通过学习充实知识，及时了解餐饮业新的信息和动向，开拓思维，从而避免闭门造车。同时鼓励开发，建立菜点开发的激励制度，尤其是奖励所研发菜点点击率高、有生命力的研发者。奖励可以是一定资金的外出考察，考察过程也是对受奖者的再次培训，使他们又有新的创意灵感。

三、菜点创新的方法

前面谈到菜点创新是多渠道的，一次烹饪交流活动，一次参观学习，一次菜肴品尝，一次资料的阅读都会给创作带来灵感。但是，作为一名专业人员，一要具备高超的操作技能，二要具备扎实的专业理论水平，三要了解一些相关的科学知识（现代营养学、美学、饮食史等知识），才有可能担当起菜肴创新的重任。现餐饮行业菜肴创新方法很多，比如，模仿出新、更材易质、移花接木、化拙为巧、巧用脚料、借题发挥、出奇制胜、偶然拾得和锐意探究等多种。较为常用的有以下几种：

不离其宗求创新。不离其宗就是古为今用，推陈出新，做好传统菜点的开发。它是在古代菜点、历史资料和现有传统菜的基础上，根据现在所具备的原料、调料和工艺来制作菜肴的一种创新方法。例如，杭州传统名菜"东坡肉"，现在衍生出"扒猪脸"、"米饭焖肉"；如传统菜"蜜汁火方"已不适应现代消费者需求，创新为"雪梨火方"、"夹饼火腿"。

洋为中用来创新。洋为中用就是中西合璧、优化融合，在借鉴西方及东南亚国家菜点的制作方法的基础上，结合本地的饮食习惯制作菜点的一种创新方法。如"沙拉鱼卷"、"酥皮牛肉"、"黄油青蟹"、"焗南瓜"，有引用调料、引用工艺、引用装盆方法等。

更材易质出创新。更材易质就是采用变更主辅材料、更改调味，乃至变更工艺等移植手法来设计制作菜点的一种创新方法。如南宋菜"蜜炙排骨"改良为"芦笋排骨"，只增添了辅料；如传统名菜"松鼠鱼"，现开发出珊瑚鱼、金丝鱼等新菜，只变更了刀工处理；又如传统的"竹筒饭"，现在开发成菜肴"竹筒酱鸭糯米饭"，变更了主料等。

菜点交融争创新。菜点交融就是用把菜肴当作点心，把点心作为菜肴，或者菜点合一的理念来制作菜点的一种创新方法。如"三鲜鱼面"就是用热菜中的鱼蓉来制面条；如"米汤鲍片"就是用米粥汤替换鸡汤来烹制鲍鱼。又如"梅菜扣肉荷叶夹"用筷子夹一片肉放入荷叶夹中食用，感觉香爽而不腻，是菜点合一的最好体现。

觅珍猎奇胜创新。觅珍猎奇就是满足消费者心理，引进新颖原料，采购乡村土产来制作菜点的一种创新方法。消费者在食用一段时间后，会寻求品尝新的菜肴，但创新菜往往跟不上他们的需求，有时也满足不了食客口味，如果经常挖掘"新、奇、土"的原料来开发菜肴，必定胜过其他的创新方法。

美食美器显创新。美食美器就是用新器皿盛装菜点，改变消费者的视觉的一种创新方法。如杭州传统菜肴龙井虾仁，盛装器皿由原先的平盘改为每人位的紫砂盅，食用时再用紫砂壶盛装的龙井茶汤冲泡虾仁食用，给消费者焕然一新的感觉。

四、菜肴创新的注意事项

符合绿色餐饮的要求。传统中餐使用的烹饪原料，有许多属于国家保护野生动植物，应给予保护和拒绝使用，以不购、不烹、不售为原则，从而达到广大消费者的认可和绿色餐饮的要求。此外，在菜点创新时必须根据原料性状、营养价值、食疗功效等因素来开发利用，充分发挥原料应有的作用，达到物尽其用的目的。如芹菜叶可制作凉菜"芹叶香干"和羹汤"翡翠海鲜羹"，油菜茎去皮后可制作"鸡蓉菜茎"等菜品，从而达到绿色餐饮的标准。

符合平衡膳食的健康要求。创新菜点的营养搭配是现代餐饮的最高要求，也是中国菜走向世界的关键所在。因此，在创作新菜点时可以参考2011年全新修订的《中国居民膳食指南》，根据国民健康的饮食要求来设计菜点。在具体的设计过程中，一要重视原料的合理搭配。二要选用科学合理的烹调方法。三要正确选用调味品，掌握调味品的使用方法，避免加热时间过长而产生危害成分，从而影响人体健康。把握好上述三方面的因素才能使创新的菜点更有利于消费者身体健康的要求。

符合制作快速的简捷要求。创新菜并不是工艺菜、造型菜、象形菜。所以，必须摆脱某些造型菜、象形菜精雕细刻的设计套路。立足于制作简捷、滋味鲜美、小巧雅致、地方特色浓郁、大众化原料为主和事先可以预制的菜点，来保证企业正常经营和保证菜点上菜的速度，尽最大可能满足现代消费者快节奏生活的要求。

符合经济实惠的大众需求。 菜点创新不能局限于形态优美、色泽鲜艳、精美绝伦的宴会菜点,更要立足于经济实惠的大众化菜点,如家常菜、乡土菜、农家菜等。利用大众化菜点价格低廉、地方风味浓郁的特点和适用面广的特征来吸引广大消费者,满足不同层次消费者的需求。如新杭州名菜中有椒盐乳鸽、竹叶仔排、稻草鸭、砂锅鱼头王、开洋冻豆腐和笋干老鸭煲等菜品,均属于经济实惠的大众化菜点,深受广大消费者欢迎。

符合消费者的心理需求。 首先,菜点创新既要满足菜点属性的要求,又要满足消费者饮食爱好的要求,更要满足消费者喜新厌旧的要求。菜点创新必须考虑到消费者的习惯和嗜好,设计出符合当地口味的菜点。如绍兴地区霉干菜系列菜(干菜蒸河虾、干菜烤仔排),杭州地区笋类系列菜(酱肉蒸冬笋、南肉春笋)和宁波地区雪里蕻系列菜(雪菜烩墨鱼蛋、雪菜海鲜卷)。其次,随着人们生活水平的逐步提高,消费者对菜点的要求也越来越高,为了迎合消费需求,就需要不断引进新原料、新工艺、新品种和新口味,并通过创新求异达到新、奇、特的效果。

符合消费者的价位需求。 设计菜点不能忽视菜点的销售价格,忽视消费者的经济承受能力。历届烹饪大赛获奖的菜点很多,但能在社会上流行的不多或被广大消费者真正能接受的不多。这一方面是因为某些菜点的制作工艺过于复杂,无法成为正常经营的菜点;另一方面更重要的原因是这些菜点价格普遍过高,与消费者的心理价位相差太大。因此,在菜点设计时要横向对比,使所创新菜点的价格接近消费者的心理价位。

第三节　菜点命名设计

菜名是菜肴的重要组成部分,具有商业价值和推销功能。菜肴命名方法多样,特别是艺术菜名,古已有之,体现了中国饮食文化的博大精深。通过菜点名称就可以或多或少地了解菜点的色、香、味、形等特性。菜肴的命名并非随心所欲,一道响亮、上口、易记、吉祥的菜名，会让人们产生联想，引起对菜肴的食欲，可能成为点击率高的菜，而且有利于商业推广。菜肴的命名原则大致可归纳为两种，一是要名副其实，引人食欲；二是要雅致得体，寓意吉祥。

一、菜肴的命名原则

力求名副其实。菜肴的名称与实际相符，如实反映原料搭配、烹调方法、菜肴色味香形等风味信息，或冠以创始者姓名、发源地地名，反映着当地的人文信息，使菜名朴素而文雅，让人一见其名就知其菜，从而勾起食欲，便于选择。如反映主辅料和烹调方法的菜名：汤爆双脆、干煸牛肉丝、笋干老鸭煲；反映色泽口味质地的菜名：翡翠酸辣羹、椒香黄金条。突出地方特色和人文文化的菜名：余杭羊肉、南宋蟹酿橙、宋嫂鱼羹。

力求雅致得体。菜肴的名称不仅需要朗朗上口、朴实无华，还要雅致得体，寓意吉祥；尽可能避免牵强附会，滥用辞藻的名称出现。如寓意爱情的菜名：珠联璧合、比翼双飞；寓意高寿的菜名：瑶池献果、松鹤延年；寓意功成名就的菜名：连中三元、龙舟送宝；朴实顺口的菜名：回锅肉、三鲜汤、四喜丸子。

二、菜肴的命名方法

（一）写实命名法

写实命名法就是名副其实地反映菜肴的原料、质地、产地、方法、口味等人文和风味信息。其表现为开门见山，突出主料，使人一看便大致了解菜肴的构成和特色。

主辅料先后组合命名。这种命名方法强调主料和辅料的关系，给人一目了然的感觉。一般主料在后，辅料在前，后者数量多于前者，如南肉春笋、玉米豌豆、龙井虾仁、香干肉丝等菜肴。但也有个例因当时的市场和人为原因造成与其规律不符的，如香菜干丝。

主辅料间添加烹调方法命名。这种命名方法就是在主辅料之间标出某种烹调方法，使就餐者清楚该菜是用哪种烹调方法制作，其他与主辅料命名方法相同，如葱爆羊肉、萝卜丝汆鲫鱼、芹菜炒肉丝等菜肴。

在主料前冠以烹调方法的命名。这种命名方法质朴明了,使人一见菜名就能了解整道菜的全貌和特点,如黄焖鱼翅、清炸里脊、红烧羊肉、清蒸鳜鱼、拔丝山药等菜肴。

在主料前冠以口味的命名。这种命名方法直接反映了菜肴的口味特点,如糖醋里脊、椒盐排骨、鱼香肉丝、怪味鸡、酸辣黄瓜等菜肴。

在主料前冠以主要调味品的命名。这种命名方法突出特殊调味品的味道和调味后所产生的滋味,给人以某种风味的启示,如咖喱牛肉、蚝油鲍片、沙茶排骨等菜肴。

在主料前冠以包裹材料命名。这种命名方法重点突出包裹材料,告知人们用特殊材料包裹,给人以新奇感。有些包裹材料食时弃之,有些可以直接食用。如荷叶粉蒸肉、锡纸大虾、粽叶排骨、纸包虾仁等菜肴。

在主料前冠以成品的色泽命名。这种命名方法重点突出成品的色泽,给人以醒目的提示,增加视觉快感的效果,如翡翠虾仁、双色鱼圆、琥珀桃仁、木须肉等菜肴。

在主料前冠以成品的形状命名。这种命名方法重点突出成品的形状,给人以生动形象、艺术效果和美的享受,如蝴蝶海参、松鼠鳜鱼、葵花鸭子、菊花豆腐等菜肴。

在主料前冠以成品的质感命名。这种命名方法重点突出成品的质感,增加触觉、视觉快感效果,如脆皮鸡、脆皮大虾、水晶鸽蛋等菜肴。

在主料前冠以特殊加工方法命名。这种命名方法对菜品加工过程加以描述,使人们感受到制作菜品的过程和难度,如烟熏鲳鱼、手捏菜、手擀面、刀削面等菜肴。

在主料前冠以原料产地的命名。这种命名方法重点突出成品的渊源,加强地方特色,激发对成品的仰慕和思乡之情,如千岛湖鱼头、德州扒鸡、无锡小排、临潼鸡、东江盐焗鸡、镇江肴肉等菜肴。

在主料前冠以菜肴特殊品牌的命名。这种命名方法重点突出菜肴(原料)的品牌和饭店的品牌,有冠上饭店和大厨名称,打响自己品牌的,如知味观小笼、王师傅馒头等;有冠上菜肴得奖信息的,如金牌扣肉、金奖乌骨鸡。

在主料前后添加盛器名称的命名。这种命名方法是在主料前后标出盛装菜肴盛器的名称，如砂锅鱼头、瓦缸鸡、铁板大虾、竹筒黄鳝、老鸭煲、黄豆猪尾煲等菜肴。

在主料前后加果蔬容器的命名。这种命名方法是将雕（编）制的盅、筐作为菜名的组成部分。一种是将粉丝、面条、土豆丝、春卷皮用油加热炸制成篮筐形状的盛器来盛装菜肴，既作器皿又是食物，如雀巢大虾、海鲜面盏。另一种是将果蔬雕刻成容器来盛装菜肴，有些可食，如小舟鱼米、雪蛤炖木瓜；有些不作食用，如海鲜冬瓜盅、鲜鲍南瓜。

在主料前后注上乡土信息的命名。这种命名方法是在主料前标出原料的乡土信息和反映饲养环境和品牌的信息，如清炖家乡鸡、红烧土猪肉、蒸野生甲鱼、上汤有机蔬菜。

以菜肴上桌的形式命名。这种命名方法重点突出菜肴上桌的形式，如现场料理称堂灼；上桌时为烘托气氛用高度白酒点燃的称火焰和火烧；用卵石烤烫倒入菜肴，出现蒸汽的戏称桑拿；用干冰渲染气氛的称云雾。如堂灼石斑鱼、火焰冰激凌、桑拿基围虾、蛟龙腾云、牛气冲天。

以菜肴发出的声音命名。这种命名方法是根据菜肴上桌时产生的声响添加动词和名词。在餐桌上后续烹调加工的铁板、石锅、卵石或炸透的锅巴上淋上菜汁都会给就餐者带来喜悦，如平地一声雷、吱吱板香肥牛。还有的菜肴比较松脆，入口咀嚼会发出声音，如杭州名菜脆炸响铃。

（二）寓意命名法

寓意命名法就是针对消费者的心理，把菜名赋予吉祥的寓意，有时比拟，有时借代，有时夸张。既可使菜名取得雅致得体，又可使菜名显得富贵华丽；既寄托消费者的追求热望，也显示着菜肴的人文品位。

用带数字的名词命名。这种命名方法重点突出数字概念，朗朗上口，便于记忆，如一品豆腐、二龙戏珠、三色鱼米、四喜丸子、五彩虾仁、六君闹市、七星豌豆、八仙聚会、九转肥肠、什锦火锅、百鸟朝凤、千里姻缘、万紫千红等菜肴。

用想象丰富的词汇命名。这种命名方法运用丰富的想象，用格调高雅的物件来比喻原料，创造新的形象和意境。如用"芙蓉"代表蛋清，用"如意"代表豆芽，用"龙须"代表粉丝，用"翡翠"代表蔬菜，用"白玉"代表豆腐，如掌上明珠、八宝如意等菜肴。

用夸张的词语命名。这种命名方法采用夸张的手法，使菜名更为生动风趣，增加气势和节奏或表达某种情感，如佛跳墙、龙虎斗、八仙过海、千层饼等菜肴。

以谐音转借的手法命名。这种命名方法采用谐音，巧妙又积淀着历史寓意，令人发思古之幽情。如霸王别姬，以鳖和鸡与"别姬"谐音，鳖又比作"霸王"；如珍珠百合炒西芹称"珠联璧合"；大枣花生桂圆莲子羹叫"早生贵子"；又如年年有余、四季发财等菜肴。

以人事典故来命名。这种命名方法赋予菜品某种神秘色彩，凝聚着历史文化的积淀，增加人们对历史人物的怀念，如东坡肉、太白鸡块、宋嫂鱼羹、文思豆腐、陈麻婆豆腐、宫保鸡丁、李鸿章杂烩等菜肴。

以吉祥祈福的词汇命名。这种命名方法是对菜点赋予吉祥祈福的彩头，是人们在婚宴、寿宴等节庆宴菜点中常用的方法，如全家福、四季平安、龙凤呈祥、比翼双飞、松鹤延年、连中三元、鲤鱼跃龙门等菜肴。

以时令风俗的名称命名。这种命名方法是在菜点名称前加上特殊的节气、风俗，赋予菜点特殊意义，如亮眼汤（浙江新昌嵊州正月十四风俗）、清明团子、润饼菜（闽南清明节风俗）、重阳糕等菜点，还有加上时令表示新鲜，如清明螺蛳肥、霜打青菜糯。

第四节　菜单设计制作

菜单，称菜谱、食单，我国最早有菜单记载的是诗人陆游的《老学庵笔记》，其中有宋廷宴请金使的国宴菜单。现代菜单与古时不同，它和菜谱有不同的性质。菜单是介绍菜肴给消费者的媒介，而菜谱是厨师制作菜肴的标准范本。

一、菜单的定义

广义的菜单是指餐厅中一切与该餐饮企业产品、价格及服务有关的信息资料，

第十章 菜点设计开发与创新管理

它不仅包括各种文字图片资料、声像资料以及菜肴模型与菜肴实物，甚至还包括顾客点菜后服务员所写的点菜（订餐）单。

狭义的菜单则是指餐饮企业为消费者介绍菜肴点心的单子。为了便于顾客点菜而准备的，有菜品、分量、服务与价格等信息的称点菜菜单；为了便于顾客预订宴会和团体餐而准备的，有菜名及价格信息的称预订菜单；宴会台面上介绍该宴会菜点的称宴会菜单。

二、菜单的作用

随着餐饮业的发展，新的餐饮经营形式不断出现，新技术在餐饮业广泛推广，从而使得菜单的种类与形式日趋丰富，其内容与作用也相应扩大。现在，菜单的含义已不局限于传统的菜肴和价格内容，而多插有精美的图片和菜肴特色说明。它是餐饮企业与顾客进行信息交流与沟通的重要手段，也是餐饮企业对整个餐饮经营过程进行计划和调控的管理工具，它的作用主要表现在以下几个方面：

销售的促进作用。一份赏心悦目的菜单，能使消费者心情舒畅，有些加插一些精美的菜肴图片，能激发客人的食欲；有些在菜单上注明菜品的份额、餐盘尺寸和计价标准，能增加消费者的信任感；有些加注烹调方法和辛辣程度，能使消费者明了放心，促使他们欣然点菜，扩大销售额。

沟通的桥梁作用。一份菜单能拉近餐饮企业与消费者相互间的距离，特别是遇到语言不通时，就可以用菜单来架起交流的桥梁。有些在菜肴上，穿插一些餐厅特色、获奖菜点、知名人士的赞语、媒体的报道，更能使顾客体会到餐厅的文化和内涵；有些绘上漫画，加点小常识，也能拉近与消费者的距离。

品牌的宣传作用。菜单无疑是餐厅主要的广告宣传品，一份制作精美的菜单不但可以提高用餐气氛，更能反映餐厅的格调。要起到宣传的最佳效果就要把菜单当作艺术品来制作，特别是宴会菜单要增加图案、印章、变更用材和式样，变更书写方式，充分利用菜单的空闲之处注出餐厅名称、电话号码、地理位置或网址。成为大家竞相索取的收藏纪念品，起到长久宣传的作用。

准备工作的向导作用。厨房要根据菜单的菜肴种类和制作方法，购置合适的设备和工具，餐厅要根据菜单内容，配备餐具和厅面设备。除此之外，菜单还支配着每天的原料采购和物料的储备工作，如原料的种类、规格都要按菜单内容置办。

经营运作的指南作用。 菜单内容既是厨房产品生产和餐厅服务工作的向导，更是餐厅经营目标的指南，一个企业要调整经营内容，势必先要调整菜单；一个企业要调整毛利率，就要变更售价或成本，势必也是先要调整菜单。菜单在一定程度上反映着一个企业的经营目标，起到经营运作的指南作用。

目标成本的控制作用。 每个企业都有一个既符合经营规模要求又能吸引消费者的既定毛利率，菜单上菜肴的价格毛利率不能千篇一律，要根据菜肴成本来确定，成本低的毛利率高，成本高的毛利率低，使总毛利率控制在既定范围内。如果毛利率低的菜肴过多，必然导致整体成本偏高；如果工艺复杂的菜品过多，也会引起劳动力成本的上升。菜单是生产成本控制的重要环节。

历史资料的借鉴作用。 一份菜单使用一段时间后，根据需要必定会作相应调整和变更，制定新的菜单。在制定过程中根据原先菜单点击率的情况，分析菜肴受欢迎的程度，了解客人的口味，可作为改进食品质量和服务品质的依据。也可以把历年的旧菜单作为研究参考的资料，纵观效果来改良生产计划，改善菜肴的促销方式和菜肴毛利率。有时在编排重要贵宾的菜单时，可借鉴保存的宴会菜单。

三、菜单的种类

由于各餐饮企业的经营类型、档次及经营项目不同，各企业对菜单内容选择、项目编排以及外观设计也各不相同，从而形成了各种各样的菜单。依据不同的分类标准，可将菜单分为多种类型：按照餐饮形式和内容分类，有早餐（茶）菜单、正餐菜单、宴席菜单、团队菜单、冷餐自助餐菜单、消夜点心菜单以及酒水单；按照市场特点分类，可分为固定菜单、循环菜单、当日菜单和限定菜单等；按照菜单的价格形式，可分为零点菜单、套餐菜单和混合菜单；按照餐饮企业经营类型，可分为餐桌服务式餐厅菜单、自助式餐厅菜单和外卖送餐式餐厅菜单等；按照中西餐就餐方式，可分为中餐菜单和西餐菜单。综合考虑各类餐饮企业的经营类型、经营项目、就餐形式及服务对象等因素，可将菜单分为以下类型：

（一）零点菜单

零点菜单又称作"点菜菜单"或"散客菜单"，是介绍菜肴点心给消费者，让其根据喜好选择的单子或本子。它是餐厅中最常见、使用最广泛的一种菜单，适用于传统餐桌服务式餐厅、特色餐厅、风味餐厅、火锅餐厅、早茶餐厅及咖啡厅等。零点菜单大多数都图文并茂，装帧精美，半年至一年一换。如火锅餐厅和早茶餐厅菜单一般使用单张卡片，客人可根据自己喜好画钩点菜。随着餐饮发展的变化，近年来许多餐厅在零点菜单外还增加了桌面的零点菜牌，供应根据时令调整的特选品种。

（二）套菜菜单

套菜菜单也称"套餐菜单"，就是在各类菜品中选配若干菜品组合在一起，以包价形式销售的一套菜肴。套菜菜单按餐别划分，可分为中、西早餐套餐菜单和中、西正餐套餐菜单四种；按照消费人数来划分，可分为单人套菜菜单和多人套菜

图10-1 零点菜单示例

菜单。单人套菜菜单一般多见于中、西快餐厅，而多人套餐菜单常见于旅游景点中的餐厅。推出套菜，其目的是迎合不同顾客的需要，提高出菜速度。

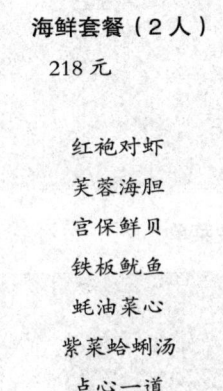

图10-2 套菜菜单示例

（三）预订菜单

团队菜单是提供给会议和团队，按出菜先后顺序列出的冷菜、热菜、点心全套单子。实际上是以10人量为标准的套菜，不同于套餐菜单的是其规格较高、菜肴品种较全、菜肴数量较多。一般团队菜单装帧简单，仅供会议联系者选择预订。

（四）宴会菜单

宴会菜单是为庆典而设计的具有一定规格、一定质量的全套菜点单子。用于婚宴、寿宴、感恩宴、庆功宴，以及企业社团的庆典纪念宴会。宴会菜单内容不同于一般菜单，它的每一款菜点都围绕着宴会性质而设计，高标准、高规格、高要求。宴会菜单一般有临时制定和预先制定，预先制定的多为以册页装帧，供消费者选择预订的婚宴、寿宴菜单。

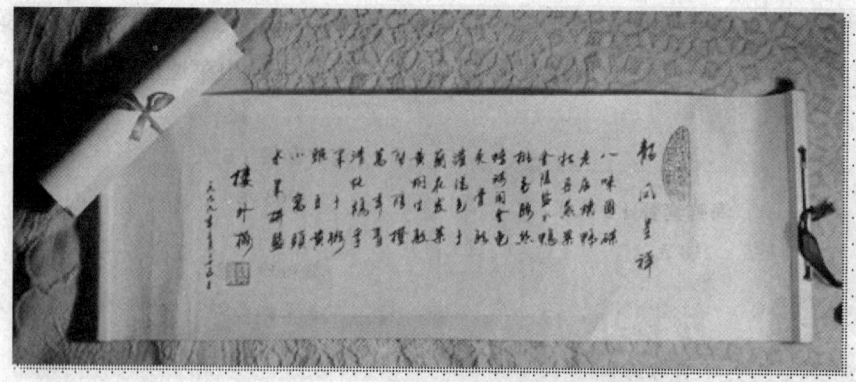

图10-3　杭州楼外楼的宴会菜单

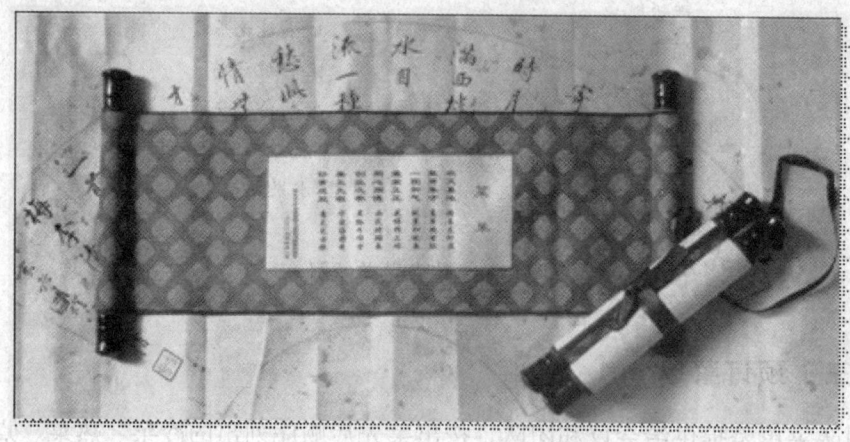

图10-4　南苑饭店宴会菜单

（五）其他菜单

此类菜单同零点菜单、套菜菜单、预订菜单相比，在服务对象、计价方式、品种编排以及适用场所等方面都有较特殊之处，故列为特种菜单。

1. 自助餐菜单

自助餐菜单主要是将自助餐上供应的菜点品种公布在墙上，或发布在餐具衬垫纸上，不作选择之用，也不作预订之用，仅供消费者了解或宣传之用。

2. 客房送餐菜单

送餐菜单一般是高星级饭店采用的，是为住店客人提供的特别餐饮服务。从菜单内容上看仍属零点菜单，但其品种数量明显少于零点，有些饭店将早、午、晚餐菜点及饮品都印在一张卡片上，客人选中打钩后将该卡片挂于门把上。

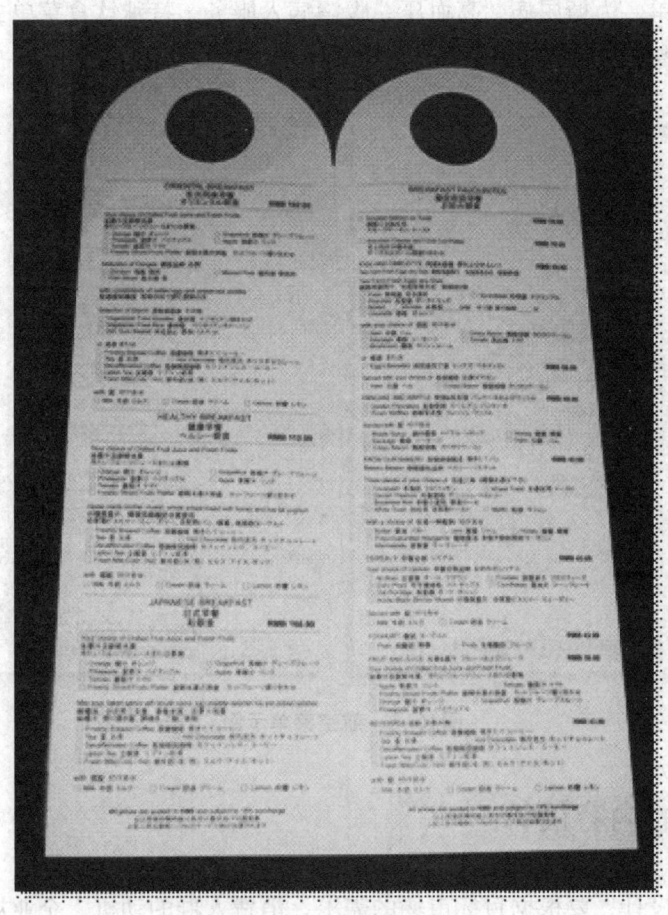

图10-5　客房送餐菜单示例

3. 旅行菜单

旅行菜单主要在一些大型旅行交通工具上，为旅客提供餐饮服务时使用。这类菜单也属于套餐菜单，由于飞机、轮船、火车受到场地、设备、原料的限制，可供选择的菜肴套数较少，一般为二选一。

4. 特殊人群菜单

特殊人群菜单，主要是为满足人们的特殊需要推出的菜单，主要有儿童菜单、病人菜单、特殊饮食菜单等。儿童菜单一般为流动较大的特色快餐点，根据儿童的心理生理特点而设置的菜单；病人菜单是经常接待会议团队的餐厅，设置无糖低脂菜肴组成的菜单，为糖尿病、高血压、腹泻病人服务；特殊饮食菜单主要是为团队会议中的素食者和宗教信仰者服务，如素食菜单、清真菜单。

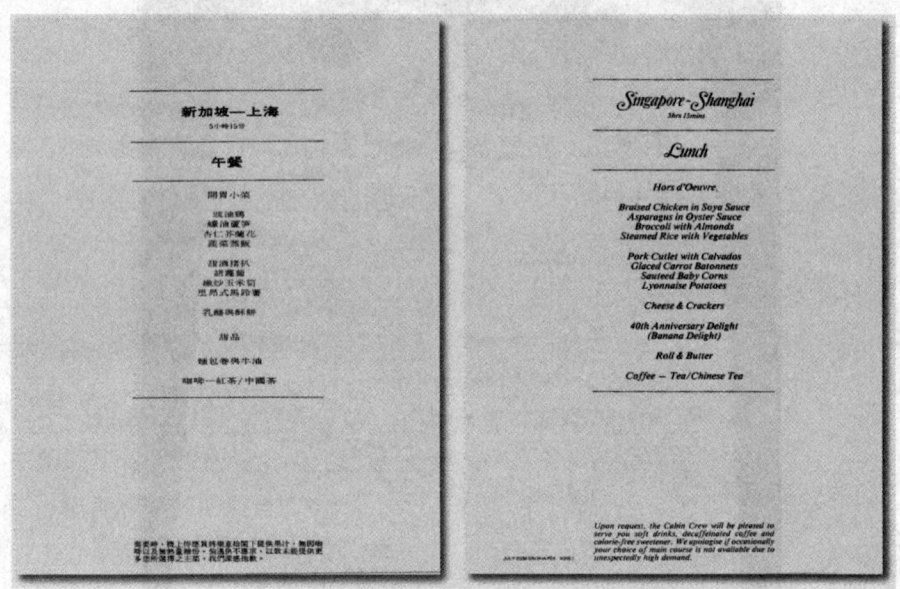

图10-6　航空菜单示例

四、菜单的内容设计

菜单内容设计，要根据目标市场的需求、消费人群的动机、企业规模档次、市场竞争对手等因素，综合分析市场，确定自己的定位，对菜品选择、价格定位及供餐方式进行决策拟定。

（一）菜单内容设计的原则

菜单内容关系到餐饮企业的生产和经营。在拟定菜单内容时，应注意掌握以下一些基本原则。

突出餐饮特色。在菜单设计前，应收集有关资料和数据，做充分的市场调研。最终确立自己的市场定位，设计出风格鲜明，特色独有的菜单内容。突出风味特色，显现价格优势，树立品牌菜肴，确立企业形象。

把握市场变化。目标市场的需求会随着诸多因素的影响而发生变化，在拟定新菜单时，要及时把握市场需求的变化，对菜单进行调整。即使目标消费群相同，在不同地区人们的饮食习惯和偏好受文化和风俗的影响，仍然存在许多差异。

掌握原料来源。凡列入菜单的菜式品种不应作随意变动，菜单内的品种必须保证供应。所以，在设计菜单内容时应充分掌握各种原料来源状况，综合分析采购、运输、季节、地理位置等因素，确保菜点原料的来源充足。

合理制定价格。菜单上有许多菜品，因成本不同销售价格也不相同。在设计菜单内容时要全盘考虑毛利率，正确布局，合理制定，成本低的菜肴毛利率高，成本高的菜肴毛利率低。要分析菜品与菜品之间的关系，使制定的价格相对合理。

注重营养搭配。现在人们进入餐厅的目的，并不是仅仅解决饥饿这一基本生理需求，而是品尝享受兼顾社会交往，尤其是人们已经认识到了酒足饭饱并不意味着营养平衡。餐饮企业要向消费者推荐并提供既丰富多彩又符合营养原理的食品。

依据生产条件。厨房的生产能力制约菜单上的品种和规格，品种多，准备的原料就要多，工作难度和强度就大；规格大，制作菜点就费工费时。在设计菜单内容时，要根据生产的设备条件，根据厨师的技术能力，根据厨师的人数及生产时间，来合理设置菜单上各类菜品的数量和规格。

（二）菜单内容的编排

每个餐厅的菜单内容各不相同，但都各具特色，总的说来，菜单应向顾客传递以下几类信息：

主体信息。菜单的主体内容一般按品尝菜点的顺序排列布局，中餐菜单的排序一般为冷菜、热炒、汤、主食、饮料。而西餐菜单的排序一般为开胃品、汤、沙拉、主菜、面包、甜品、饮品。根据消费对象和经营内容的不同，菜点的顺序也有所不同。

菜名信息。菜名要和原料名副其实，不虚假、不离奇，读起来朗朗上口，听起来朴实无华。注意用词准确，语言精练，避免冗长、夸张的字句。寓意菜名一般在宴会菜单上使用，但也要在括号内标注实名。

原料信息。在点菜菜单上，一般要标注主要原料的名称、产地、分量，并注明计价单位，保证菜肴质量，确保消费者利益。有些菜单还常用辣椒符号来标注菜肴的含辣等级，辣椒越多，表示越辣。

价格信息。点菜菜单必须在每道菜肴后注明单道菜肴的价格,有些还注明大小盘的价格。宴会菜单要注明每桌可食用的人数及整桌菜肴的价格。在非单一货币地区,要注明货币的种类。

语种信息。星级饭店餐厅所提供的菜单应有相应的译文说明,一般采用中英文、中日文。

图片信息。对于餐厅特别推荐菜品或餐厅品牌菜品可用图片配合文字进行介绍。

优惠和收费信息。星级饭店的餐厅在用餐后收取的服务费标准,要在菜单的明显位置上注明。特别是送房加收的服务费更要在送房菜单上注明,以免引起消费者的不悦。当遇到饭店提供优惠时,也要加以说明,如婚宴预订菜单中应说明一系列的优惠信息。

饭店信息。饭店信息包括企业名称、餐厅名字、企业 LOGO、地址、网址和联系电话(预订电话)。特别是宴会菜单,大多数宾客会收藏或留作纪念,注明饭店信息是免费的宣传。

五、菜单的装帧制作

(一)点菜菜单

点菜菜单是餐厅的门面,是无言的推销员,在设计上要符合餐厅的格调,要与餐厅主题相互辉映,用材、色泽、文字等要与餐厅装饰气氛相符。独具匠心的设计,往往会给顾客留下深刻而美好的印象。点菜菜单有手持(纸质、电子)菜单、上墙陈列菜单和一次性菜单。

手持纸质菜单。一般以长方形居多,尺幅宜适中,长宽比率可参照黄金分割律来计算。菜单的封面和封底是设计菜单装帧制作的重点,封面必须压膜,防止水油的浸染,保持清洁。文字和图片是菜单上最基本、最主要的信息。无论是中文汉字还是其他文字,字体要易于辨认且不宜过小,图片要清晰艳丽,色彩还原逼真。

手持电子菜单。一般采用 7～10 寸的平板电脑,外形时尚炫酷,客人通过触摸屏,即可全面地了解餐厅的菜品、酒水、价格信息,也可直接了解到菜肴的点击率和厨房的现存量,更可以了解菜品的食材构成和营养成分。通过简单的操作即可轻松完成点餐、下单,使点餐过程变得亲和,提升顾客的用餐体验。同时方便店家

第四节 菜单设计制作

图10-7 点菜菜单外观示例

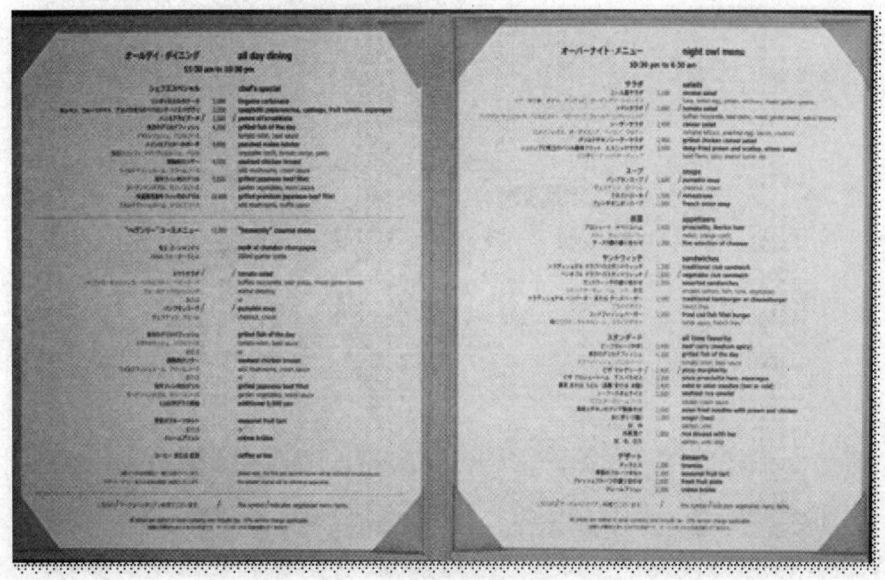

图10-8 点菜菜单内页装帧示例

第十章 菜点设计开发与创新管理

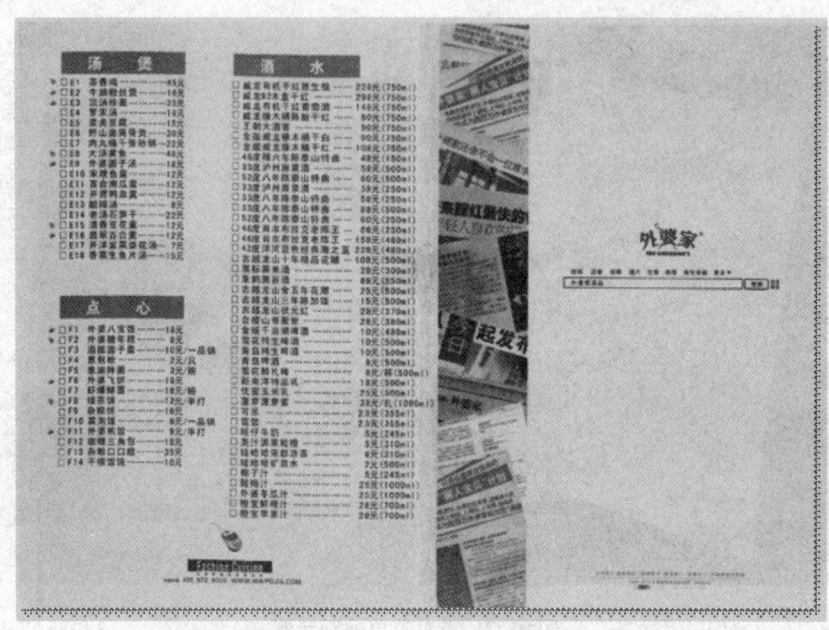

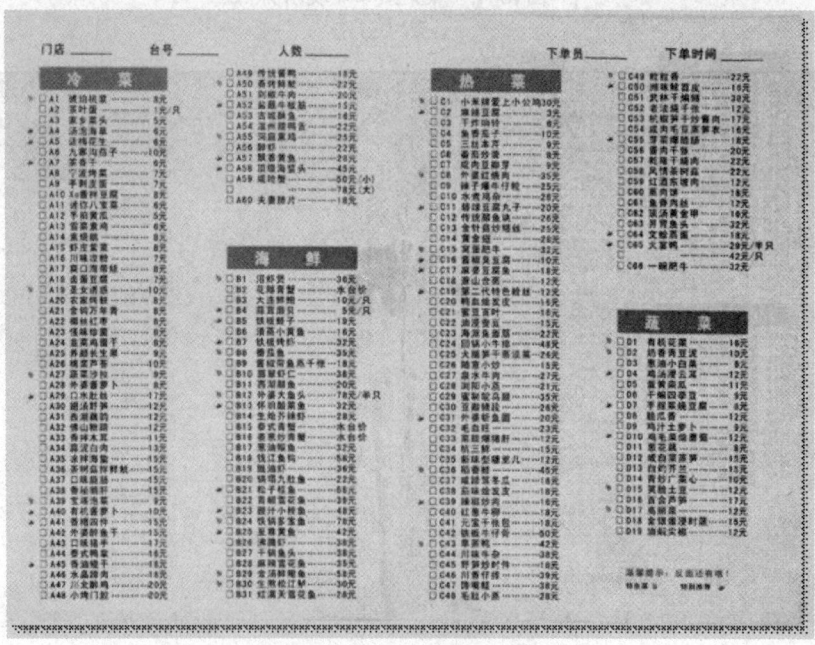

图10-9 打钩式菜单示例

更新菜肴、方便数据统计、降低综合成本。

上墙陈列菜单。旧时为堂前挂牌式菜单,而现在一般在点菜厅采用实物菜点陈列的方式,也有采用仿真菜点和照片陈列的方式,点菜人员跟随顾客记录。较环保的为水晶灯箱菜单,较时尚的为电子菜单墙。

一次性菜单。一般用于茶点餐厅、火锅餐厅,现在茶点餐厅也推出时尚的打钩菜单,既方便顾客提前浏览点菜,又可以节约企业人力资源,真是一举两得。

(二)预订菜单

预订菜单一般是活页的形式,一款一页,便于宴会预订作凭证使用,一般正面为菜单,反面为优惠信息,菜单纸张选择可根据餐厅的实力,无特别要求。

(三)宴会菜单

宴会菜单是宴席上陈设的席单,是宴会设计的组成部分,有宴会菜点、性质、时间、地点等信息。在装帧设计时主要是要符合餐厅的格调,要体现餐饮个性和特色,不仅外观要漂亮,印刷要精美,其色彩、形状、图案也要与餐厅装饰、宴席台面和宴会性质相协调。宴会菜单的外观形状较多,有单页形、双页形、多折形、卷形,还选用折扇、团扇、丝绢手帕、画轴等物品来作宴会菜单。采用毛笔书写最佳,尽可能体现别致新颖、精致美观。

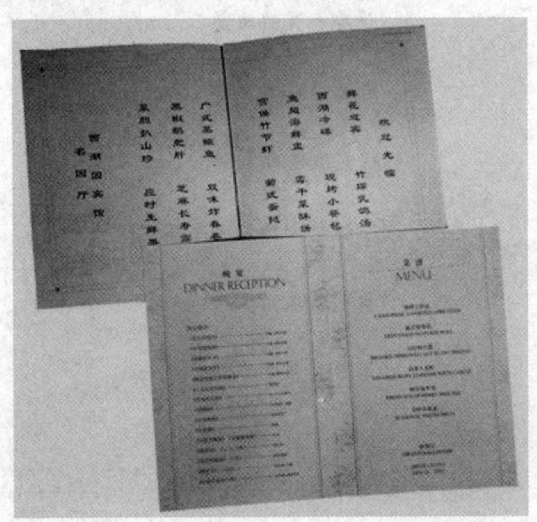

图10-10　宴会菜单示例——西湖国宾馆名园厅菜单

第十章 菜点设计开发与创新管理

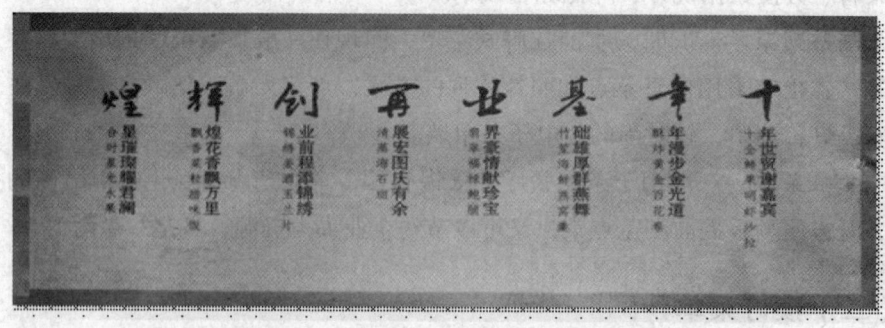

图10-11 宴会菜单示例——浙江世贸君澜大饭店店庆晚宴菜单

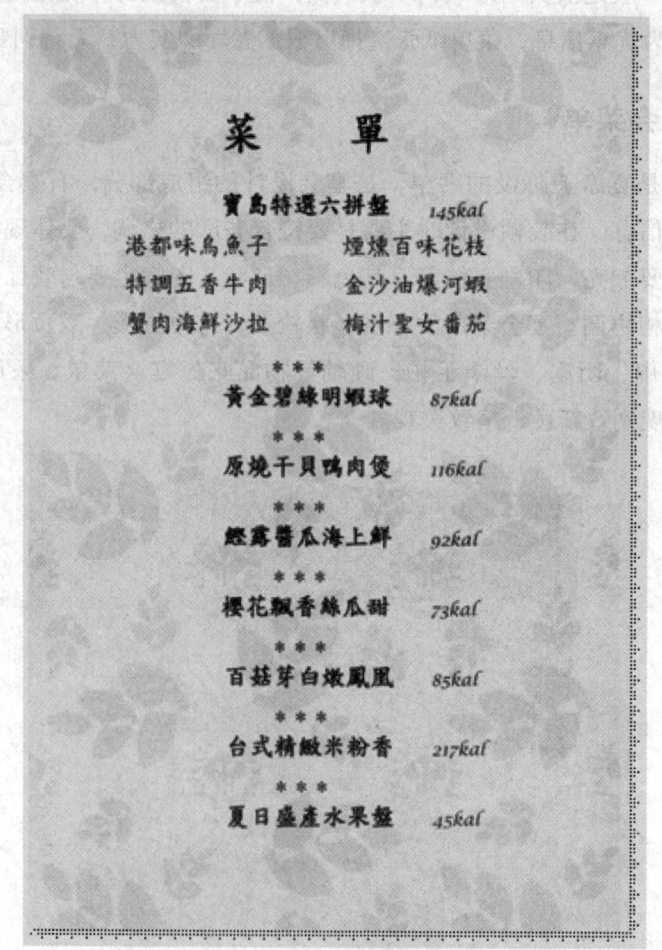

图10-12 宴会菜单示例——台湾两岸旅游观光研讨会晚宴菜单

第四节 菜单设计制作

图10-13 宴会菜单示例——开元旅业集团美食节菜单

相关链接 🔍搜索

（一）中式早餐零点菜单

1. 中式早餐菜品类别

表10-1 中式早餐菜品类别

粥　类	以当地风味为主，如白粥、小米粥、八宝粥、鱼片粥、皮蛋瘦肉粥等
面食点心类	以中式面点为主，如蒸饺、虾饺、烧卖、春卷、花卷、包子、馒头、煮面、炒面、云吞等
小菜类	以各地风味小菜为主，如泡菜、咸菜、酱瓜、火腿肠、肉松、咸蛋、花生、牛百叶、凤爪、猪蹄等
饮料类	以红茶、果汁为主，有些餐厅还设有水果或咖啡

第十章 菜点设计开发与创新管理

2. 中式早餐零点菜单内容示例

```
早餐菜单 BREAKFAST MENU
白粥 White Congee                                          ￥5.00
鱼片粥 Congee with Slicedfish                              ￥5.00
鸡蓉粥 Congee with Mincedchicken                           ￥5.00
皮蛋瘦肉粥 Congee with Mincedpork&Preservedegg              ￥5.00
馒头（个）Steamed Bun                                      ￥1.00
包子（个）Steamed Dumpling                                  ￥1.00
各式面条（碗）Various Noodles                               ￥8.00
云吞 Wontonin Soup                                         ￥8.00
咖啡、牛奶或奶茶 Coffee, Milk or MilkTea                    ￥3.00
各式小菜（任选1）Various Pickled Vegetables                 ￥3.00
各式香肠、咸蛋（任选1）Various Sausages or Salted eggs       ￥3.00
水果盘 Fruit Plate                                         ￥8.00
```

图10-14 中式早餐零点菜单示例

（二）西式早餐零点菜单

1. 西式早餐菜品类别

表10-2 西式早餐菜品类别

类别	内容
果　汁	橙汁、冰水等
面包黄油	小面包、香甜盘肠面包、玉米面包等
谷类面食	燕麦片粥、扑扑米、通心面等
禽蛋菜肴	煎蛋、火腿、香肠、培根等
饮　料	咖啡、牛奶等

2. 西式早餐零点菜单内容示例

```
BREAKFAST Ala Carte
Served from 7:00a.m. ～ 10:00a.m.
Sundays and bank Holidays
8:00a.m. ～ 11:00a.m.
Tomato Prune or Pineapple Juice
```

Small	£0.50
Large	£0.60
Fresh Orange Juice or Grapefruit Juice	£0.40
Small Large	£0.50
Stewed Prunes or Figs	£0.80
Chilled Seasonal Melon	£0.50
Halfa Grapefruit	£0.30
Fresh Grapefruit Cocktail	£0.50
A Choice of Fruit Perpiece	£0.30
Yoghurt	£0.50
Porrige or Cereals of Your Choice	£0.50
Two Eggsas You Wish	£0.60
Bacon,Sausage,Tomato and Mushrooms	£0.60
A Three-Egg Omelette of Your Choice	£0.75
Breakfast Sirloin Steak	£2.00
A Pairof Kippers	£0.70
Smoked Haddock and Poached Egg	£1.00
Pancakes with Maple Syrup or Sugarand Lemon	£0.60
Fresh Breakfast Rolls,Hot Croissants or Toast with Butter	£0.15
Marmalade,Honey or Jam	£0.15
Tea,Coffee or Milk	£0.20

图10-15 西式早餐零点菜单示例

(三) 中式正餐零点菜单

1. 中式零点菜单菜品类别

表10-3 中式零点菜单菜品类别

冷盘凉菜类	各种拼盘、小碟等凉菜
江鲜、河鲜与海鲜类	各种鱼、虾、蟹及甲壳类等原料制成的菜肴
畜肉类	以家畜为主的猪肉、牛肉、羊肉类菜肴,以及兔肉、驴肉和畜肉内脏等原料制成的菜肴
禽蛋类	以家禽为主的鸡、鸭、鹅类原料制成的菜肴,以及鸽子、鹌鹑等原料制成的菜肴
蔬菜类	以蔬菜、粮食、水果为原料制成的菜肴
汤类	各种羹、汤类的菜品
主食类	以米、面及米、面制品为原料制成的点心
饮料类	包括酒精饮料与非酒精饮料
中式零点菜单的类别,也可根据需要加入以烹调方法为特征的品种类别,如煲仔菜铁板类、堂灼菜、热炒菜、烧烤菜、粥品类等。	

2. 中式正餐零点菜单内容示例

海鲜类

品　名	加　工　方　法	价格/单位
苏眉鱼	广味蒸、油浸	（略）
东星斑	广味蒸、葱油	（略）
大黄鱼	清蒸、葱油、红烧、雪菜汤	（略）
小黄鱼	干炸、咸菜蒸	（略）
大鲫鱼	葱油、红烧、香炸	（略）
鳎鱼	抱腌蒸、红烧	（略）
大龙虾	蒜蓉、椒盐、葱姜、上汤	（略）
小青龙	蒜蓉、椒盐、上汤	（略）
大虾菇	白灼、椒盐	（略）
富贵虾	白灼、椒盐、盐水	（略）
基围虾	白灼、椒盐、蒜蓉蒸	（略）
河虾	白灼、盐水、油爆、干菜蒸	（略）
白虾	白灼、盐水、油爆、干菜蒸	（略）
大对虾	干煎、椒盐	（略）
象鼻蚌	刺身、滑炒、上汤	（略）
竹管蛏	姜葱、葱油、白灼、盐焗	（略）
香螺	蒜爆、白灼	（略）
红膏蟹	葱姜炒、蛋蒸、咸蛋黄炒	（略）
湖蟹	清蒸、咸肉蒸	（略）
甲鱼	生炒、冰糖烧、清蒸、放汤	（略）
河鳗	清蒸、干菜蒸、豆豉蒸	（略）
左口鱼	清蒸、葱油、广式蒸	（略）
鳜鱼	清蒸、葱油、红烧	（略）
鲈鱼	清蒸、葱油、红烧	（略）
……		

图10-16　中式正餐零点菜单示例（1）

畜肉类

品　名	重　　量	价格/单位
铁板肥牛	肥牛肉350g	（略）
红烧羊肉	羊肉400g、青大蒜50g	（略）
沙茶牛肉	牛肉350g	（略）
西芹炒腊味	腊肉150g、西芹200g	（略）
回锅肉	肉片200g（青蒜、红椒、包菜、香干）	（略）
菠萝咕噜肉	猪肉200g、菠萝50g	（略）
水煮牛肉	牛肉350g	（略）
梅菜扣肉	五花肉250g、干菜100g	（略）
秘制蒜香骨	子排500g	（略）
椒盐排骨	子排500g	（略）
小烤野兔	野兔肉250g	（略）
咸鱼蒸肉饼	肉末250g、咸鱼35g	（略）
干菜肉夹饼	五花肉200g、干菜100g、夹饼10个	（略）
尖椒牛柳	牛柳250g、尖椒50g	（略）
钱江肉丝	猪肉250g	（略）
……		

图10-17　中式正餐零点菜单示例（2）

（四）西式正餐零点菜单

1. 西式零点菜单菜品类别

表10-4　西式零点菜单菜品类别

前菜类 （Hors-d'Oeuvre）	前菜也称开胃菜（Appetizer）或头盆，一般在主菜前食用，其特点是量少、味鲜、色美，具有开胃刺激食欲的作用，通常包括三明治或饼干类开胃品、蘸汁开胃品及其他开胃小食品类，如法式鹅肝酱、苏格兰烟熏三文鱼、俄式鱼子酱、肉冻、咸菜、酸菜及开洋冷盘等
汤类（Soup）	汤的总称在国际上沿用法语Potage，汤一般分为两大类，即浓汤（Potage Lie）和清汤（Potage Clairs）；清汤以法国清炖肉汤（Consomme）最具代表性
主菜与配菜类 （Main Courses and Garnitures）	主菜通常是菜单上烹调工艺较复杂、口味最具特色、分量最大的一类菜品，一般包括鱼、虾类，肉类，禽类及野味类菜品。按照西方人的就餐习惯，主菜一般只选一道菜品。主菜大都需要配菜，配菜一般选用各种新鲜菜，按照白、青、红等颜色组合烹制而成。其作用是既能在色、香、味、形方面美化主菜，又能刺激食欲，平衡营养
沙拉类（Salad）	沙拉也译为"沙律"，通常是在主菜上桌后不久同时上桌。沙拉有荤、素之分。荤沙拉一般由鱼虾、蟹肉等原料制成。素沙拉主要选用新鲜质嫩的蔬菜、水果制成。随着节食和素食者增多，素沙拉的需求量在大幅增加，因此它又常作为客人的一道主菜选用。沙拉类菜品有时也可作为配菜使用
甜品类（Desserts）	甜品类菜点，并非仅仅局限于甜味食品，按照西方人的饮食习惯，广义的甜品是指正餐后食用的食物。因此甜品类菜点又称正餐后菜点（After-Dinner Course）。甜品类菜点一般由三类菜品组成：①由冷热布丁（Pudding）、冰淇淋（Ice Cream）等组成的冷热甜食类菜品（Sweet）。②以奶酪（Cheese）为主料制成的各种咸味小食品。③水果类
盘肠面包与黄油类	主要品种有白面包、燕麦面包、葡萄干面包、黄油卷式面包、奶油包（Brioche）及玉米薄饼（片）
酒水饮料类	酒水饮料一般放在菜单最后，包括餐前开胃酒、跟餐酒、餐后烈酒、咖啡、牛奶、茶等

（五）宴席菜单

1. 宴席菜单示例

```
冷菜     一帆风顺
         江南八碟
羹        蟹黄鱼翅
热菜     苦菜白虾
         葱油鳜鱼
         火膧炖鳖
         果仁煏排
         太湖螃蟹
         墨鱼小炒
         笋干老鸭
         蒜泥芦笋
主食     腊肉煲饭
小吃     鲜肉芋饺
         玉米脆烙
水果     各式鲜果
```

图10-18　宴席菜单示例

2. 西式宴席菜单示例

> **Wachauer Schmankerlteller**
> mit
> mariniertem Gemüse und Allerlei vom Geflügel
>
> **Grüner Veltliner 2001**
> Schloßweingut Malteser Ritterorden
>
> **Kraftsuppe vom Waldviertler Rind**
> mit Grießnockerl
>
> **Donauwaller in zarter Knoblauchbutter**
> auf
> Paprikaragout mit Erdäpfel-Zellerchips
>
> **Dürnsteiner Riesling 2000**
> Lenz Moser Prestige
>
> **Zarte Scheiben vom Mastkalbrücken**
> mit
> Pfeffermix, Cognac und Kürbisgemüse
> Schinken-Porreespätzle
>
> **Cabernet Sauvignon-Merlot 1999**
> Souveräner Malteser Ritterorden
>
> **Kremser Apfel-Nusssackerl**
> auf
> Beerenausleseschaum
>
> **Beerenauslese**
> Lenz Moser Prestige

图10-19　西式宴席菜单示例

复习与思考

一、名词解释

创新菜点　　镶和酿　　寓意命名法　　宴会菜单

二、填空

1. 菜肴的设计必须以菜肴的属性为依据，科学地_____原料，再融入工艺使之达到食用和审美最佳效果。

2. 担任菜点创新的厨师一定要在岗位上工作一段时间，并熟悉_____的品质和菜肴制作方法。

3. 为了便于顾客点菜而准备的，有菜品、分量、_____与服务等信息的称点菜菜单。

4. 在设计菜单内容时，要根据生产的设备条件、厨师的_____能力、生产时间来合理设置菜单上各类菜品的数量和规格。

5. 菜名设计看似简单，实际学问很深，设计者必须具备开发菜肴的能力，了解菜肴的烹调_____，了解菜肴的原料比例和造型，了解宴会菜肴_____原则等。

三、选择题（可多选）

1. 菜点造型的常用加工技法除了叠、镶，还有哪些？（　　）
   A. 卷　　　　B. 包　　　　C. 酿　　　　D. 扎

2. 在菜肴的盛装过程中，通过利用其他物料和一定的加工处理，对菜肴色泽、形态等方面进行装饰的技法是（　　）。
   A. 盛装美化　　B. 容器美化　　C. 加热美化　　D. 调味美化

3. 创新过程中，不能一味追求菜肴的时尚和花式，要考虑到哪些成本因素？（　　）
   A. 原料成本　　B. 采购成本　　C. 时间成本　　D. 制作成本

4. 在创新过程中，我们要善于发现信息，挖掘信息，扩大信息。从中发现（　　）来为研发工作提供铺垫。
   A. 新设备　　B. 新调料　　C. 新工艺　　D. 新餐具

四、思考题

1. 熟悉菜点创新的方法，改良菜点一款。
2. 设计一份点菜菜单（部分），并说出设计原因。
3. 掌握菜点命名方法，设计婚宴、寿宴或感恩宴菜单一份（附寓意命名）。

第十一章 美食活动策划与管理

通过本章的学习，使学生了解宴会的种类、宴会的策划和实施步骤、宴会菜品和台面的设计，以及美食活动的策划，对宴会和美食活动有全面的了解，为今后的宴会组织和实施打好理论基础。

本章从宴会基础知识讲到宴会活动的策划和实施，从宴会菜品设计原则讲到宴会台面的设计和制作，从宴会的台型设计讲到美食活动的策划，并列举了一些策划步骤和实施方案。

学习目标

知识目标

1. 了解宴会的种类。
2. 了解主题宴会的设计要求。
3. 了解宴会台型的设计和厨房的关系。

技能目标

1. 能够设计各种性质宴会的菜品。
2. 能够设计各种宴会台面。
3. 能够策划各种美食活动，并撰写方案。

案 例

结婚酒席上梨子　婚宴不欢而散　新娘险些跳楼

2006年4月14日,是张某和女友刘某新婚大喜的好日子,但沉浸在幸福中的一对新人没有想到,因为酒楼赠送的水果拼盘里有梨子,引起新郎、新娘双方父母关于"梨、离谐音"的忌讳,拂袖而去,以致婚宴不欢而散,新娘更是伤心至极,险些从酒楼的三楼跳下。

"我们这婚可结得不容易!"4月14日,刘某告诉记者,她和张某相识相恋有6年了。刘某是河北人,张某是陕西人,两人同在一家公司工作,从他们谈恋爱开始,双方父母都不同意他们的婚事。但两位恋人却是难以分舍,经过多次劝说,双方父母终于在今年年初答应了他们的婚事。

前两天,张某的父亲及哥嫂,刘某的母亲及姐姐、姐夫专程从老家赶到乌鲁木齐参加他们的婚礼。

4月14日20时许,张某和刘某在阿勒泰路上一家酒楼订了两桌酒席作为婚宴,双方的亲朋好友都赶来祝贺。

23时许,婚宴接近尾声。大家酒足饭饱,欢声笑语不断,一片热闹喜庆的气氛。这时张某去结了账,而后酒楼给每桌客人赠送了一份水果拼盘。

"没想到,就是这果盘惹出了事端。"刘某说。

席间,一名来宾吃了一块水果后说:"怎么果盘里还有梨子?"于是,本来就不满意这门婚事的双方父母,借这个由头在酒席上闹起了情绪。

刘某的母亲当时脸就沉了下来:"结婚酒席哪能上梨子?现在上梨子,而且还切成小块的,啥意思?'分梨分梨(分离分离,谐音)'是不是将来就要离婚呀?"

听了这话,张某的父亲端起果盘就倒,然后起身就走。刘某和张某急忙上前劝阻老人,但老人还是执意走了。"当时场面就乱了。我们两个人差点给老人下跪。客人们面面相觑,很尴尬。"刘某说。刘某的妈妈也起身要走,还说:"本来就不同意你们结婚,现在婚宴又上了梨子,你们将来肯定会分手。"不知该怎么办的这对新人只好向酒楼求助,希望他们出来道歉,安抚一下老人。但是,酒楼的负责人迟迟没有出现。最终,刘某妈妈也离开了。后来,饭店的值班经理来了。双方争执起来。酒楼认为是他们太封建迷信,跟酒楼没有关系,只同意赠送200元代金券给刘某和张某作为补偿,如果不行,让刘某他们上法院去告状或到消费者协会投诉。

"本来大喜的日子,却因为几个梨子闹得不欢而散,加上酒楼这样的服务态度,很伤人自尊,我当时想死的心都有!"回想起当晚的情景,刘某忍不住又哭了起来。当晚,情绪激动的刘某跳上包间的窗台,准备跳楼。此举吓坏了张某。这时,酒楼的总经理也赶到了现场。张某告诉记者:"我急得没办法,就央求总经理请他把新娘子劝下来,我们就啥也不计较了。这位总经理这才过去向刘某道歉,并劝她从窗台上下来。"而后张某趁刘某不注意的空儿，从侧面冲上前，一把抱住她的腰，把她从窗户上救了下来。最后，在酒楼总经理和亲友们的劝说下，好不容易刘某的情绪才稳定下来。酒楼决定赠送500元代金券作为补偿。"说实话，我们以后再也不可能踏进这家酒楼了，这代金券又有啥意义呢？我们当时只想尽快离开这个伤心之地。"张某说。

记者就此采访了该酒楼的总经理史先生。

据史先生说，4月15日凌晨1时许，他接到酒楼的电话后，很重视，已经休息的他立即起身打车赶到了酒楼。经了解，当时果盘上来时，客人们已经吃了。服务人员提出给他们撤换，他们不同意。反复解释劝说也没有结果。最后，新娘子被新郎从窗户上救下来后，史先生向他们道了歉，并赠送了500元代金券，他们才满意地离开了。

——资料来源：新华网，http://www.xj-xinhua.net.com/2006-04-18/content_6774769.htm。

上述投诉，经常出现，主要是经营者不重视风俗而引起的纠纷。一个厨政管理员除具备烹饪技能外，还必须了解和尊重地方的传统习俗。如在婚礼上禁忌"龟"——谐音王八，禁忌"梨"——谐音离；丧宴菜肴禁忌豆腐和白馒头，如在婚宴上食用，也要在上面点一红点儿；还有些地方要全鸡，不能少头、少屁股，据说要有头有尾；有些酒席不能安排带子和回锅肉等菜肴；有些鱼不能背靠背，等等。

第一节 宴会组织和实施

一、宴会的种类

宴会，是人们因习俗和社交礼仪的需要而举行的饮宴聚会，是社交与饮食相结合的一种饮食文化。规模较小的称为宴席，规模较大的称宴会，但宴会是多桌筵席的组合，比宴席更讲究礼仪。现在人们对宴会、筵席基本不分，一般把大型的、有主题性质的称为宴，把小型的、单一的称为席。

宴会按规格可分为国宴、正式宴、便宴、家宴。按餐型可分为中餐宴会、西餐宴会、西式酒会和自助餐会。按时间可分为早宴、午宴和晚宴。按主题可分为国宴、婚宴、纪念宴、商务宴和庆典宴等。按原料构成可分为海鲜席、山珍席、全羊席、素席、风味小吃席、田席。按菜式内容可分为江南席、川味席、仿膳席、仿宋席、红楼席等。

> **相关链接** 🔍搜索
>
> ### 红白喜宴中的白
>
> 红白喜宴是因婚、寿、庆、丧等事件而举办宴会的统称。——《中国烹饪辞典》
>
> 婚宴、寿宴、庆生宴为喜宴，也称红喜；丧宴为白宴，也称白喜、豆腐饭。喜宴菜肴一般为双数；丧宴菜肴一般为单数。有关丧宴习俗的知识一般很少在教科书和烹饪杂志上出现，故很多厨师长在编排菜单时会考虑不周。
>
> 丧宴一般临时预订，早则1～2天，短则当天。以前宴会菜肴多数为九道，现在菜肴数量不限，但多以奇数成宴。上海和江浙一带一般每桌宴席上必上豆腐汤或豆腐羹，以雪菜豆腐汤为上选，豆腐最好选用盐卤豆腐，大碗大块地上桌。编排菜单时避免用盘碗重叠盛装的菜肴，避免触碰"重丧"的含义。

二、宴会活动策划

宴会策划是一个厨政管理员必备的技能，宴会的策划工作是指从受理宴会预订开始，到宴会结束全过程的组织和管理。整个过程较为复杂，只有经过周密的策划才能进行组织实施，策划的好坏是宴会举办成功的关键。

饭店是宴会的承办方，其宴会策划不同于主办方，主办方策划的内容是宴会的目的、宴会的时间、宴请的对象、宴会预算、宴会的领导致辞、宴会的礼品。而承办方是先了解所预订宴会的性质、宴会的人数、宴会的时间、宴会的价格，以及宴会中的致辞和其他活动的时长等信息，之后再步入策划行动。

第十一章 美食活动策划与管理

策划行动，确切地说就是落实宴会的计划书，就是在确定任务后，根据对方的要求，编制出一份符合主题、科学合理、令主办方满意的宴会组织实施活动计划。计划书中所包括的宴会菜肴和席单、台型和装饰、桌裙和椅套、餐具和酒具、音乐和装饰、节奏和顺序、斟酒和上菜等内容，都应有计划、有组织、有落实、有督察，这样才能使宴会顺利进行，为宴会创造良好的气氛。

宴会活动接待计划书

一、宴会信息

1. 主题：　　　　　　　　　　　　2. 宴会时间：　年　月　日　时
3. 宴会桌数（人数）：预备（人数）　　4. 宴会标准：　元
5. 预订团体：　　　　　　　　　　　6. 联系人：　　联系电话：
7. 要求：
　场地：_____　台布：_____　菜肴：_____　酒水：_____
　音响：_____　横幅：_____

二、活动负责人

1. 协同部门：　　负责人：　　2. 协同部门：　　负责人：

三、工作详细安排

宴会部：（1）责任人：　　　　　　　（2）责任人：
餐厅：（1）责任人：　　　　　　　　（2）责任人：
　　　（3）责任人：　　　　　　　　（4）责任人：
　　　（5）责任人：
厨房：（1）责任人：　　　　　　　　（2）责任人：
　　　（3）责任人：　　　　　　　　（4）责任人：
　　　（5）责任人：
采购部：（1）责任人：　　　　　　　（2）责任人：
保安部：（1）疏通道路，指挥停车责任人：
工程部：（1）检查线路，更换灯泡责任人：

四、预防措施和应急预案处理

1. 食品采购留样、菜点成品留样；
2. 火情、斗殴、疑似中毒按既定应急预案处理。

图11-1　宴会活动接待计划书样本

三、宴会活动步骤

表 11-1　宴会活动步骤

步骤	工作内容	具体项目	责任部门/人员
步骤1	根据主办方的预订内容获取各种信息	宴会性质	厨房
		宴会规格	厨房
		宴会人数	厨房
		宴会时间	厨房
		宴会的特殊要求	厨房
		宴会中穿插的活动时长	厨房
		宴请对象的国籍、年龄、风俗、口味等	厨房
		宴请人群中的宗教信仰人数	厨房
		桌号和席签的要求	餐厅
		其他要求（音响设备、音乐、话筒、舞台、礼仪服务、餐券、横幅）	餐厅
		正桌以外的随从人员人数	厨房
步骤2	研究分析	认真地分析研究各种信息和要求	厨师长/经理
		构思方案框架	厨师长/经理
步骤3	制订方案	制订宴会草案和菜单	厨师长
		征求主办方意见，并修改	宴会经理
		完善菜单（根据性质确定菜名）	厨师长
步骤4	分工落实	预订和采购原料	厨房
		布置菜点制作任务、落实特殊要求	厨师长
		讨论确定出菜顺序	厨房
		准备特殊人员菜单	厨房
		制作书写宴席单	厨房/餐厅
		设计台形	厨房/餐厅
		定制横幅、餐券	餐厅
		预订和采购酒水	餐厅
步骤5	督察	检查餐具数量	厨房
		检查酒具数量	餐厅
		检查台布、口布、小毛巾等数量	餐厅
		音乐试音	餐厅
		检查餐厅光源	餐厅
		检查桌椅、转盘设备	餐厅
		检查卫生	餐厅
		检查各环节的落实情况	厨房
步骤6	考虑细节	确定菜肴装饰	厨房
		现场烹调设计	厨房
		安排菜肴留样	厨房
		确定补菜人员（自助酒会）	厨房
		确定跑菜的方式、线路和人员并制定示意图	餐厅
		确定服务人员、画制服务桌号示意图	餐厅

续表

步骤	工作内容	具体项目	责任部门/人员
步骤7	现场指挥	随时预报开餐时间	餐厅经理
		指挥做好一切准备	厨师长
		做好调料、冰块、蜡烛等准备	餐厅
		及时通知开餐	餐厅经理
		按顺序出菜	厨房和餐厅
步骤8	扫尾工作	账台结账	财务
		征求意见	管理员
		回收菜点（自助酒会）	厨房和餐厅
		餐具回收及清洗	厨房和餐厅

四、宴会的菜品设计

宴会的菜品要依据宴席主题进行设计，使菜肴与主题相扣。宴会菜品的设计不仅要与宴会的出菜规律及厨房的生产、餐厅的服务能力相匹配，还要符合宴会的礼仪和习俗，回避民间的禁忌。

宴会菜品的设计一般有以下原则：

（一）顺应习惯，按序上菜

宴会上菜讲究顺序，性质不同、风味不同、菜肴设计不同，上菜程序也各不相同。一般为先冷后热、先荤后素、先干后汤、先菜后点、先甜后咸（某些地方习惯）等。

常见顺序有：

冷菜—羹盅类—鱼虾类—炸烤类—贝甲类—炒熘类—炖肉类—蔬菜类—汤锅类—甜、咸点—水果。

拼盘—海鲜类—炒熘类—炸烤类—清蒸类—煲仔类—蔬菜类—主食—甜点—水果。

冷菜—炖品—海鲜—炸烤菜—爆炒菜—蔬菜—汤菜—点心主食—水果。

现在有些餐厅会把水果、杂粮作为首道菜点。

（二）口味各异，搭配讲究

宴席要求菜肴荤素合理搭配，口味花色各异，形成一桌膳食平衡、色香俱佳的科学、艺术相统一的美味。不仅要选择多样的原料平衡膳食，还要选用不同的工艺、不同的烹调方法和不同的调味料，使每道菜视觉、触觉、味觉和嗅觉的感官感受都不相同，达到嫩、软、脆、滑、爽、酥、焦等多种口感，片、丁、丝、条、球、块成形各异。

主要考虑的是：主料选用不重复，荤料蔬料搭配合理，甜酸口味采用一次，烹调手法各不相同，成品色泽先后穿插，等等。

（三）寓意吉祥，护佑祈福

宴会菜肴的命名应尽量选用吉祥用语，在编排菜单时就要根据宴会的性质设计菜肴，使菜肴实名与吉祥寓意之名相匹配。例如，在婚宴中采用"百年好合"等和谐美满的祝愿词汇；在寿宴中采用"和谐夕阳红"等祈福健康长寿之语；在谢师宴中采用"含辛茹苦"、"桃李满天下"等尊师重教的感恩之词；在商务宴中采用"一帆风顺"、"鹤鸣九皋"等寓意顺利的词句，等等。

（四）数字吉利，配比合理

每桌的菜品要根据对象设计。菜肴数量应适中，道数太多则不能在既定时间完成出菜，影响宴会整体质量，单盆菜肴量太大则容易造成浪费，并且压低整桌菜肴的质量；道数太少会导致宾客不能饱腹，给主办者造成不良影响。一般而言，冷碟、热菜和点心的数量有一定的配比。普通团队餐：10%、85%、5%；中等筵席：15%、75%、10%；高档筵席：20%、65%、15%。每桌4～8道冷菜、10～12道热菜、1～3道点心。婚宴菜肴多为双数，丧宴菜肴则为单数。

（五）尊重风俗，顾及禁忌

编排菜单时要尊重地方的传统习俗，一般各地都有节日习俗和庆宴习俗，如浙江杭州年宴中必须有鸡，象征吉祥喜庆；必须有鱼，象征年年有余；必须有黄豆芽，象征如意。婚宴中一般要有红枣、花生、桂圆、莲子做原料制成的甜羹，祝福新人甜甜蜜蜜，早生贵子。

各地也有婚宴饮食禁忌，一般在婚宴中不上梨（离）、龟（王八）等原料做成的菜肴，不上双龙戏珠、蒜蓉带子等点心。

（六）控制节奏，井然有序

为了保证宴会菜品的质量，要恰到好处地掌握上菜的速度，冷盘在开宴前预先摆放，为了不使冷菜被空调机吹干，建议加盖透明罩。热菜上菜速度控制时间间隔为 5~8 分钟。也可按既定的宴会时间除以菜肴道数，调整间隔时间。

一般做到先快—中慢—后稍快的节奏，特别是控制好第一道菜肴上席时间，当宾客入座通知上菜，正好酒过一巡第一道菜上席。同时观察宾客活动和进餐情况，及时调整速度。

第二节　宴会台面设计

宴会的台面设计是餐桌的艺术布置，要有一定的艺术手法和表现形式，要因人、因事、因地、因时而异，再根据就餐者的心理需求，造就一个与之相适应的和谐统一的氛围，显示出宴会场地的整体美。要恰到好处地表现一个完美的宴会台面，就要运用一定的心理学和美学知识，采用多种手段，将各种宴会台面用品进行合理搭配和装饰点缀，使整个宴会台面形成一个完美的组合，还要与菜点相互呼应，体现宴席艺术之美。

一、宴会台面的种类

（一）按风格分类

按餐饮风格可分为中式宴会台面、西式宴会台面和中西式混合宴会台面。中式宴会台面以圆形台面为主，台面的小件餐具一般包括筷子、汤匙、骨碟、筷架、味碟、口汤碗和各种酒杯；西式宴会台面常见的有直长台面、横长台面及组合的 T 形台面、工字台面、腰圆形台面和 M 形台面等。西餐台面的小件餐具一般包括各种餐刀、餐叉、餐勺、菜盘、面包盘和各种酒杯；中西混合宴会台面可用中餐宴会的圆台和西餐的各种台面，其小件餐具一般由中餐用的筷子，西餐用的餐刀、餐叉、餐勺和其他小件餐具组成。

(二)按用途分类

按台面用途可分为餐台、看台和花台。高端主题宴请和竞技比赛采用的多是花台。

餐台的餐具都应按照就餐人数的多少、菜单的编排和宴会标准来摆放。餐台上的各种餐具、用具，距离要适当，清洁实用，美观大方，并放在每位宾客的就餐席位前。各种装饰物品都必须整齐一致地摆放，而且要尽量居中。

看台是根据宴会的性质、内容而设的台面，是用各种小件餐具、小件物品和装饰物品摆设成各种图案，供宾客在就餐前观赏。在开宴上菜时，把小件餐具分给各位宾客使用，再撤掉桌上的装饰物品，这种台面多用于风味筵席。

花台就是用鲜花、绢花、盆景、糖艺、雕刻、竹编、玻璃、书籍等艺术品构成的各种新颖别致、典雅得体的台面。既符合宴会用餐的功能，又体现宴会主题的内容，赋予宴会一定的艺术和文化内涵。

二、主题餐台的设计

主题餐台是指餐台、花台、桌裙、餐椅结合宴会主题，通过搭配和装饰造型，使宴会更具文化内涵和艺术效果的台面。一台设计成功的主题餐台不仅能提升宴会的气氛，而且也能体现宴会设计者的水平以及整个宴会的质量。

主题餐台的设计是一个较为复杂的工程，首先要根据宴会性质和内容确立主题，选择餐具、台布、椅套、口布的材质，然后再设计花台的内容、席单的内容和摆放位置，最后考虑周边环境和细节。

确定台面的主题。台面的主题是主题餐台设计的重点，要根据所预订宴会的性质和规格进行设计。祝寿宴就要有寓意长寿的主题，如寿比南山宴、福如东海宴；新婚宴就要有祝福新人婚姻美满的主题，如花好月圆宴、龙凤呈祥宴；海峡交流的宴会就要有寓意本是同根生的主题，如四海一家宴，情深意浓宴；马来西亚美食宴则可以采用地名代用，如槟城美食宴。

考虑布艺的色彩。主题确定后，就要考虑布艺材质的选用，一般婚宴多选用代表喜庆的红色和代表纯洁的白色；寿宴氛围温馨祥和，选用色彩要平和；槟城美食宴采用蜡染布艺作为桌面饰布来营造马来特色。桌布和椅套不可能根据主题逐一准备，一般可调整不同的桌旗和椅结。

设计花台的造型。花台是餐桌中心的展示台,是通过各种装饰品反映宴会主题意义的观赏台。它的设计是整个宴会台面的主体,充分体现主题精神和文化内涵。婚宴采用龙凤,寿宴采用松鹤,庆典采用孔雀、群狮,文人雅士宴则可以采用高端的文房四宝和奇材异物来点缀。隆重而简洁地选用鲜花装饰,体现厨师技艺选用食品雕刻,反映地方特色的采用当地的竹编石雕。也有采用水晶玻璃、冰雕糖雕、古籍善本等。但是花台的高度要适中,低不能体现隆重,高则挡住视线。

选配合适餐具。餐具的选配是指主题宴中与菜肴密切相关的物件的选择,它的色泽要根据主题确定,但形状和大小要与菜肴搭配。菜肴款式多样,色彩有深有浅,一般为了衬托菜肴,餐具选用白色的骨质瓷较多;反映传统主题的选用清丽端庄的青花瓷;酒会上运用高低起落的盘子来提升整个台面设计的层次;如是海峡两岸相聚主题也可采用一桌两色,一红一蓝同是中国色。

装帧书写席单。席单,也称菜单,其形状和制作要求不能一成不变,应紧扣主题。传统宴会主题的席单多用折扇、团扇、卷轴;现代主题的多用纸质的折叠形、卷筒形。一般手写的贵于印刷、定制的贵于通用的,要依据宴会的规格选用。在高端宴会上常采用名家书法、江南丝绸、普洱茶饼和紫砂茶壶,既可当作菜单,宴会结束时也可带走收藏纪念。

悬挂书画对联。对联能增加宴会的氛围,凡遇到传统婚礼、名人寿宴和特殊宴会时,均会在宴会厅中悬挂书画对联,中堂用喜、寿、福等,楹联选用祈福的美好心愿。如在两岸交流宴会上,中堂可用团龙,寓意龙的传人,一团和气;楹联可引用海协会张铭清的一副对联"两岸距离一杯酒,相亲相聚一壶茶",形容两岸的骨肉亲情。

三、自助宴会台面的设计

(一)台型的设计

自助式宴会包括酒会和中西自助宴会,它的餐台形状各异,可长可短,可方可圆,基本形状有长条字形、T字形、U字形、口字形等,但是餐台的大小和形状都与宴会菜色、道数、陈列的方式相呼应,并且要与厨师操作相配合。

(二)台型与菜式的协调

宴会台型的设计,关键是要和菜式的种类相协调,因此厨师长要一起参与台型的设计,根据菜式来设计台型,也可以根据台型来调整菜肴。在设计中要考虑到冷盘区、热食区、切肉区、小点心区、饮品区等不同的餐式内容。如有主题冰雕的,就要设置方便厨师操作的后台位置;有烧烤的,就要设置烧烤台,台子一边留有切割的位置;如是口字形台型,就要留有操作人员进出服务的空间。总之,台型的设计既要考虑宾客的流动量和方便程度,也要考虑菜肴的类别及操作的方便。

(三)餐台与菜肴的协调

菜肴确定后,就要考虑台型大小、宽窄。餐台过大而菜色太少,会令人感觉空洞;反之餐台太小会使菜肴显得拥挤,无论其菜色多么优质,都会给人压迫感,从而降低该宴会的价值。故餐桌的长度要适合菜肴摆放的位置,宽度要考虑菜牌和刀叉盘的位置。另外在周边布置小圆桌,既可摆一盆点燃的蜡烛花以增添宴会的气氛,更主要的是可作为厨师撤换菜肴时的应急台。

菜色必须按规矩来摆设。例如,冷盘、沙拉、热食、点心、水果等应依顺序排好。如果宴会场地够大,可再细分成冰盘沙拉区、热食区、切肉面包区、水果点心区等。

(四)台面与餐具的协调

菜肴的台面应具有立体感,高低错落有致,可用有机玻璃箱、银架来衬垫菜盘,使菜肴高低错落有致,有些再覆盖饰面布,增加台面的色彩。但是台面的高低

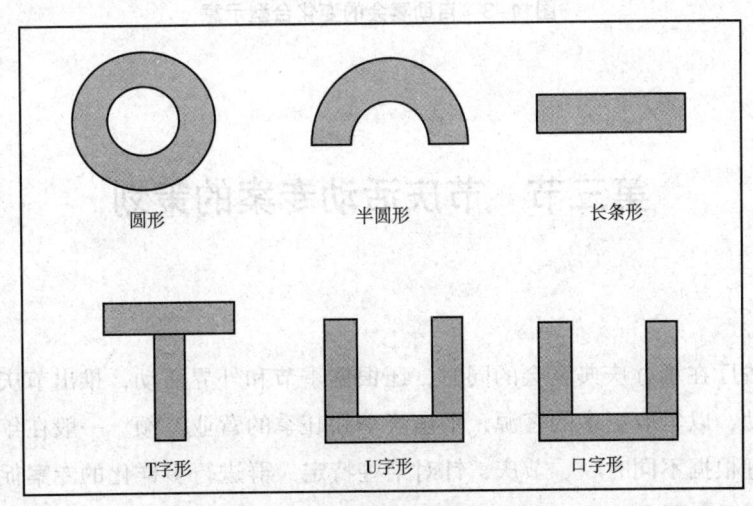

图11-2 自助宴会的基本台型示意

要根据菜肴来设计,带汤的菜点在下,干的菜点在上,小件菜点摆放得近点,大件菜点可摆放得远点。

(五)点缀与主题的协调

餐台完成后,要放上一些物品作为装饰点缀,饰品多数采用食品类,如糖雕、果蔬雕、面包篮,也可采用工艺品作为点缀物,如酒车、鲜花、灯饰、调料瓶等,要美观大方,不要过于拥挤。

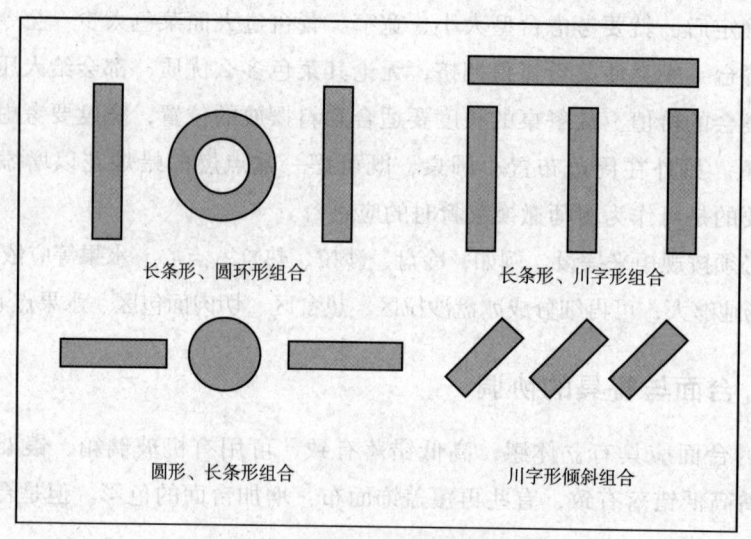

图11-3 自助宴会的变化台型示意

第三节 节庆活动专案的策划

一般餐厅在承办庆典宴会的同时,还根据季节和外界活动,推出节庆专案的美食促销活动,以争取更多的客源,平衡淡季和旺季的营业差额。一般在年初厨师长要协同经理根据不同时令、节庆,针对某些特定人群进行多样化的专案促销,策划各类活动,吸引顾客消费。

一、情人节促销专案

每年公历 2 月 14 日是西方情人节，又名"圣瓦伦丁节"。近年来由于受西方文化的影响以及媒体的炒作，年轻人已对这个西方的节日情有独钟。饭店可锁定这个消费群，设计不同的情人节套餐或舞会等促销专案。例如，推出情人节舞会套餐或情人节温馨套餐，在卖场设计上用心形饰物、花朵、音乐盒、精美贺卡来装饰，并播放欧美经典爱情歌曲。

农历七月初七是中国的情人节，也有人称之为"乞巧节"。牛郎织女的故事虽然是虚构的，但已在民间广为流传，好多年轻人把它视为情侣相见的节日，饭店也要抓住这个机会。

无论是情人节还是乞巧节，在做专案时要考虑到情侣的特点，一般多为二人用餐，多设二人座小桌，并在当天更换灯泡，把光线调低，准备蜡烛，餐桌上可摆放玫瑰花或祝福贺卡，把餐厅布置得温馨甜蜜。菜肴多选用象征爱情美满的菜名，如甜甜蜜蜜、心心相印。在菜品设计上可采用花瓣、干冰、小蜡烛来提升氛围。

二、端午五黄宴专案

农历五月初五，是我国传统的节日——端午节。这个节日，是家家户户包粽子的时节。端午节的来历说法不一，有说是爱国诗人屈原投河的纪念日，有说是古代消毒避疫的日子，所以这一天便流传了许多驱邪、消毒和避疫的特殊习俗，如插蒲子艾叶、喝雄黄酒、祭五瘟使者等。饭店可根据端午的风俗特点，插菖蒲、悬艾叶、佩香囊、食五黄、吃粽子来策划端午美食专案，如推出"观龙舟、吃五黄"，"吃五黄送粽子"等促销活动。在江浙一带端午节有吃五黄的习俗（黄鱼、黄瓜、黄鳝、咸蛋黄和雄黄酒），以及吃白肉、煮蛋和粽子的习惯，厨师长要针对习俗设计菜单。

三、谢师感恩宴专案

我国每年 5～9 月是高中生毕业、高考生录取之时，众多学生为了答谢恩师或庆贺高考录取而摆宴。餐厅要抓住这个机会，预先提出谢师宴促销活动，促销的口号可使用"金榜题名时高朋满座,飞黄腾达日师恩难忘"的传统词句,隆重推出金榜题名宴、感恩谢师宴、状元及第宴、前程似锦宴、大展宏图宴、步步高升宴吸引来宾。同时这一时段也是同学离别之时,相聚难免,餐厅要有针对性地策划自助式、酒会式的聚餐形式,同时提供舞池、音响等服务内容,吸引低龄学生联欢。

四、中秋团圆宴专案

农历八月十五,是我国传统的中秋佳节,据传已有2000多年的历史。我国古代帝王有春天祭日、秋天祭月的礼制。《礼记》中记载:"天子春朝日,秋朝月。朝日以朝,夕月以夕。"这里的"夕月"即拜月之意。古代把农历每个季节的三个月份,分别称为孟、仲、季。八月正是秋季的正中,十五又是仲月的正中,所以中秋也被称为"仲秋"。中秋节赠送月饼、家人团聚、供奉月亮是重要的内容,所以在策划专案时要把月饼与团圆联系起来,如设计月饼与团圆套餐的礼券,购月饼赠团圆宴的活动。在设计中秋卖场时也要结合月亮做文章,如登台望月、泛舟赏月、饮酒对月等,有条件的饭店可以将卖场延伸至露天或平台。圆桌菜、自助餐形式均可,可提供团圆吉祥菜肴,并含有月饼、芋艿、桂花酒等。在露台上设置香案,摆上供品,有月饼、瓜果、藕,并设置给就餐的人士提供祭拜月亮的场所。

五、圣诞节促销专案

公历12月25日为圣诞节,圣诞节是纪念耶稣诞生的日子,但现在已不仅仅是宗教节日了,是西方国家盛大的年节。一般餐饮业在12月24日平安夜和25日、26日三天举行圣诞大餐,以西式自助或西式大餐的形式出现,同时包括圣诞舞会或圣诞节晚会,价位比平常高出很多,但该节日活动的策划设计费用比其他活动都高。圣诞的装饰在11月底就开始布置,室外有彩灯、满天星、光纤维等发光器材组成或装饰的"圣诞树"、"圣诞老人"、"鹿拉雪橇"和文字及其他装饰,大厅有圣诞屋、圣诞花环、圣诞礼品等,同时选用圣诞节的传统曲目 *Silent Night*(《平安夜》)、*We Wish Your Merry Christmas*(《圣诞快乐》)、*Jingle Bells*(《铃儿响叮当》)等作为背景音乐。推出以传统圣诞烤火鸡、树根蛋糕,结合烤龙虾、肥鹅肝等组成的菜肴,以及做成雪橇、麋鹿、糖果、袜子形状的饼干食物。

六、除夕年夜饭专案

除夕夜一向是中国人全家老小团圆聚餐的时刻，主妇们从年前忙到年后地穿梭于炉灶之间，为张罗团圆饭筋疲力尽。近年来，已有许多家庭选择到饭店享受精致美味又省时省力的年夜饭。对顾客而言，不但免去事前张罗及饭后收拾的辛劳，更能借机享受餐厅所提供的精致美食和完善服务。对餐饮业而言，这一时间段商务宴请较少，有团圆宴增加收益，两全其美。所以许多餐厅都看好这一消费市场，大力推行除夕年夜饭专案的促销活动，以各式烹调美味的时令佳肴与象征好彩头的菜肴名称，营造出除夕夜年夜饭欢乐温馨的气氛。

此外，有些餐厅推出"温馨年夜饭"、"旺宅团圆宴"，在春节期间，提供外卖半成品套餐，或提供厨师上门服务。这些方式颇受大众喜爱，它们不仅满足了现代人喜好享受的需求，更顺应了除夕夜在家团圆用餐的习俗。

七、年终团拜及春酒专案

许多公司、企业习惯于通过团拜或春酒来犒赏职员一年来的辛劳。针对这项消费需求，要在每年的元旦前至正月底推出年终团拜与春酒的促销专案，以吸引企事业单位。做这些促销专案时，广告的文字内容不必过于详尽，以能吸引顾客注意为前提，其余宴会优惠细节则可在接洽时再详细告知，这样可以避免因优惠内容太多而引起业界的恶性竞争，或因优惠太少而羞于促销。

第四节 美食节策划和运作

除推出节庆与季节性专案外，餐饮企业还可以根据生意状况，在清闲时段推出美食活动，用以宣传餐饮企业餐饮水平，树立餐饮企业形象，满足消费者的猎奇心理，维持和扩大餐饮市场的份额，巩固和增强市场地位。此类美食活动称为"美食节"，时间短则一周长则一月。策划者要预先准备精心设计，根据主题采购上等食品原料制作美食，辅以音乐和节目的表演，营造现场气氛，使其活动不仅能给餐厅带来良好的经济效益，更能扩大行业影响。

一、美食节主题的策划

美食节的主题较多，内容相当广泛，这里将美食节的主题做一简单归纳和分析。

（一）以某一原料为主题

食品原料的范围非常广泛，要选择某一原料，以该原料的风味特色为主题来举办美食节。

表11-2 以原料为主题的美食节策划

特　点	主　题	美食节（宴）名称
体现时令	果　蔬	五谷丰登美食宴、椰果宴美食节
	季节河鲜	时令刀鱼宴、金秋肥蟹美食月
	野　味	菌菇美食宴、土味美食节、花卉美食节
体现风格	海　鲜	小海鲜美食节、龙虾美食节
	昆虫、蜗牛	天然昆虫宴、法国蜗牛美食节
	绿色食品	有机菜美食节、龙井茶宴美食节
体现技艺	牛羊风味	烤全羊风味美食节、牛头宴美食节
	鱼米之乡	年年有余美食节、百鱼宴美食节
	特色风味	饺子宴美食节、烧烤美食月

（二）以地方菜、民族菜为主题

我国是地大物博的多民族国家，饮食文化丰富多彩。如某个餐厅请外地名厨来举办以地方风味为特色的美食节，既可以吸引消费者，又可以留下特色菜肴。

表11-3 以地方风味为主题的美食节策划

特　点	主　题	美食节（宴）名称
体现民族风情	地方美食	蒙古风美食、羌族风情美食节、湘粤情美食节
体现异国风情	异国美食	泰国风味食品节、大亚洲风味节、阿拉伯清真宴

(三)以名人文化为主题

从古到今,历史名人与菜点有不解之缘,推出名人文化菜肴来吸引消费者,也是饭店常选之举。

表11-4 以名人文化为主题的美食节策划

特 点	主 题	美食节(宴)名称
体现文化	名人饮食文化	板桥宴美食节、东坡宴美食节、首相食谱美食节
	文学饮食文化	随园菜美食节、红楼宴美食节
体现复古	宫廷美食	乾隆御宴美食节、清宫御宴美食节
	仿古风味	南宋风味美食月、大唐风情美食节

(四)以食品功能为主题

根据菜点的营养和功效为特色举办美食活动,特别是体现疗效的美食,有老中医坐诊把脉并开方,由厨房烹制每人位食用。

表11-5 以食品功能为主题的美食节策划

特 点	主 题	美食节(宴)名称
体现养生	素食主义	全素养生美食节、百菇美食周
体现功效	美容健脑	养颜系列菜美食节、高考健脑菜品美食月
体现疗效	保健治病	滋补药膳美食节、食疗菜点美食节

(五)以本地区、本饭店菜点为主题

利用本地区、本饭店的传统菜、创新菜为主题,推出美食活动,如百年回顾美食节、新派杭菜美食节。

表11-6 以传统、创新为主题的美食节策划

特 点	主 题	美食节(宴)名称
体现菜肴特色	传统风味	百年回顾美食节、老杭州风味节
	新潮风味	杭派新菜美食节、老店新开美食展示月
	创新风味	西溪美景美味风韵节、运河风情美食节
体现感恩	周年庆典	周年庆典谢恩节、十年庆典优惠月

（六）以餐具容器为主题

以菜肴容器命名的美食节来吸引消费者，如砂锅美食节、自助火锅美食月。还可以在容器上做文章，如自助火锅、鸳鸯火锅、各客火锅、海鲜火锅等。

表11-7　以餐具、容器为主题的美食节策划

特　点	主　题	美食节（宴）名称
体现容器特色	铁板香	铁板烧美食月、铁板烤肉节
	砂锅热	各式砂锅美食节、野味石锅节
	煲仔旺	煲仔美食周、煲仔饭美食月
	火锅烫	海鲜火锅节、自助火锅美食月

二、美食节的运作步骤

每年在年初制订餐饮美食计划，不同时段按既定计划实施美食活动。一般美食节的实施离不开以下几个步骤：

（一）把握契机，策划方案

美食活动具有阶段性，它要求每次活动前都要把握契机，拟订活动方案。首先要了解市场行情，哪些时段有什么重要事件（纪念日、重大要事、国际与全国会议等），哪些时段有同行的美食活动，市场流行哪些美食趋势。再根据市场需求和自身条件，初步拟定一些主题，随后派员深入市场调研，分析后进行策划。一般为时间策划、主题策划、场地策划、形式策划、菜肴策划、宣传策划、展台策划，同时撰写美食节方案初稿，供讨论研究。

（二）确定主题，预算投资

美食节促销的主题是决定美食节成败的根本。所确定的主题必须同时兼顾时令性和技术力量的来源，以确保美食节能如期举办并取得较好效果。有条件的饭店，应由运转总经理召集餐饮总监、行政总厨、餐厅经理、公关部经理、营销部经理等相关人员一起讨论研究，确定活动主题，然后分头进行并制定具体工作要求，以保证美食节活动有目的、有计划、有组织地顺利开展。

美食节活动要对客源做出预测，分析可能接待的人数、人均消费和销售收入，并对如何组织客源提出解决办法和措施，以供管理层决策参考，确保美食节活动能够取得预期效果。一些要从国外聘请名厨大师的重大美食节活动，更要提前部署，采购进口食品。为此，美食节活动计划应对投资及收益做出预算，其内容包括费用开支项目、原料成本和预计经济效益。

（三）成立班子，各司其职

主题确定以后，要成立美食节实施班子，一般由执行经理挂帅，餐饮总监、行政总厨、公关部（或营销部）经理、采购部经理等相关人员组成。先编排全面详细的活动进程细则，尤其是请外地、外单位人员来本店厨房主持的美食节，计划应该包括活动起止日期、每天生产和营业时间、场地、用具、人员、原料的组织和人员费用等。然后根据总进程去分别落实、行动。厨房生产应由总厨师长召集部门厨师长、主管或领班人员，研究货源、菜肴的制作计划等。

（四）制定菜单，落实人员

尽早制定菜单，一份富有新意和吸引力的美食菜单（包括小吃、点心单等）是十分重要的。美食节的所有活动基点是菜单，菜单编排的好坏对整个美食节都有着举足轻重的影响。菜单品种的选定要突出美食节的特点，还要考虑到宾客的实用价值，既要考虑菜品的风味特色和吸引力，又要考虑到厨房的技术力量。

要从菜单的档次、价格进行合理的搭配组合，测算每份菜的成本、毛利和售价。为了保证菜单品种的如期推出和出品质量，至少应将所有推出菜点的主料、配料、盛器和装盘规格，列表做出明确规定。及时制定菜点标准食谱，不仅对生产操作极为有利，对厨房的成本控制也是十分有用的。

如果既定的美食节碰到厨房生产比较繁忙的时候，也应调剂、落实各岗位人员，以保证美食节的正常进行，这就要求厨房内部做好详细的时间计划，力求使有限的场地、设备、用具发挥更大的作用。

（五）组织货源，开展宣传

菜单确定以后，一个很重要的工作就是筹备食品节所需要的各种原物料，不仅要备齐美食节推出菜点的主辅料，同时还要备全各种调味品、盛装器皿和装饰物品。饭店采购部要会同餐饮部前后台做好各项原物料的采购工作。所购原物料的好坏，对餐厅装饰气氛、菜点口味造型等都有重要的影响。

美食节对外界的影响大小和成功与否，在很大程度上取决于广告的宣传作用。要在美食节举办之前，制订详细周密的计划和实施广告宣传活动。要根据美食节的特点和主题选择媒体，进行相应的广告宣传。美食节活动的印刷品除了广告外，还有菜单、酒单等。这些印刷品的设计和印刷质量应与饭店餐饮规模、档次相适应，既要精致美观，又要突出美食节的主题，还要注意保持餐厅一贯的宣传风格和客人的印象风格。

（六）实施运作，协调分析

美食节活动是以厨房、餐厅为主体，同时需要各级各部门的协调和配合。各部门应根据活动计划的安排，积极主动地做好各方面的准备，实行标准化管理。采购部门每天保证食品原材料供应；厨房按菜单设计生产，保证产品质量；餐厅按美食节活动计划要求，每天搞好环境布置，热情推销产品；工程部门保证席间节目设施、设备安全，在空调、灯光、演出设备等方面满足活动需要。

餐饮部经理和餐厅经理要加强巡视检查，随时征求客人意见，不断改进服务质量，处理各种疑难问题，保证美食节活动的成功。

美食节期间，每天要统计出餐厅或美食节活动的接待人数、座位利用率、客人的食品和饮料人均消费、总销售额、座位平均销售额、毛利额、毛利率、成本消耗等；分析前后各天的变化情况，从中发现美食节活动期间的成绩和存在问题，不断改进工作，以降低消耗，提高经济效益，完成或超额完成美食节活动计划指标。

（七）总结评估，完善档案

美食节是饭店、餐厅的一项综合性、集体性活动。在筹备阶段，美食节实施班子会经常召开碰头会，研究问题，落实措施。活动期间，会不定期开会，研究营销策略和市场反馈，即时调整布局。

美食节结束以后，餐厅转入正常经营。餐饮总监和行政总厨要认真总结经验，全面分析美食节活动效果，对活动的计划安排、准备工作、各级各部门的协调情况、产品销售情况、服务质量、客人反映等做出具体分析，进行全过程的总结评估。肯定成绩，明确问题，以便为今后的美食节活动提供决策参考；同时整理每日销售分析报告和总销售报告,菜单、照片、报道稿等分类存档,将特别受欢迎的菜点纳入正常经营的菜单之中。

三、美食节活动计划和方案编写

美食节活动计划一般在上一年年底拟订,本年度要根据既定计划逐步实施。在实施前要派员深入调查研究,而后撰写美食节活动方案,提交饭店审批。在审批时着手制定美食节活动进程细则,便于落实。

(一)年度餐饮美食推销计划

表11-8 年度餐饮美食推销计划

月份	中餐厅	西餐厅	酒吧及其他
1月	年末聚会	中西合璧美食节	热饮特选
2月	春节团圆宴	情人节	/
3月	野菜美食节	新马泰美食节	咖啡时节
4月	创新美食节	复活节	蔬菜果汁
5月	谢师宴	母亲节	/
6月	端午粽子节	法国美食节	/
7月	夏日清凉美食	啤酒节	夏日特饮
8月	水果菜美食节	冰淇淋美食节	/
9月	中秋赏月宴	西式自助餐	鲜榨果汁
10月	老名菜品尝月	万圣节	意大利咖啡节
11月	潮菜美食节	感恩节	/
12月	圣诞节	圣诞狂欢节	圣诞特饮

(二)美食节方案示例

××餐厅美食节方案

策划人:×××

在××餐厅装修一新之际,为了重新吸引装修前的常客,重振餐饮雄风,树立餐饮形象。拟定12月下旬举办迎新祈福美食节。此次美食节以餐饮活动为主线,书法名家现场书写门联,每桌一对,进行互动,现场抽选。此活动不仅会带来别样的宣传效应,同时也定能由人气而带来财气，维护原有的市场份额。现策划如下：

一、时间

××年×月下旬，为期5天

二、活动地点

二楼餐厅

三、书画菜肴展示地点

二楼长廊

四、活动计划

（一）美食节主题

迎新美食节——感恩祈福宴

（二）展示区策划

1. 画案台

背景：中堂一幅，对联一副

画案：画案一张，文房四宝一套，笔架，宣纸

悬挂区：对联若干副

2. 菜肴区

背景：中堂一幅，对联一副

台面：台面6m×1m、台布铺桌旗，桌旗图案定制红印万福

菜点：热菜16只，点心4道，冷菜1组，小雕刻2件

菜牌：仿古籍菜牌，菜名毛笔书写，寓意吉祥

3. 宣传牌：用对子形容菜肴，立于二楼入口处旁

4. 灯光：二楼长廊增设灯光数只，增加亮度

5. 花卉：长廊点缀

（三）人员装束

1. 书法家着中式服装，案头摆放个人介绍

2. 迎宾员身着中式服装，挂红印绶带，胸佩"福"章

3. 餐厅人员统一身着新装，胸佩"福"章

4. 其余人员身着整洁服装

（四）环境布置

1. 饭店大门：悬挂长幅对联，设置大红气球拱门

2. 餐厅窗户贴剪纸窗花

（五）优惠措施

1. 活动期间，每桌赠送门联一副，消费过万的再赠一副
2. 每天有不同的书法家参与
3. 结账时每桌再赠贴"福"字自制醉蟹一坛

五、宣传

1. 街区悬挂横幅
2. 平面媒体宣传、电视宣传
3. 各单位邮寄美食节宣传单
4. 美食节前，店内设立广告牌，告之宾客活动时间及优惠措施

六、联系书法家

1. 宴会部联系书法家
2. 谈接送方式和酬劳

七、制作菜单

1. 编排菜单
2. 制作菜单
3. 厨师、服务员提前培训

八、照片拍摄，资料存档

美食节期间拍摄照片、整理材料、统计数据、总结经验、备案存档。

××××年×月

（三）美食节活动进程细则示例

×××美食节活动进程细则

（总体介绍略）

一、时间

×月×日～×月×日，为期5天

二、地点

××餐厅

三、主题

杭派新菜美食节

四、外聘厨师

(一) 拟外聘厨师基本情况

1. 区：浙江杭州
2. 位：××市××饭店
3. 数：××位×男×女
4. 厨师姓名：×××
5. 厨师年龄：××岁
6. 简历：(见附件1，略)

(二) 外聘厨师相关待遇

1. 请：由餐饮部落实确定，并保持联系。
2. 送：机场接送由办公室安排（具体时间由餐饮部提供，并派员随车接送）。
3. 宿：由房务部负责（建议入住三号楼二楼东头，可走安全楼梯下楼，离厨房较近）
4. 酬劳：（见附件2，略）。由餐饮部负责通知领取，由财务部负责发放，发放时间为×月×日。
5. 游玩：美食节结束后两天，由饭店接待部负责派员随从（游览线路按西湖二日游），费用交饭店办公室审核报销。

五、制定菜单

1. 传递联系：由餐饮部负责与杭州联系传递菜单。
2. 讨论确定：在×月×日前由餐饮部（餐饮总监、餐饮部经理、行政总厨）、销售部经理负责确定。
3. 菜单翻译：在×月×日前由行政总厨派员协助，办公室负责完成。（如是聘请国外厨师掌勺的要提供翻译人员，国内厨师掌勺的仅作菜名修饰。）

六、菜单及宣传册的印制

1. 菜单设计：由餐饮部提供文字及图片资料。由饭店美工负责设计、送付胶印、校对、验收。（于×月×日下午2时在二楼小会议室，确定样稿。参加人员：分管副总经理、销售部经理、餐饮总监、餐饮部经理、行政总厨。）
2. 宣传册设计：由餐饮部提供文字及图片资料。由饭店美工负责设计、负责送付制作、验收。（于×月×日下午2时在二楼小会议室，确定样稿；参加人员：同上。）
3. 节徽：由餐饮部提供文字及图片资料。由饭店美工负责设计并负责送付胶印、校对、验收。（于×月×日下午2时在二楼小会议室，确定样稿；参加人员：同上。）

七、宣传

1. 条幅、横幅、灯笼：内容字体颜色大小以及悬挂地点（见附件3，略），由办公室、工程部负责，提前一星期完成。

2. 广告：报刊广告由办公室联系洽谈。

3. 告示牌、介绍牌：由饭店美工负责。

4. 宣传报道：由办公室负责撰稿、征稿。

八、餐厅布置

1. 展示台：设计（餐饮部、美工），菜肴及餐具（餐饮部、采购部），展台台面（工程部），主雕灯光（工程部），布艺（后勤部、采购部）。

2. 餐桌：台布点缀品。

3. 吧台：小黑板内容更新。

4. 餐厅灯光：检查灯光是否完好，根据需要安装和更换。

5. 鲜花盆景：根据需要布置（餐饮部、后勤部）。

九、菜单培训

菜肴内容培训，如①厨房人员标准菜单培训，厅面人员菜单培训；②厅面人员方言培训。（培训部、餐饮部）

十、原料及用具餐具的采购

原料、餐具（见附件4，略）（采购部）

十一、服装绶带

绶带文字（见附件5，略）（服装由采购部负责，绶带由餐饮部负责）

十二、其他

1. 安全及宾客车辆管理：安全部负责。

2. 现场抽奖：由销售部负责确定颁发方式、负责派员主持。

  a. 奖品：由采购部负责采购。

  b. 奖券：由财务部提供。

  c. 主持人：销售部派员。

3. 音乐：餐饮部负责。

4. 摄影：办公室负责。

××年×月×日

第十一章 美食活动策划与管理

 复习与思考

一、名词解释

宴会　　美食节　　看台　　席单

二、填空

1. 现代人们对宴会、筵席基本不分，一般对大型的、有主题性质的称为_____，对小型的、单一的称为_____。

2. 设计成功的主题餐台不仅能提升宴会的气氛，而且还能体现宴会设计者的_____以及整个宴会的质量。

3. 一个厨政管理师除具备烹饪技能外，还必须了解和尊重地方的传统_____。

4. 宴会菜肴的命名应尽量选用吉祥用语，在编排菜单时就要根据宴会的性质设计菜肴，使菜肴实名和吉祥寓意之名相_____。

三、选择题（可多选）

1. 自助式宴会包括酒会和中西自助宴会，它餐台形状各异，可长可短，可方可圆，基本形状有（　　）。

　　A. 一字形　　　　B. T字形　　　　C. U字形　　　　D. 口字形

2. 在高端宴会上常采用哪些特产来制作席单，宴会结束消费者可带走收藏？（　　）

　　A. 名家书法　　　B. 江南丝绸　　　C. 普洱茶饼　　　D. 紫砂茶壶

3. 花台要布置得新颖别致、典雅得体，常采用鲜花、绢花、盆景、糖艺及哪些艺术品组成？（　　）

　　A. 食品雕刻　　　B. 竹编工艺　　　C. 玻璃器皿　　　D. 书籍字画

4. 宴会上菜讲究顺序，性质不同、风味不同，其菜肴设计不同，上菜顺序也各不相同，一般为（　　）。

　　A. 先冷后热　　　B. 先素后荤　　　C. 先菜后点　　　D. 先荤后素

四、思考题

1. 设计主题筵席一款，使用实际菜名和寓意菜名。
2. 策划情人节方案一例。
3. 自助餐台型中的"U"、"口"台型有什么优缺点？如何调整？

第十二章 质量管理与诚信守则

通过本章的学习,使学生了解质量管理是保证厨房内部各生产环节所生产的产品始终如一的途径;同时做到遵纪守法,诚信经营,顾客至上,信誉第一,用诚信打造企业品牌。

本章讲述了厨房产品和生产过程的质量控制,以及一些有效控制菜点异物的措施。同时论述了餐饮企业要得到消费者的认同,首先要遵纪守法。厨房管理者必须认真学习相关法律,使法律意识贯穿于经营管理中。

学习目标

知识目标
1. 了解厨房产品的质量特性。
2. 了解厨房质量管理的要素。
3. 掌握控制产品质量的方法。
4. 了解菜点异物的类型。
5. 了解国家的相关法律法规。

技能目标
1. 能根据观察提出保持产品稳定的办法。
2. 能提出控制厨房异物的一系列措施。
3. 能将国家相关法律知识运用到实践中。
4. 能做到生产过程诚实守信,遵纪守法。

> **案 例**
>
> ### 诚信守法是企业永久的生命力
>
> 2001年9月3日,中央电视台《新闻30分》节目,播放了南京冠生园用陈年馅料制作新月饼的情景:将卖不出去的月饼拉回厂里,刮皮取馅,经过搅拌重新炒制,入库冷藏,到第二年再出库解冻送上月饼生产线,进行生产销售。此种用陈年霉变馅料制作月饼的劣迹被央视曝光后,全国震惊,冠生园声名狼藉,企业经营状况一路下滑,各地的冠生园亦惨遭株连。在消费者心目中,"冠生园"成了"失信、欺诈"的代名词。最终走过81年的老字号南京冠生园食品有限公司宣布破产。国内第一个因失去诚信而死于"媒体"的老牌食品企业的悲剧,留给人们的是深长的回味与无尽的思考……
>
>
>
> 古语云"德盛者其群必盛,德衰者其群必衰"。诚信是一种无价的美好品德,对一个品牌、一家企业来讲,诚信是灵魂、是生命。"冠生园"从兴盛到衰亡,从辉煌走向倒闭的历史,使人们清楚地看到,企业一旦失去诚信,就必然要失去市场,走向衰亡。诚信经营是永恒的主题,诚信守法是企业生存和发展的永恒动力。

质量管理就是保证厨房内部各生产环节所生产的产品标准始终如一,保证消费者得到品质优良的产品。诚信守法是一种品质,特别是厨房工作,每个环节都是要靠厨师手工操作,讲究诚信守法更为重要。按标准组配菜肴,不压扣分量不作假,遵守法律,保证原料优质,杜绝使用违禁添加剂,都是厨房生产环节中的诚信行为,其目的是使消费者得到货真价实的菜肴。质量管理与诚信守法相辅相成,其目的都是要保证消费者的利益,赢得信誉。

第十二章　质量管理与诚信守则

第一节　厨房产品质量管理

厨房的基本职能是生产优质的餐饮产品满足顾客需求，餐饮产品的质量将直接影响到餐饮企业的社会声誉和经济效益。餐饮产品的质量是衡量厨房管理水平的重要标志，是厨房各项工作质量的集中体现。要加强厨房生产的质量控制，就必须努力提高厨房人员的素质，把质量控制贯穿于厨房生产活动的全过程。

一、厨房产品质量控制的概念

质量是指产品或工作的优劣程度。厨房生产的质量包含两个方面的内容，一是餐饮产品的质量；二是厨房生产工作的质量。厨房生产的质量控制就是要对餐饮产品及其生产全过程进行控制，以达到厨房生产管理的目标。

（一）餐饮产品的质量特征

餐饮产品的功能性。功能就是事物发挥的作用和效能。餐饮产品的功能是营养保健、适用可口，这是餐饮产品最基本的功能。只有美味可口、富有营养的餐饮产品才能称得上有质量。

餐饮产品的经济性。经济性是指宾客为得到所需的餐饮产品而付出的价格是否合理。在餐饮消费上，宾客往往以价格来衡量餐饮产品的质量。因此，菜点的质量与菜点的价格必须合理。所谓合理，是指菜肴质量与价格相符，既使宾客感到实惠，又使餐饮企业有合理的赢利。

餐饮产品的安全性。餐饮产品的安全性是指厨房生产的菜点要符合各项卫生指标，保证宾客在进餐中没有任何有害物质及影响健康的物质存在。餐饮产品的安全性包括两个方面：一是菜点本身的卫生，二是环境的卫生。只有抓好这两方面的卫生，才能确保餐饮产品具有安全性。

餐饮产品的时效性。厨房要能准时地给宾客提供优质的菜点，这是厨房生产管理的基本要求。因为宾客是在有限的时间内用餐，厨房只有在有限的时间内生产出更多、更好的菜肴，才有可能获得更多的利润。

餐饮产品的美观性。餐饮产品的"美"包含两层含义，一是菜点的形态美、装盘美；二是进餐的环境美。因为宾客在用餐时，不仅要满足生理上的需求，还需要在精神上得到满足。餐饮产品的"美"也就是为了满足宾客精神上的需求，所以特别强调菜点的美观性和艺术性。

（二）质量控制的基本要点

实行厨房生产的质量控制，必须制定相关的质量标准，并对影响菜点质量的各种因素进行分析研究和全面系统的综合性控制。为此，必须做到以下几点：

制定菜点生产的操作规程和质量标准。合理的操作程序是创造优质餐饮产品的重要保证，具体的菜点质量标准是达到优质菜点的条件。在制定菜点质量标准和菜点操作规程时，要根据各餐厅、各厨房的现状及生产特点，制定从菜点的制作过程到销售过程的每个环节的操作程序和质量标准，通俗地讲就是从原料的采购至出菜的每道工序的具体质量标准。做到厨房生产的菜点保质保量，不粗制滥造，不以次充好，凡不符合质量标准的成品一律禁止进入餐厅销售。

提高厨房人员的技术水平。不断提高厨房生产人员的业务知识和技术水平是提高餐饮产品质量的关键。要提高餐饮产品的质量，就必须进行多层次、多类型、多途径的技术培训。多层次，是指初、中、高等级的厨师都要进行培训，要有目的地培养，使厨师队伍的技术力量形成一定的梯队，这样有利于厨房的管理。多类型，是指厨房各岗位、各工种的专业人员的技术培训要同步进行，提高整体素质。多途径，是指厨房应采用多种方式方法提高专业技术。只有这样，才能使厨房生产出来的产品质量保持稳定。

建立餐饮产品质量检查制度。质量检查是优质餐饮产品生产的重要保证。为了确保产品质量，必须建立餐饮产品质量检查制度，成立质量检查小组，设立专职的质量检查人员，把住菜肴生产和出品的质量关。质量检查的方式有：全面检查、单项检查、互查、抽样检查、突击性检查、重点检查、集中检查等；还有一种是上级主管机构的人员以客人的身份进行明察暗访的质量检查形式。

加强生产设备管理。配备一定的先进、优良的厨房设备是厨房生产质量的保证。为了使产品保持稳定的状态，就必须进行有效的设备管理，使设备处于良好的技术状态。现代连锁企业，配备了万能蒸烤箱，只要一份统一的配料，通过 U 盘中的操作程序，就能使各个门店的产品质量保持稳定和统一。

二、厨房产品质量的影响因素

影响厨房产品质量的因素有多方面，无论是主观的还是客观的，也不论是饭店内部的，还是外部宾客自身的，只要有一个方面疏忽或不称心，厨房产品的质量都很难说是优质或合格的。因此，分析影响厨房产品质量几方面的主要因素，进而采取相应的管理和控制措施，对创造并保持产品的优良品质是十分必要的。

厨房生产的人为因素。厨房生产的人为因素，即厨房员工在厨房生产过程中表现出来的自身的主、客观因素对厨房产品质量造成的影响。厨房产品很大程度上是靠厨房员工手工生产出来的，除了员工的技术差距、体力悬殊、能力强弱、接受反应程度快慢之外，厨房生产人员的主观情绪波动，对其产品质量亦有直接影响。

生产过程的客观自然因素。厨房产品的质量常常受到原料及作料自身质量的影响。原料固有品质较好，只要烹饪恰当，产品质量就相对较好。原料先天不足，或是过老过硬，或是过小过碎，或是陈旧腐败，即使有厨师的精心改良、精细烹制，其产品质量要合乎标准、尽如人意，仍很困难。厨房生产过程中，还有一些意想不到或不可抗力因素的作用，同样影响着厨房产品的质量。比如，炉火的大小强弱对菜点质量同样有着直接影响。燃烧天然气、煤气的厨房，在用气高峰或天寒地冻的季节，可能一时炉火不足，大量旺火速成的炒、炸类菜肴，其质量必定受到影响。

就餐宾客的自身因素。"众口难调"是厨师对菜点口味不符合宾客要求的最好开脱。事实上，这话也道出了"食无定味，适口者珍"这一就餐宾客中普遍存在的口味差异。即使厨房生产完全合乎规范，产品全部达标，在消费过程中，仍不免有这样那样的客人认为"偏咸了"、"偏淡了"、"过火了"、"带生了"等。这就是厨房产品质量因就餐客人的不同生理感受、心理作用（与以往就餐经历的对比）而产生的不同评价，也就是影响厨房产品质量的宾客因素。

不仅如此，就餐客人还存在对某饭店厨房产品是否熟悉、"懂吃"的问题。如厨房制作的汤包，通过服务员介绍，客人饮汤品馅，汤醇味美，生产、服务人员、就餐客人都获得了满意。反之，生产、服务虽恰到好处，但客人缺乏食用经验，或者吃得一身汤，或者烫得口腔起皮，或者长侃忘食，等吃时汤水已凉，结果客人不满意，生产、服务人员受闷气。因此，客人消费与厨房生产的默契配合（有些需要通过服务员的适当解释或及时提醒实现）同样是创造、保证厨房产品具有较高质量的一个重要条件。

服务销售的附加因素。如前所述，餐厅服务销售从某种意义上讲，是厨房生产的延伸和继续，有些菜肴，可以说就是在餐厅完成的烹饪。比如，各种火锅、火焰菜肴、堂灼、客前烹制菜肴，以及涮烤菜肴等。因此，服务员的服务技艺、处事应变能力，直接或间接地影响着菜肴的质量。这一点进一步证实：加强菜肴生产和服务，即厨房与餐厅的沟通与配合，确保出品畅达、及时，对保证和提高菜点质量是至关重要的。

餐厅销售的各类菜点，其价格是由饭店有关部门制定的，不同客人对价格的认可、接受程度是不尽相同的。这主要与客人的用餐经历和经济收入及消费价值观有关。客人对菜肴价格的衡量，即物有所值与否，同样构成对厨房产品质量的不同影响。

三、产品质量控制的方法

由于种种因素的影响，厨房产品质量具有随时发生波动和变化的可能，而厨房管理的任务正是要保证各类出品质量的可靠和稳定。质量控制，是对原材料和成品质量进行控制，防止生产不合格产品的过程（消除一切不合标准的状况）。因此，应采取切实可行的措施或综合采用各种有效的控制方法来保证厨房菜点的质量符合要求，并在较高水平上获得稳定。

（一）阶段标准控制

厨房生产运转流程，从原料购进到产品售出，可分为食品原料、食品生产和食品销售三大阶段。针对三大阶段不同工作特点，分别设计、制定相关作业标准，在此基础上再加以检查、督导和控制，以达到厨房生产及产品的质量稳定，这便是阶段标准控制法。

1. 食品原料阶段的控制

原料阶段主要包括原料的采购、验收和贮存。在这一阶段应重点控制原料的采购规格、验收质量和贮存管理方法。

（1）要严格按采购规格书采购各类菜肴原料，确保购进原料能最大限度地发挥应有作用，并使加工生产变得方便快捷。没有制定采购规格标准的一般原料，也应以方便生产为前提，选购规格分量相当、质量上乘的物品；不得贪图便宜省事，购进残次品原料。

（2）全面细致验收，保证进货质量。把不合格原料杜绝在饭店之外，可以减少厨房加工生产的不少麻烦。验收各类原料，首先要严格依据采购规格书规定的标准；若没有制定规格书的采购原料，或新上市的品种、对质量把握不清楚的，要随时约请有关专业厨师进行认真检查，确保验收质量。

（3）加强贮存原料管理，防止原料保管不当而降低其质量标准。严格区分原料性质，进行分类保藏。各类保藏库要及时检查清理，防止将不合格或变质原料发放给厨房用以加工生产。厨房已申领暂存小库房（周转库）的原料，同样要加强检查整理，确保质量可靠和卫生安全。

2. 食品生产阶段的控制

在申领原料的数量与质量得到有效控制的前提下，食品生产阶段主要应控制菜肴加工、组配和烹调的质量。

（1）加工是菜肴生产的第一个环节，同时又是原料申领和接受使用的重要环节。进入厨房的原料质量要在这里得到认可。因此，要严格计划领料，并检查各类将要用作加工的原料的质量，确认可靠才可进行生产。对各类原料进行加工和切割，要根据烹调做菜需要，事先明确规定加工切割规格标准，并进行培训，督导执行。

原料经过加工切割，大部分动物、水产类原料还需要进行浆制（上浆），这道工序对菜肴的色泽、嫩度和口味产生较大影响。如果因人而异，烹调岗位则无所适从，成品难免千差万别。因此，对各类菜肴的上浆用料应作出规定，以指导操作。

（2）组配是决定菜肴原料组成及分量的操作。对原料使用量大的菜肴，要求严格按菜肴组配规格表执行，称量取用各类原料，以保证菜肴风味和成本。中菜切配、西菜切配，以及冷菜的装盘均可规定用料品种和数量。随着菜肴的翻新和菜肴成本的变化，如有必要，厨房管理人员还应及时测试用料比例，调整用量，修订配菜规格，并督导执行。

（3）烹调是菜肴从原料到成品的成熟环节，这里决定菜肴的色泽、风味和质地等，而且"鼎中之变，精妙微纤"，其质量控制显得尤其重要和困难。有效的做法是，在开餐前，将经常使用的主要味型的调味汁，批量集中兑制，便于开餐时供各炉头随时取用，以减少因人而异的偏差，保持出品菜肴口味质量的一致性。调味汁的调兑应明确专人、根据一定的规格比例制作。

3. 食品销售阶段的控制

菜肴由厨房烹制完成，即交餐厅出菜服务，这里有两个环节容易出差错，须加以控制，一是备餐服务，二是餐厅上菜服务。

（1）备餐要为菜肴配齐相应的作料、食用和卫生器具及用品。加热后调味的菜肴（如炸、蒸、白灼菜肴等）大多需要配带佐料，如果疏忽，菜肴则淡而无味；有些菜肴不借助一定的器具用品，食用起来很不雅观或不方便（如吃整只螃蟹等）。因此，备餐间有必要对有关菜肴的佐料和用品的配带情况作出规定，以督促、提醒服务员上菜时注意带齐。

（2）服务员上菜服务，要及时规范，主动报告菜名；对食用方法独特的菜肴，应对客人作适当介绍或提示。要按照上菜次序，把握上菜节奏，循序渐进地从事菜点销售服务。分菜要注意菜肴的整体美和分散后的组合效果，始终注意保持厨房产品在宾客食用前的形象美观。对客人需要打包和外卖的食品，同样要注意尽可能保持其各方面质量的完好。

阶段标准控制法特别强调各岗位、各环节的质量检查，建立和执行系统的检查制度，是厨房产品阶段控制的有效保证。厨房产品质量检查，重点是根据生产过程，抓好原料领用检查、生产制作检查和成菜服务销售检查三个方面。原料领用检查是把好菜点质量关的第一步，是对质量底线的控制，切不可因为顾及部门之间关系而放松对这方面的检查、要求。生产制作检查，指菜肴加工生产过程中下一道工序的员工必须对上一道工序的食品加工制作质量进行检查，如发现不合标准的应予返工，以免影响成品质量。成菜服务销售检查指除上述两方面检查外，餐厅服务员也应参与菜点质量检查。服务员直接与宾客打交道，从销售的角度检查菜点质量，往往要求更高，尤其是对菜肴的色泽、装盘及外观等方面。要注意调动和发挥服务员的积极性，加强和利用其检查功能，切实改进和完善出品质量。

（二）岗位职责控制

利用厨房岗位分工，强化岗位职能，并施以检查督导，对厨房产品的质量亦有较好的控制效果，这便是厨房产品质量岗位职责控制法。

厨房产品质量岗位职责控制法的实施有两个要点：

1. 厨房所有工作均应有所分工落实

厨房生产要达到一定的标准要求，各项工作必须全面分工落实。厨房生产，既包括主要明显的炒菜、切配等，也少不了零散、容易被忽视的打荷、领料、食品雕刻等。厨房所有工作明确划分、合理安排、毫无遗漏地分配至各加工生产岗位，这样才能保证厨房生产过程顺利进行，生产各环节的质量才有人负责，检查和改进工作也才有可能。

厨房各岗位应强调分工协作，每个岗位所承担的工作任务应该是本岗位比较方便完成的，而不应是阻力、障碍较大，或操作很困难的几项工作的累积。厨房岗位职责明确后，要强化各司其职、各尽其能的意识，员工在各自的岗位上保质保量及时完成各项任务，其质量控制便有了保障。

2. 厨房岗位责任应有主次

厨房所有工作不仅要有相应的岗位分担，而且厨房各岗位承担的工作责任也不应是均衡一致的。将一些价格昂贵、原料高档，或高规格、重要身份顾客的菜肴的制作，以及技术难度较大的工作列入头炉、头砧等重要岗位职责内容，这样在充分发挥厨师技术潜能的同时，进一步明确责任，可有效地减少和防止质量事故的发生。对厨房菜肴口味，以及生产面上工作构成较大影响的活计，也应规定给各工种主要岗位完成，如配兑调味汁、调制点心馅料、涨发高档干货原料等。为了便于对出品菜肴的质量进行考核，客人对菜肴成熟与否、口味是否恰当等褒贬，可以查明有责任厨师，应赋予厨房打荷岗位这方面的职责。打荷在根据订单（或宴会菜单）安排烹制出菜时，将每道出菜的烹制厨师或工号标注在订单上，待以备查，是比较简便和切实可行的。

从事一般厨房生产、对出品质量不直接构成影响或影响不是太大的岗位，并非没有责任，只不过相对主要岗位承担的责任轻一些而已。其实，厨房生产是个有机相连的系统工程，任何一个岗位、环节不协调，都有可能妨碍开餐出品和菜点质量。因此，这些岗位的员工同样要认真对待每一项工作，主动接受厨房管理人员和主要岗位厨师的督导、配合，协助完成厨房生产的各项工作任务。

（三）重点环节控制

重点控制法是针对厨房生产与出品某个阶段质量或秩序相对较差，或重点客情、重要任务，以及重大餐饮活动而进行的更加详细、全面、专注的督导管理，是提高和保证生产与出品质量的一种方法。

1. 重点岗位、环节控制

通过对厨房生产及产品质量的检查和考核，找出影响或妨碍生产秩序和产品质量的环节或岗位，并以之为重点，加强控制，提高工作效率和出品质量。例如，炉灶烹调出菜速度慢，菜肴口味时好时差，通过跟踪检查发现，炒菜厨师动作不利索，重复操作多，每菜必尝，口味把握不住；经过分析，原来多为新招聘厨师，对经营菜肴的调味、用料及烹制缺少经验。因此，厨房管理者就必须加强对炉灶烹调岗位的指导、培训，加强对出品质量的把关，以提高烹调速度，防止和杜绝不合格菜肴送出厨房。又比如，一段时期以来，有好几批客人反映宴会吃过以后仍觉腹中饥饿，检查分析发现，宴席各客（分食）菜肴增多，配菜分量不足，导致分菜以后每客数量很少；这时则需加强对配菜的控制，保证按调整后的规格配菜，以使吃套餐和宴会的客人有足够、适量的菜品。显然，作为控制的重点岗位和环节是不固定的，针对不同时期的不同问题应及时调整工作重点，进行控制督导。这种控制不是盲目简单的头痛医头、脚痛医脚，而应根据厨房管理的总体目标，随着控制重点的转移，不断提高生产及产品质量，完善管理，向新的水准迈进。

这种控制法的关键是寻找和确定厨房控制的重点。而这些重点是通过对厨房运转进行全面细致的检查和考核来确定的。厨房产品质量的检查，可以采取管理者自查的方式，也可以凭借向就餐客人征询意见以获取信息。另外，还可以聘请质量检查员，以及有关行家、专家进行明察或暗访。进而通过分析，找出影响质量问题的主要症结所在，加以重点控制，以改进工作，提高出品质量。

2. 重点客情、重要任务控制

在厨房业务活动中，对重点客情、重要任务的控制，对厨房社会效益和经济效益的影响是很大的。

对重点客人或重要任务，从菜单制定开始就要强调其针对性，从原料的选用到菜点的出品，要注意全过程的安全、卫生和质量可靠。厨房管理人员要加强每个岗位、环节的生产督导和质量检查控制，尽可能安排技术、心理素质较好的厨师为其制作。每一道菜点，在尽可能做到设计构思新颖独特之外，还要安排专人跟踪负责，切不可与其他菜品交叉混放，以确保制作和出品质量。在客人用餐之后，还应主动征询意见，积累资料，以方便以后的工作。

3. 重大活动控制

重大餐饮活动，可以为饭店创造较多的营业收入，同时也要消耗大批食品原料。因此加强对重大活动菜点生产制作的组织和控制，不仅可以有效地节约成本开支，为饭店创造应有的经济效益；而且通过成功地组办大规模的餐饮活动，可以向社会宣传企业实力，进而通过就餐客人的口碑，扩大饭店及厨房影响。对此厨房管理人员应有足够的认识。

厨房对重大活动的控制，首先应从菜单制定着手，要充分考虑消费人群的结构，结合饭店原料库存和市场供应情况，以及季节特点，开列一份（或若干）具有一定风味特色，而又能为其活动团体广为接受的菜单。

接着要精心组织各类原料，适当调整安排厨房人手，妥善及时提供各类菜品。厨房管理人员、主要技术骨干均应亲临第一线，从事主要岗位的烹饪制作，严格把好各阶段产品质量关。重大宴会活动中，厨房应设总指挥负责统一调度，确保出品次序，时刻与餐厅保持沟通，控制走菜速度。有时因受宾主致辞、祝酒、演出等活动的影响，要暂停上菜。活动期间，尤其应采取切实有效措施，控制食品及生产制作的卫生，主动做好食品留样，严防食物中毒事故的发生。大型活动厨房冷菜生产量较大，其卫生特别重要。对冷菜的装盘、存放及出品要严加控制，避免熟菜被污染和腐败。大型活动结束以后，要及时处理各类剩余原料和成品，注意搜集客人反映，为其他活动的承办积累经验。

"五常"法

"五常"法是现代企业创新管理的一种方法，其内容是"工作常组织，纪律常整顿，环境常清洁，事物常规范，人人常自律"。其目的是在实行全员管理的基础上，从细微的小事做起，使员工的规范意识明显增强，企业的服务质量、办事效率和管理水平得到提升，形成事事有章可循、事事有人负责、事事有据可查，管理有序、井井有条的良好工作局面。最终降低企业成本，提高工作效率，使环境卫生得以改善，员工素质得以提升。

目前"五常"法、"六常"法的管理理念常被餐饮企业运用，取得了较好的效果。

第二节　菜点异物控制管理

菜点异物就是在销售的菜肴中存在不是主辅原料的食物，甚至是不能食用的杂物。菜肴中发现异物，往往使就餐消费者产生很大的不满，他们甚至会向餐厅提出强烈的投诉，如果处理不当，就会严重影响企业的形象和声誉。消费者在进餐时，在菜品中发现异物，属于严重的菜点质量问题。

一、菜品异物的类型

菜品中常见的异物主要有以下几种：（1）金属类异物类，如小型螺丝钉、大头针、钢丝等；（2）纸片、纸屑等；（3）头发、体毛等；（4）布条、线头类；（5）杂草、木屑等；（6）碎玻璃碴、瓷片等；（7）骨头渣、鱼骨刺、鱼鳞等；（8）沙粒、石渣、泥土等；（9）创可贴、首饰等；（10）小型动物，主要是动物内脏内的小鱼小虾，以及传播细菌的苍蝇、蚊虫等。

菜品中混入杂物、异物，首先造成了菜品被有害物质污染。尽管有的异物可能不带有害细菌，但会给消费者造成精神伤害，有些异物在进食中，会给消费者造成直接的肉体伤害，如碎玻璃碴、钢丝等。实际上，消费者对某餐厅菜品卫生质量的评价，有一大部分是取决于在菜品中是否发现有异物。

二、有效控制菜点异物的措施

一般来说，控制菜品中异物的混入，应做好如下几个方面的工作：

（一）提高从业人员卫生质量意识

提高从业人员卫生质量意识，强化菜品加工人员、传菜人员的个人卫生的管理，具体措施是：

（1）所有与菜品接触的从业人员必须留短发，男性不准留胡子。

（2）厨房员工、服务员上班必须戴工作帽或避免头发下落的头饰物品。

（3）员工洗澡后的换洗衣服不准进入厨房。

（二）严格作业时的操作规程和卫生质量标准

（1）原料初加工的过程，务必将杂物剔除干净，尤其是蔬菜类的择洗加工。

（2）切割好的原料放置在专用料盒中，并加盖防护盖，避免落入异物。

（3）切割原料时，对抹布的使用要特别注意，避免线段等混入菜料中。

（4）所有菜肴在从厨房到餐厅的传递过程中，要加盖防护盖。

（5）洗涤器具时使用的钢丝球、丝网一定要严格管理，避免将断下的钢丝混入菜品中。

（6）营业结束时，要及时盖好调料罐，防止杂物侵入。

（7）后勤人员维修保养烹饪设备时，要严禁将螺丝钉、电线头等乱扔乱放。

（三）加强对厨房、餐厅废弃物的管理

加强对厨房、餐厅内废弃物的管理，严禁员工随地乱扔乱放废弃不使用的零散物品、下脚料等。

（1）所有的废弃物必须使用专门设备存放，并且要加盖防护。

（2）有专人按时对垃圾箱的废弃物进行清理。

（3）厨房内应设有专门的隐藏式废弃物桶，严禁将废纸巾、牙签、烟头等乱扔乱倒，尤其禁止废弃物与餐具混杂存放。

(四)加强对菜品卫生质量的监督与检查

许多菜品中的异物都是由于对菜品的生产、传递过程缺少严格的监督与检查造成的,必须加强各个环节对菜品卫生质量的监督与检查。

(1)建立专门的质量检查部门,并设专职菜品卫生质量检查员。

(2)从初加工、切配、打荷、烹制、划菜,到服务传菜、上菜等环节的岗位员工,必须对原料或菜品成品认真检查,杜绝一切可能混入菜品中的杂物。

(3)下一工序要对上一工序的卫生质量进行监督,发现卫生问题,立即退回重新加工处理。

(4)建立卫生质量经济责任制,对菜品中发生的异物、杂物的混入事件进行严肃处理与处罚,以引起全体员工的重视。

第三节 遵纪守法,诚信经营

现代餐饮企业要得到消费者的认同,得到员工的认同,首先要遵纪守法、诚信经营,做到顾客至上,信誉第一,努力打造企业品牌;其次要认真学习相关法律知识,使法律意识贯穿于经营管理中。以下着重介绍与厨房相关的法律、法规。

一、食品安全法

2009年2月28日国家主席胡锦涛签发中华人民共和国第九号主席令,公布由中华人民共和国第十一届全国人民代表大会常务委员会第七次会议于2009年2月28日通过的《中华人民共和国食品安全法》。

《食品安全法》与已经实施14年的《食品卫生法》相比,明确了各部门分段监管职责,新增了食品安全风险评估与监测,《食品安全法》对于食品安全的提法更为科学、合理，安全事故的处置更加详细、规范、具体，等等。

相关链接 🔍搜索

中华人民共和国食品安全法（摘要）

（2009年2月28日第十一届全国人民代表大会常务委员会第七次会议通过）

第一章 总 则

第一条 为保证食品安全，保障公众身体健康和生命安全，制定本法。

第二条 在中华人民共和国境内从事下列活动，应当遵守本法：

（一）食品生产和加工（以下称食品生产），食品流通和餐饮服务（以下称食品经营）；

……

第二十七条 食品生产经营应当符合食品安全标准，并符合下列要求：

（一）具有与生产经营的食品品种、数量相适应的食品原料处理和食品加工、包装、贮存等场所，保持该场所环境整洁，并与有毒、有害场所以及其他污染源保持规定的距离；

（二）具有与生产经营的食品品种、数量相适应的生产经营设备或者设施，有相应的消毒、更衣、盥洗、采光、照明、通风、防腐、防尘、防蝇、防鼠、防虫、洗涤以及处理废水、存放垃圾和废弃物的设备或者设施；

（三）有食品安全专业技术人员、管理人员和保证食品安全的规章制度；

（四）具有合理的设备布局和工艺流程，防止待加工食品与直接入口食品、原料与成品交叉污染，避免食品接触有毒物、不洁物；

（五）餐具、饮具和盛放直接入口食品的容器，使用前应当洗净、消毒，炊具、用具用后应当洗净，保持清洁；

（六）贮存、运输和装卸食品的容器、工具和设备应当安全、无害，保持清洁，防止食品污染，并符合保证食品安全所需的温度等特殊要求，不得将食品与有毒、有害物品一同运输；

（七）直接入口的食品应当有小包装或者使用无毒、清洁的包装材料、餐具；

（八）食品生产经营人员应当保持个人卫生，生产经营食品时，应当将手洗净，穿戴清洁的工作衣、帽；销售无包装的直接入口食品时，应当使用无毒、清洁的售货工具；

（九）用水应当符合国家规定的生活饮用水卫生标准；

（十）使用的洗涤剂、消毒剂应当对人体安全、无害；

（十一）法律、法规规定的其他要求。

第二十八条 禁止生产经营下列食品：

（一）用非食品原料生产的食品或者添加食品添加剂以外的化学物质和其他可能危害人体健康物质的食品，或者用回收食品作为原料生产的食品；

（二）致病性微生物、农药残留、兽药残留、重金属、污染物质以及其他危害人体健康的物质，含量超过食品安全标准限量的食品；

（三）营养成分不符合食品安全标准的专供婴幼儿和其他特定人群的主辅食品；

（四）腐败变质、油脂酸败、霉变生虫、污秽不洁、混有异物、掺假掺杂或者感官性状异常的食品；

（五）病死、毒死或者死因不明的禽、畜、兽、水产动物肉类及其制品；

（六）未经动物卫生监督机构检疫或者检疫不合格的肉类，或者未经检验或者检验不合格的肉类制品；

（七）被包装材料、容器、运输工具等污染的食品；

（八）超过保质期的食品；

（九）无标签的预包装食品；

（十）国家为防病等特殊需要明令禁止生产经营的食品；

（十一）其他不符合食品安全标准或者要求的食品。

第二十九条 国家对食品生产经营实行许可制度。从事食品生产、食品流通、餐饮服务，应当依法取得食品生产许可、食品流通许可、餐饮服务许可。

取得食品生产许可的食品生产者在其生产场所销售其生产的食品，不需要取得食品流通的许可；取得餐饮服务许可的餐饮服务提供者在其餐饮服务场所出售其制作加工的食品，不需要取得食品生产和流通的许可；农民个人销售其自产的食用农产品，不需要取得食品流通的许可。

食品生产加工小作坊和食品摊贩从事食品生产经营活动，应当符合本法规定的与其生产经营规模、条件相适应的食品安全要求，保证所生产经营的食品卫生、无毒、无害，有关部门应当对其加强监督管理，具体管理办法由省、自治区、直辖市人民代表大会常务委员会依照本法制定。

......

第三十二条 食品生产经营企业应当建立健全本单位的食品安全管理制度，加强对职工食品安全知识的培训，配备专职或者兼职食品安全管理人员，做好对所生产经营食品的检验工作，依法从事食品生产经营活动。

......

第三十四条 食品生产经营者应当建立并执行从业人员健康管理制度。患有痢疾、伤寒、病毒性肝炎等消化道传染病的人员，以及患有活动性肺结核、化脓性或者渗出性皮肤病等有碍食品安全的疾病的人员,不得从事接触直接入口食品的工作。

食品生产经营人员每年应当进行健康检查,取得健康证明后方可参加工作。

……

第三十六条　食品生产者采购食品原料、食品添加剂、食品相关产品,应当查验供货者的许可证和产品合格证明文件;对无法提供合格证明文件的食品原料,应当依照食品安全标准进行检验;不得采购或者使用不符合食品安全标准的食品原料、食品添加剂、食品相关产品。

食品生产企业应当建立食品原料、食品添加剂、食品相关产品进货查验记录制度,如实记录食品原料、食品添加剂、食品相关产品的名称、规格、数量、供货者名称及联系方式、进货日期等内容。

食品原料、食品添加剂、食品相关产品进货查验记录应当真实,保存期限不得少于二年。

……

第四十六条　食品生产者应当依照食品安全标准关于食品添加剂的品种、使用范围、用量的规定使用食品添加剂;不得在食品生产中使用食品添加剂以外的化学物质和其他可能危害人体健康的物质。

……

第五十条　生产经营的食品中不得添加药品,但是可以添加按照传统既是食品又是中药材的物质。按照传统既是食品又是中药材的物质的目录由国务院卫生行政部门制定、公布。

……

第一百零四条　本法自2009年6月1日起施行。《中华人民共和国食品卫生法》同时废止。

二、食品安全法实施条例

2009年7月20日国务院总理温家宝签发中华人民共和国第557号国务院令,公布2009年7月8日由国务院第73次常务会议通过的《中华人民共和国食品安全法实施条例》。

相关链接 🔍搜索

中华人民共和国食品安全法实施条例（摘要）

……

第一条 根据《中华人民共和国食品安全法》（以下简称食品安全法），制定本条例。

……

第三条 食品生产经营者应当依照法律、法规和食品安全标准从事生产经营活动，建立健全食品安全管理制度，采取有效管理措施，保证食品安全。

食品生产经营者对其生产经营的食品安全负责，对社会和公众负责，承担社会责任。

……

第二十条 设立食品生产企业，应当预先核准企业名称，依照食品安全法的规定取得食品生产许可后，办理工商登记。县级以上质量监督管理部门依照有关法律、行政法规规定审核相关资料、核查生产场所、检验相关产品；对相关资料、场所符合规定要求以及相关产品符合食品安全标准或者要求的，应当作出准予许可的决定。

其他食品生产经营者应当在依法取得相应的食品生产许可、食品流通许可、餐饮服务许可后，办理工商登记。法律、法规对食品生产加工小作坊和食品摊贩另有规定的，依照其规定。

食品生产许可、食品流通许可和餐饮服务许可的有效期为3年。

第二十一条 食品生产经营者的生产经营条件发生变化，不符合食品生产经营要求的，食品生产经营者应当立即采取整改措施；有发生食品安全事故的潜在风险的，应当立即停止食品生产经营活动，并向所在地县级质量监督、工商行政管理或者食品药品监督管理部门报告；需要重新办理许可手续的，应当依法办理。

……

第二十二条 食品生产经营企业应当依照食品安全法第三十二条的规定组织职工参加食品安全知识培训，学习食品安全法律、法规、规章、标准和其他食品安全知识，并建立培训档案。

第二十三条 食品生产经营者应当依照食品安全法第三十四条的规定建立并执行从业人员健康检查制度和健康档案制度。从事接触直接入口食品工作的人员患有痢疾、伤寒、甲型病毒性肝炎、戊型病毒性肝炎等消化道传染病，以及患有活动性肺结核、化脓性或者渗出性皮肤病等有碍食品安全的疾病的，食品生产经营者应当将其调整到其他不影响食品安全的工作岗位。

……

第三十一条 餐饮服务提供者应当制定并实施原料采购控制要求，确保所购原料符合

第十二章 质量管理与诚信守则

> 食品安全标准。
> 　　餐饮服务提供者在制作加工过程中应当检查待加工的食品及原料，发现有腐败变质或者其他感官性状异常的，不得加工或者使用。
> 　　第三十二条　餐饮服务提供企业应当定期维护食品加工、贮存、陈列等设施、设备；定期清洗、校验保温设施及冷藏、冷冻设施。
> 　　餐饮服务提供者应当按照要求对餐具、饮具进行清洗、消毒，不得使用未经清洗和消毒的餐具、饮具。
> 　　……
> 　　第六十四条　本条例自公布之日起施行。

三、餐饮业食品卫生管理办法

　　2010年3月4日由卫生部部长陈竺签发了中华人民共和国卫生部第71号令，发布《餐饮服务食品卫生监督管理办法》，对餐饮业作出了更明细的标准和要求。

> **相关链接** 🔍搜索
>
> ### 中华人民共和国餐饮业食品卫生管理办法（摘要）
>
> #### 第一章　总　则
>
> 　　第一条　为加强餐饮服务监督管理，保障餐饮服务环节食品安全，根据《中华人民共和国食品安全法》（以下简称《食品安全法》）、《中华人民共和国食品安全法实施条例》（以下简称《食品安全法实施条例》），制定本办法。
> 　　第二条　在中华人民共和国境内从事餐饮服务的单位和个人（以下简称餐饮服务提供者）应当遵守本办法。
> 　　第三条　国家食品药品监督管理局主管全国餐饮服务监督管理工作，地方各级食品药品监督管理部门负责本行政区域内的餐饮服务监督管理工作。
> 　　第四条　餐饮服务提供者应当依照法律、法规、食品安全标准及有关要求从事餐饮服务活动，对社会和公众负责，保证食品安全，接受社会监督，承担餐饮服务食品安全责任。

第五条 鼓励社会团体、基层群众性自治组织开展餐饮服务食品安全知识和相关法律、法规的普及工作,增强餐饮服务提供者食品安全意识,提高消费者自我保护能力;鼓励开展技术服务工作,促进餐饮服务提供者提高食品安全管理水平。

餐饮服务相关行业协会应当加强行业自律,引导餐饮服务提供者依法经营,推动行业诚信建设,宣传、普及餐饮服务食品安全知识。

第六条 鼓励和支持餐饮服务提供者为提高食品安全水平而采用先进技术和先进的管理规范,实施危害分析与关键控制点体系,配备先进的食品安全检测设备,对食品进行自行检查或者向具有法定资质的机构送检。

第七条 任何组织和个人均有权对餐饮服务食品安全进行社会监督,举报餐饮服务提供者违反本办法的行为,了解有关餐饮服务食品安全信息,对餐饮服务食品安全工作提出意见和建议。

第二章 餐饮服务基本要求

第八条 餐饮服务提供者必须依法取得《餐饮服务许可证》,按照许可范围依法经营,并在就餐场所醒目位置悬挂或者摆放《餐饮服务许可证》。

第九条 餐饮服务提供者应当建立健全食品安全管理制度,配备专职或者兼职食品安全管理人员。

被吊销《餐饮服务许可证》的单位,根据《食品安全法》第九十二条的规定,其直接负责的主管人员自处罚决定作出之日起5年内不得从事餐饮服务管理工作。

餐饮服务提供者不得聘用本条前款规定的禁止从业人员从事管理工作。

第十条 餐饮服务提供者应当按照《食品安全法》第三十四条的规定,建立并执行从业人员健康管理制度,建立从业人员健康档案。餐饮服务从业人员应当依照《食品安全法》第三十四条第二款的规定每年进行健康检查,取得健康合格证明后方可参加工作。

从事直接入口食品工作的人员患有《食品安全法实施条例》第二十三条规定的有碍食品安全疾病的,应当将其调整至其他不影响食品安全的工作岗位。

第十一条 餐饮服务提供者应当依照《食品安全法》第三十二条的规定组织从业人员参加食品安全培训,学习食品安全法律、法规、标准和食品安全知识,明确食品安全责任,并建立培训档案;应当加强专(兼)职食品安全管理人员食品安全法律法规和相关食品安全管理知识的培训。

第十二条 餐饮服务提供者应当建立食品、食品原料、食品添加剂和食品相关产品的采购查验和索证索票制度。

餐饮服务提供者从食品生产单位、批发市场等采购的,应当查验、索取并留存供货者的相关许可证和产品合格证明等文件;从固定供货商或者供货基地采购的,应当查验、索取并留存供货商或者供货基地的资质证明、每笔供货清单等;从超市、农贸市场、个体经

第十二章　质量管理与诚信守则

营商户等采购的，应当索取并留存采购清单。

餐饮服务企业应当建立食品、食品原料、食品添加剂和食品相关产品的采购记录制度。采购记录应当如实记录产品名称、规格、数量、生产批号、保质期、供货者名称及联系方式、进货日期等内容，或者保留载有上述信息的进货票据。

餐饮服务提供者应当按照产品品种、进货时间先后次序有序整理采购记录及相关资料，妥善保存备查。记录、票据的保存期限不得少于2年。

第十三条　实行统一配送经营方式的餐饮服务提供者，可以由企业总部统一查验供货者的许可证和产品合格的证明文件等，建立食品进货查验记录。

实行统一配送经营方式的，企业各门店应当建立总部统一配送单据台账。门店自行采购的产品，应当遵照本办法第十二条的规定。

第十四条　餐饮服务提供者禁止采购、使用和经营下列食品：

（一）《食品安全法》第二十八条规定禁止生产经营的食品；

（二）违反《食品安全法》第四十八条规定的食品；

（三）违反《食品安全法》第五十条规定的食品；

（四）违反《食品安全法》第六十六条规定的进口预包装食品。

第十五条　餐饮服务提供者应当按照国家有关规定和食品安全标准采购、保存和使用食品添加剂。应当将食品添加剂存放于专用橱柜等设施中，标示"食品添加剂"字样，妥善保管，并建立使用台账。

第十六条　餐饮服务提供者应当严格遵守国家食品药品监督管理部门制定的餐饮服务食品安全操作规范。餐饮服务应当符合下列要求：

（一）在制作加工过程中应当检查待加工的食品及食品原料，发现有腐败变质或者其他感官性状异常的，不得加工或者使用；

（二）贮存食品原料的场所、设备应当保持清洁，禁止存放有毒、有害物品及个人生活物品，应当分类、分架、隔墙、离地存放食品原料，并定期检查、处理变质或者超过保质期限的食品；

（三）应当保持食品加工经营场所的内外环境整洁，消除老鼠、蟑螂、苍蝇和其他有害昆虫及其滋生条件；

（四）应当定期维护食品加工、贮存、陈列、消毒、保洁、保温、冷藏、冷冻等设备与设施，校验计量器具，及时清理清洗，确保正常运转和使用；

（五）操作人员应当保持良好的个人卫生；

（六）需要熟制加工的食品，应当烧熟煮透；需要冷藏的熟制品，应当在冷却后及时冷藏；应当将直接入口食品与食品原料或者半成品分开存放，半成品应当与食品原料分开存放；

（七）制作凉菜应当达到专人负责、专室制作、工具专用、消毒专用和冷藏专用的要求；

（八）用于餐饮加工操作的工具、设备必须无毒无害，标志或者区分明显，并做到分开使用，定位存放，用后洗净，保持清洁；接触直接入口食品的工具、设备应当在使用前进行消毒；

（九）应当按照要求对餐具、饮具进行清洗、消毒，并在专用保洁设施内备用，不得使用未经清洗和消毒的餐具、饮具；购置、使用集中消毒企业供应的餐具、饮具，应当查验其经营资质，索取消毒合格凭证；

（十）应当保持运输食品原料的工具与设备设施的清洁，必要时应当消毒。运输保温、冷藏（冻）食品应当有必要的且与提供的食品品种、数量相适应的保温、冷藏（冻）设备设施。

第十七条 食品药品监督管理部门依法开展抽样检验时，被抽样检验的餐饮服务提供者应当配合抽样检验工作，如实提供被抽检样品的货源、数量、存货地点、存货量、销售量、相关票证等信息。

第三章 食品安全事故处理

第十八条 各级食品药品监督管理部门应当根据本级人民政府食品安全事故应急预案制定本部门的预案实施细则，按照职能做好餐饮服务食品安全事故的应急处置工作。

第十九条 食品药品监督管理部门在日常监督管理中发现食品安全事故，或者接到有关食品安全事故的举报，应当立即核实情况，经初步核实为食品安全事故的，应当立即向同级卫生行政、农业行政、工商行政管理、质量监督等相关部门通报。

发生食品安全事故时，事发地食品药品监督管理部门应当在本级人民政府领导下，及时作出反应，采取措施控制事态发展，依法处置，并及时按照有关规定向上级食品药品监督管理部门报告。

第四章 食品生产经营

第二十条 县级以上食品药品监督管理部门按照有关规定开展餐饮服务食品安全事故调查，有权向有关餐饮服务提供者了解与食品安全事故有关的情况，要求餐饮服务提供者提供相关资料和样品，并采取以下措施：

（一）封存造成食品安全事故或者可能导致食品安全事故的食品及其原料，并立即进行检验；

（二）封存被污染的食品工具及用具，并责令进行清洗消毒；

（三）经检验，属于被污染的食品，予以监督销毁；未被污染的食品，予以解封；

（四）依法对食品安全事故及其处理情况进行发布，并对可能产生的危害加以解释、说明。

第二十一条 餐饮服务提供者应当制定食品安全事故处置方案，定期检查各项食品安

第十二章 质量管理与诚信守则

全防范措施的落实情况，及时消除食品安全事故隐患。

第二十二条 餐饮服务提供者发生食品安全事故，应当立即封存导致或者可能导致食品安全事故的食品及其原料、工具及用具、设备设施和现场，在2小时之内向所在地县级人民政府卫生部门和食品药品监督管理部门报告，并按照相关监管部门的要求采取控制措施。

餐饮服务提供者应当配合食品安全监督管理部门进行食品安全事故调查处理，按照要求提供相关资料和样品，不得拒绝。

……

第二十七条 食品安全监督检查人员对餐饮服务提供者进行监督检查时，应当对下列内容进行重点检查：

（一）餐饮服务许可情况；

（二）从业人员健康证明、食品安全知识培训和建立档案情况；

（三）环境卫生、个人卫生、食品用工具及设备、食品容器及包装材料、卫生设施、工艺流程情况；

（四）餐饮加工制作、销售、服务过程的食品安全情况；

（五）食品、食品添加剂、食品相关产品进货查验和索票索证制度及执行情况、制定食品安全事故应急处置制度及执行情况；

（六）食品原料、半成品、成品、食品添加剂等的感官性状、产品标签、说明书及储存条件；

（七）餐具、饮具、食品用工具及盛放直接入口食品的容器的清洗、消毒和保洁情况；

（八）用水的卫生情况；

（九）其他需要重点检查的情况。

第二十八条 食品安全监督检查人员进行监督检查时，应当有2名以上人员共同参加，依法制作现场检查笔录，笔录经双方核实并签字。被监督检查者拒绝签字的，应当注明事由和相关情况，同时记录在场人员的姓名、职务等。

第二十九条 县级以上食品药品监督管理部门负责组织实施本辖区餐饮服务环节的抽样检验工作，所需经费由地方财政列支。

……

第三十七条 未经许可从事餐饮服务的，由食品药品监督管理部门根据《食品安全法》第八十四条的规定予以处罚。有下列情形之一的，按未取得《餐饮服务许可证》查处：

（一）擅自改变餐饮服务经营地址、许可类别、备注项目的；

（二）《餐饮服务许可证》超过有效期限仍从事餐饮服务的；

（三）使用经转让、涂改、出借、倒卖、出租的《餐饮服务许可证》，或者使用以其他形式非法取得的《餐饮服务许可证》从事餐饮服务的。

第三十八条 餐饮服务提供者有下列情形之一的，由食品药品监督管理部门根据《食品安全法》第八十五条的规定予以处罚：

（一）用非食品原料制作加工食品或者添加食品添加剂以外的化学物质和其他可能危害人体健康的物质，或者用回收食品作为原料制作加工食品；

（二）经营致病性微生物、农药残留、兽药残留、重金属、污染物质以及其他危害人体健康的物质含量超过食品安全标准限量的食品；

（三）经营营养成分不符合食品安全标准的专供婴幼儿和其他特定人群的主辅食品；

（四）经营腐败变质、油脂酸败、霉变生虫、污秽不洁、混有异物、掺假掺杂或者感官性状异常的食品；

（五）经营病死、毒死或者死因不明的禽、畜、兽、水产动物肉类及其制品；

（六）经营未经动物卫生监督机构检疫或者检疫不合格的肉类，或者未经检验或者检验不合格的肉类制品；

（七）经营超过保质期的食品；

（八）经营国家为防病等特殊需要明令禁止经营的食品；

（九）有关部门责令召回或者停止经营不符合食品安全标准的食品后，仍拒不召回或者停止经营的；

（十）餐饮服务提供者违法改变经营条件造成严重后果的。

第三十九条　餐饮服务提供者有下列情形之一的，由食品药品监督管理部门根据《食品安全法》第八十六条的规定予以处罚：

（一）经营或者使用被包装材料、容器、运输工具等污染的食品；

（二）经营或者使用无标签及其他不符合《食品安全法》、《食品安全法实施条例》有关标签、说明书规定的预包装食品、食品添加剂；

（三）经营添加药品的食品。

……

第四十九条　食品药品监督管理部门作出责令停业、吊销《餐饮服务许可证》、较大数额罚款等行政处罚决定之前，应当告知当事人有要求举行听证的权利。

当事人要求听证的，食品药品监督管理部门应当组织听证。

当事人对处罚决定不服的，可以申请行政复议或者提起行政诉讼。

第五十条　食品药品监督管理部门不履行有关法律法规规定的职责或者其工作人员有滥用职权、玩忽职守、徇私舞弊行为的，食品药品监督管理部门应当依法对相关负责人员或者直接责任人员给予记大过或者降级的处分；造成严重后果的，给予撤职或者开除的处分；其主要负责人应当引咎辞职。

……

第五十三条　本办法自2010年5月1日起施行，卫生部2000年1月16日发布的《餐饮业食品卫生管理办法》同时废止。

四、餐饮服务食品安全操作规范

2011年8月22日国家食品药品监督管理局发布《关于印发餐饮服务食品安全操作规范的通知》（国食药监食〔2011〕395号通知），其中包括餐饮服务提供者场所布局要求；推荐的餐用具清洗消毒方法；推荐的餐饮服务场所、设施、设备及工具清洁方法；餐饮服务预防食物中毒注意事项；推荐的餐饮服务从业人员洗手消毒方法；餐饮服务常用消毒剂及化学消毒注意事项。旨在加强餐饮服务食品安全管理，规范餐饮服务经营行为，保障消费者饮食安全。

餐用具清洗消毒方法

一、清洗方法

（一）采用手工方法清洗的应按以下步骤进行：

1. 刮掉沾在餐用具表面上的大部分食物残渣、污垢。
2. 用含洗涤剂溶液洗净餐用具表面。
3. 用清水冲去残留的洗涤剂。

（二）洗碗机清洗按设备使用说明进行。

二、消毒方法

（一）物理消毒。包括蒸汽、煮沸、红外线等热力消毒方法。

1. 煮沸、蒸汽消毒保持温度100℃，10分钟以上。
2. 红外线消毒一般控制温度120℃以上，保持10分钟以上。
3. 洗碗机消毒一般控制水温85℃，冲洗消毒40秒以上。

（二）化学消毒。主要为使用各种含氯消毒药物（餐饮服务常用消毒剂及化学消毒注意事项见附件6）消毒。

1. 使用浓度应含有效氯250mg/L（又称250ppm）以上，餐用具全部浸泡入液体中5分钟以上。
2. 化学消毒后的餐用具应用净水冲去表面残留的消毒剂。

餐饮服务提供者在确保消毒效果的前提下可以采用其他消毒方法和参数。

（三）保洁方法

1. 消毒后的餐用具要自然沥干或烘干，不应使用抹布、餐巾擦干，避免受到再次污染。
2. 消毒后的餐用具应及时放入密闭的餐用具保洁设施内。

餐饮服务预防食物中毒注意事项

一、食物中毒的常见原因

（一）细菌性食物中毒常见原因

1. 生熟交叉污染。如熟食品被生的食品原料污染，或被与生的食品原料接触过的表面（如容器、手、操作台等）污染，或接触熟食品的容器、手、操作台等被生的食品原料污染。

2. 食品贮存不当。如熟制高风险食品被长时间存放在10℃至60℃之间的温度条件下（在此温度下的存放时间应小于2小时），或易腐原料、半成品食品在不适合温度下长时间贮存。

3. 食品未烧熟煮透。如食品烧制时间不足、烹饪前未彻底解冻等原因使食品加工时中心温度未达到70℃。

4. 从业人员带菌污染食品。从业人员患有传染病或是带菌者，操作时通过手部接触等方式污染食品。

5. 经长时间贮存的食品食用前未彻底再加热至中心温度70℃以上。

6. 进食未经加热处理的生食品。

（二）化学性食物中毒常见原因

1. 作为食品原料的食用农产品，在种植养殖过程或生长环境中受到化学性有毒有害物质污染或食用前有毒农药或兽药残留剂量较多。

2. 食品中含有天然有毒物质，食品加工过程未去除。如豆浆未煮透使其中的胰蛋白酶抑制物未彻底去除，四季豆加热时间不够使其中的皂素等未完全破坏。

3. 食品在加工过程中受到化学性有毒有害物质的污染。如误将亚硝酸盐当作食盐使用。

4. 食用有毒有害食品，如毒蕈、发芽马铃薯、河豚。

二、预防食物中毒的基本方法

（一）预防细菌性食物中毒的基本原则和关键点

预防细菌性食物中毒，应根据防止食品受到病原菌污染、控制病原菌的繁殖和杀灭病原菌三项基本原则采取措施，其关键点主要有：

1. 避免污染。即避免熟食品受到各种病原菌的污染。如避免生食品与熟食品接触；经常性洗手，接触直接入口食品的人员还应消毒手部；保持食品加工操作场所清洁；避免昆虫、鼠类等动物接触食品。

2. 控制温度。即控制适当的温度以保证杀灭食品中的病原菌或防止病原菌的生长繁殖。如加热食品应使中心温度达到70℃以上。贮存熟食品，要及时热藏，使食品温度保持在60℃以上，或者及时冷藏，把温度控制在10℃以下。

3. 控制时间。即尽量缩短食品存放时间，不给病原菌生长繁殖的机会。熟食品应尽量当餐食用；食品原料应尽快使用完。

4. 清洗和消毒。这是防止食品受到污染的主要措施。接触食品的所有物品应清洗干净，凡是接触直接入口食品的物品，还应在清洗的基础上进行消毒。一些生吃的蔬菜水果也应进行清洗消毒。

5. 控制加工量。食品的加工量应与加工条件相吻合。食品加工量超过加工场所和设备的承受能力时，难以做到按食品安全要求加工，极易造成食品污染，引起食物中毒。

（二）预防常见化学性食物中毒的措施

1. 农药引起的食物中毒。蔬菜初加工时以食品洗涤剂（洗洁精）溶液浸泡30分钟后再冲净，烹饪前再经烫泡1分钟，可有效去除蔬菜表面的大部分农药。

2. 豆浆引起的食物中毒。烧煮生豆浆时将上涌泡沫除净，煮沸后再以文火维持煮沸5分钟左右，可使其中的胰蛋白酶抑制物彻底分解破坏。应注意豆浆加热至80℃时，会有许多泡沫上浮，出现"假沸"现象。

3. 四季豆引起的食物中毒。烹饪时先将四季豆放入开水中烫煮10分钟以上再炒。

4. 亚硝酸盐引起的食物中毒。加强亚硝酸盐的保管，避免误作食盐使用。

餐饮服务从业人员洗手消毒方法

一、洗手程序

（一）在水龙头下先用水（最好是温水）把双手弄湿。

（二）双手涂上洗涤剂。

（三）双手互相搓擦20秒（必要时，以干净卫生的指甲刷清洁指甲）。

（四）用自来水彻底冲洗双手，工作服为短袖的应洗到肘部。

（五）关闭水龙头（手动式水龙头应用肘部或以纸巾包裹水龙头关闭）。

（六）用清洁纸巾、卷轴式清洁抹手布或干手机干燥双手。

二、标准洗手方法

1. 掌心对掌心搓擦　　2. 手指交错掌心对手背搓擦　　3. 手指交错掌心对掌心搓擦
4. 两手互握互搓指背　　5. 拇指在掌中转动搓擦　　6. 指尖在掌心中搓擦

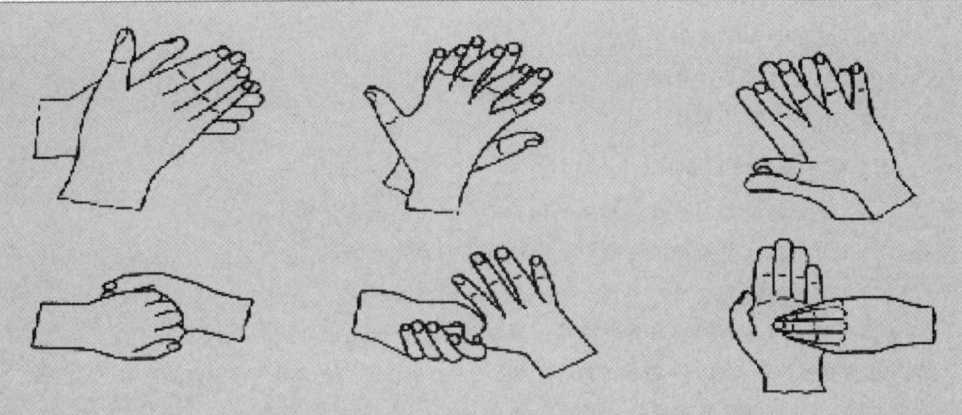

三、标准的手部消毒方法

清洗后的双手在消毒剂水溶液中浸泡20～30秒，或涂擦消毒剂后充分揉搓20～30秒。

餐饮服务常用消毒剂及化学消毒注意事项

一、常用消毒剂

（一）漂白粉：主要成分为次氯酸钠，还含有氢氧化钙、氧化钙、氯化钙等。配制水溶液时应先加少量水，调成糊状，再边加水边搅拌成乳液，静置沉淀，取澄清液使用。漂白粉可用于环境、操作台、设备、餐用具及手部等的涂擦和浸泡消毒。

（二）次氯酸钙（漂粉精）：使用时充分溶解在水中，普通片剂应碾碎后加入水中充分搅拌溶解，泡腾片可直接加入溶解。使用范围同漂白粉。

（三）次氯酸钠：使用时在水中充分混匀。使用范围同漂白粉。

（四）二氯异氰尿酸钠（优氯净）：使用时充分溶解在水中，普通片剂应碾碎后加入水中充分搅拌溶解，泡腾片可直接加入溶解。使用范围同漂白粉。

（五）二氧化氯：因配制的水溶液不稳定，应在使用前加活化剂现配现用。使用范围同漂白粉。因氧化作用极强，应避免接触油脂，以防止加速其氧化。

（六）碘伏：0.3%～0.5%碘伏可用于手部浸泡消毒。

（七）新洁而灭：0.1%新洁而灭可用于手部浸泡消毒。

（八）乙醇：75%乙醇可用于手部或操作台、设备、工具等涂擦消毒。90%乙醇点燃可用于砧板、工具消毒。

二、消毒液配制方法举例

以每片含有效氯0.25g的漂粉精片配制1L的有效氯浓度为250mg/L的消毒液为例：

（一）在专用消毒容器中事先标好1L的刻度线。

第十二章 质量管理与诚信守则

（二）容器中加水至刻度线。

（三）将1片漂粉精片碾碎后加入水中。

（四）搅拌至药片充分溶解。

三、化学消毒注意事项

（一）使用的消毒剂应在保质期限内，并按规定的温度等条件贮存。

（二）严格按规定浓度进行配制，固体消毒剂应充分溶解。

（三）配好的消毒液定时更换，一般每4小时更换一次。

（四）使用时定时测量消毒液浓度，浓度低于要求时应立即更换或适量补加消毒液。

（五）保证消毒时间，一般餐用具消毒应作用5分钟以上。或者按消毒剂产品使用说明操作。

（六）应使消毒物品完全浸没于消毒液中。

（七）餐用具消毒前应洗净，避免油垢影响消毒效果。

（八）消毒后以洁净水将消毒液冲洗干净，沥干或烘干。

（九）餐用具宜采用热力消毒。

五、劳动法

1994年7月5日中华人民共和国主席江泽民签发第28号主席令，公布由中华人民共和国第八届全国人民代表大会常务委员会第八次会议于1994年7月5日通过的《中华人民共和国劳动法》。

劳动法的出台目的是保护劳动者的合法权益，调整劳动关系，建立和维护适应社会主义市场经济的劳动制度，促进经济发展和社会进步。

相关链接 🔍搜索

中华人民共和国劳动法（摘要）

第一章 总则

第一条 为了保护劳动者的合法权益，调整劳动关系，建立和维护适应社会主义市场经济的劳动制度，促进经济发展和社会进步，根据宪法，制定本法。

第二条 在中华人民共和国境内的企业、个体经济组织（以下统称用人单位）和与之形成劳动关系的劳动者，适用本法。

第三条 劳动者享有平等就业和选择职业的权利、取得劳动报酬的权利、休息休假的权利、获得劳动安全卫生保护的权利、接受职业技能培训的权利、享受社会保险和福利的权利、提请劳动争议处理的权利以及法律规定的其他劳动权利。

劳动者应当完成劳动任务，提高职业技能，执行劳动安全卫生规程，遵守劳动纪律和职业道德。

第四条 用人单位应当依法建立和完善规章制度，保障劳动者享有劳动权利和履行劳动义务。……

第二章 促进就业

……

第十二条 劳动者就业，不因民族、种族、性别、宗教信仰不同而受歧视。

第十三条 妇女享有与男子平等的就业权利。在录用职工时，除国家规定的不适合妇女的工种或者岗位外，不得以性别为由拒绝录用妇女或者提高对妇女的录用标准。

第十四条 残疾人、少数民族人员、退出现役的军人的就业，法律、法规有特别规定的，从其规定。

第十五条 禁止用人单位招用未满16岁的未成年人，必须依照国家有关规定，履行审批手续，并保障其接受义务教育的权利。

第三章 劳动合同和集体合同

第十六条 劳动合同是劳动者与用人单位确立劳动关系、明确双方权利和义务的协议。建立劳动关系应当订立劳动合同。

……

第十九条 劳动合同应当以书面形式订立，并具备以下条款：

（一）劳动合同期限；

（二）工作内容；

（三）劳动保护和劳动条件；

（四）劳动报酬；

（五）劳动纪律；

（六）劳动合同终止的条件；

（七）违反劳动合同的责任。

劳动合同除前款规定的必备条款外，当事人可以协商约定其他内容。

第二十条 劳动合同的期限分为有固定期限、无固定期限和以完成一定的工作为期限。

劳动者在同一用人单位连续工作满10年以上，当事人双方同意续延劳动合同的，如果劳动者提出订立无固定限期的劳动合同，应当订立无固定限期的劳动合同。

第二十一条　劳动合同可以约定试用期。试用期最长不得超过6个月。

第二十二条　劳动合同当事人可以在劳动合同中约定保守用人单位商业秘密的有关事项。

第二十三条　劳动合同期满或者当事人约定的劳动合同终止条件出现，劳动合同即行终止。

第二十四条　经劳动合同当事人协商一致，劳动合同可以解除。

第二十五条　劳动者有下列情形之一的，用人单位可以解除劳动合同：

（一）在试用期间被证明不符合录用条件的；

（二）严重违反劳动纪律或者用人单位规章制度的；

（三）严重失职、营私舞弊，对用人单位利益造成重大损害的；

（四）被依法追究刑事责任的。

第二十六条　有下列情形之一的，用人单位可以解除劳动合同，但是应当提前30日以书面形式通知劳动者本人：

（一）劳动者患病或者非因工负伤，医疗期满后，不能从事原工作也不能从事由用人单位另行安排的工作的；

（二）劳动者不能胜任工作，经过培训或者调整工作岗位，仍不能胜任工作的；

（三）劳动合同订立时所依据的客观情况发生重大变化，致使原劳动合同无法履行，经当事人协商不能就变更劳动合同达成协议的。

第二十七条　用人单位濒临破产进行法定整顿期间或者生产经营状况发生严重困难，确需裁减人员的，应当提前30日向工会或者全体员工说明情况，听取工会或者职工的意见，经向劳动行政部门报告后，可以裁减人员。

用人单位依据本条规定裁减人员，在6个月内录用人员的，应当优先录用被裁减人员。

第二十八条　用人单位依据本法第二十四条、第二十六条、第二十七条的规定解除劳动合同的，应当依照国家有关规定给予经济补偿。

第二十九条　劳动者有下列情形之一的，用人单位不得依据本法第二十六条、第二十七条的规定解除劳动合同：

（一）患职业病或者因工负伤并被确认丧失或者部分丧失劳动能力的；

（二）患病或者负伤，在规定的医疗期内的；

（三）女职工在孕期、产期、哺乳期的；

（四）法律、行政法规规定的其他情形。

……

第三十一条　有下列情形之一的，劳动者可以随时通知用人单位解除劳动合同：

（一）在试用期内的；

（二）用人单位以暴力、威胁或者非法限制人身自由的手段强迫劳动的；

（三）用人单位未按照劳动合同约定支付劳动报酬或者提供劳动条件的。

……

第四章 工作时间和休息休假

第三十六条 国家实行劳动者每日工作时间不超过8小时、平均每周工作时间不超过44小时的工时制度。

第三十七条 对实行计件工作的劳动者，用人单位应当根据本法第三十六条规定的工时制度合理确定其劳动定额和计件报酬标准。

第三十八条 用人单位应当保证劳动者每周至少休息1日。

第三十九条 企业因生产特点不能实行本法第三十六条、第三十八条规定的，经劳动行政部门批准，可以实行其他工作和休息办法。

第四十条 用人单位在下列节日期间应当依法安排劳动者休假：

（一）元旦；

（二）春节；

（三）国际劳动节；

（四）国庆节；

（五）法律、法规规定的其他休假节日。

第四十一条 用人单位由于生产经营需要，经与工会和劳动者协商后可以延长工作时间，一般每日不得超过1小时；因特殊原因需要延长工作时间的在保障劳动者身体健康的条件下延长工作时间每日不得超过3小时，但是每月不得超过36小时。

第四十二条 有下列情形之一的，延长工作时间不受本法第四十一条规定的限制：

（一）发生自然灾害、事故或者因其他原因，威胁劳动者生命健康和财产安全，需要紧急处理的；

（二）生产设备、交通运输线路、公共设施发生故障，影响生产和公众利益，必须及时抢修的；

（三）法律、行政法规规定的其他情形。

第四十三条 用人单位不得违反本法规定延长劳动者的工作时间。

第四十四条 有下列情形之一的，用人单位应当按照下列标准支付高于劳动者正常工作时间工资的工资报酬：

（一）安排劳动者延长时间的，支付不低于工资的百分之一百五十的工资报酬；

（二）休息日安排劳动者工作又不能安排补休的，支付不低于工资的百分之二百的工资报酬；

（三）法定休假日安排劳动者工作的，支付不低于工资的百分之三百的工资报酬。

第四十五条 国家实行带薪年休假制度。

劳动者连续工作1年以上的，享受带薪年休假。具体办法由国务院规定。

第五章　工　资

第四十六条　工资分配应当遵循按劳分配原则，实行同工同酬。

工资水平在经济发展的基础上逐步提高。国家对工资总量实行宏观调控。

……

第五十条　工资应当以货币形式按月支付给劳动者本人。不得克扣或者无故拖欠劳动者的工资。

第五十一条　劳动者在法定休假日和婚丧假期间以及依法参加社会活动期间，用人单位应当依法支付工资。

第六章　劳动安全卫生

第五十二条　用人单位必须建立、健全劳动卫生制度，严格执行国家劳动安全卫生规程和标准，对劳动者进行劳动安全卫生教育，防止劳动过程中的事故，减少职业危害。

……

第七章　女职工和未成年工特殊保护

第五十八条　国家对女职工和未成年工实行特殊劳动保护。

未成年工是指年满16周岁未满18周岁的劳动者。

……

第六十一条　不得安排女职工在怀孕期间从事国家规定的第三级体力劳动强度的劳动和孕期禁忌从事的劳动。对怀孕7个月以上的女职工，不得安排其延长工作时间和夜班劳动。

第六十二条　女职工生育享受不少于90天的产假。

第六十三条　不得安排女职工在哺乳未满1周岁的婴儿期间从事国家规定的第三级体力劳动强度的劳动和哺乳期禁忌从事的其他劳动，不得安排其延长工作时间和夜班劳动。

第六十四条　不得安排未成年工从事矿山井下、有毒有害、国家规定的第四级体力劳动强度的劳动和其他禁忌从事的劳动。

第六十五条　用人单位应当对未成年工定期进行健康检查。

第八章　职业培训

第六十六条　国家通过各种途径，采取各种措施，发展职业培训事业，开发劳动者的职业技能，提高劳动者素质，增强劳动者的就业能力和工作能力。

……

第六十八条　用人单位应当建立职业培训制度，按照国家规定提取和使用职业培训经费，根据本单位实际，有计划地对劳动者进行职业培训。

从事技术工种的劳动者，上岗前必须经过培训。

第六十九条 国家确定职业分类，对规定的职业制度职业技能标准，实行职业资格证书制度，由经过政府批准的考核鉴定机构负责对劳动者实施职业技能考核鉴定。

第九章 社会保险和福利

第七十条 国家发展社会保险，建立社会保险制度，设立社会保险基金，使劳动者在年老、患病、工伤、失业、生育等情况下获得帮助和补偿。

第七十一条 社会保险水平应当与社会经济发展水平和社会承受能力相适应。

第七十二条 社会保险基金按照保险类型确定资金来源，逐步实行社会统筹。用人单位和劳动者必须依法参加社会保险，缴纳社会保险费。

第七十三条 劳动者在下列情形下，依法享受社会保险待遇：

（一）退休；

（二）患病；

（三）因工伤残或者患职业病；

（四）失业；

（五）生育。

劳动者死亡后，其遗属依法享受遗属津贴。

劳动者享受社会保险待遇的条件和标准由法律、法规规定。

劳动者享受的社会保险金必须按时足额支付。

……

第七十六条 国家发展社会福利事业，兴建公共福利设施，为劳动者休息、休养和疗养提供条件。

用人单位应当创造条件，改善集体福利，提高劳动者的福利待遇。

第十章 劳动争议

第七十七条 用人单位与劳动者发生劳动争议，当事人可以依法申请调解、仲裁、提起诉讼，也可以协商解决。

调解原则适用于仲裁和诉讼程序。

第七十八条 解决劳动争议，应当根据合法、公正、及时处理的原则，依法维护劳动争议当事人的合法权益。

第七十九条 劳动争议发生后，当事人可以向本单位劳动争议调解委员会申请调解；调解不成，当事人一方要求仲裁的，可以向劳动争议仲裁委员会申请仲裁。当事人一方也可以直接向劳动争议仲裁委员会申请仲裁。对仲裁裁决不服的，可以向人民法院提出诉讼。

第八十条 在用人单位内，可以设立劳动争议调解委员会。劳动争议调解委员会由职工代表、用人单位代表和工会代表组成。劳动争议调解委员会主任由工会代表担任。

劳动争议经调解达成协议的，当事人应当履行。

第八十一条　劳动争议仲裁委员会由劳动行政部门代表、同级工会代表、用人单位代表方面的代表组成。劳动争议仲裁委员会主任由劳动行政部门代表担任。

第八十二条　提出仲裁要求的一方应当自劳动争议发生之日起60日内向劳动争议仲裁委员会提出书面申请。仲裁裁决一般应在收到仲裁申请的60日内作出。对仲裁裁决无异议的，当事人必须履行。

第八十三条　劳动争议当事人对仲裁裁决不服的，可以自收到仲裁裁决书之日起15日内向人民法院提起诉讼。一方当事人在法定期限内不起诉又不履行仲裁裁决的，另一方当事人可以申请强制执行。

第八十四条　因签订集体合同发生争议，当事人协商解决不成的，当地人民政府劳动行政部门可以组织有关各方协调处理。

因履行集体合同发生争议，当事人协商解决不成的，可以向劳动争议仲裁委员会申请仲裁；对仲裁裁决不服的，可以自收到仲裁裁决书之日起15日内向人民法院提出诉讼。

第十一章　监督检查

第八十五条　县级以上各级人民政府劳动行政部门依法对用人单位遵守劳动法律、法规的情况进行监督检查，对违反劳动法律、法规的行为有权制止，并责令改正。

……

第十二章　法律责任

第八十九条　用人单位制定的劳动规章制度违反法律、法规规定的，由劳动行政部门给予警告，责令改正；对劳动者造成损害的，应当承担赔偿责任。

第九十条　用人单位违反本法律规定，延长劳动者工作时间的，由劳动行政部门给予警告，责令改正，并可以处以罚款。

第九十一条　用人单位有下列侵害劳动者合法权益情形之一的，由劳动行政部门责令支付劳动者的工资报酬、经济补偿，并可以责令支付赔偿金：

（一）克扣或者无故拖欠劳动者工资的；

（二）拒不支付劳动者延长工作时间工资报酬的；

（三）低于当地最低工资标准支付劳动者工资的；

（四）解除劳动合同后，未依照本法规定给予劳动者经济补偿的。

……

第九十四条　用人单位非法招用未满16周岁的未成年人的，由劳动行政部门责令改正，处以罚款；情节严重的，由工商行政管理部门吊销营业执照。

第九十五条　用人单位违反本法对女职工和未成年工的保护规定，侵害其合法权益的，由劳动行政部门责令改正，处以罚款；对女职工或者未成年工造成损害的，应当承担赔偿责任。

> 第九十六条　用人单位有下列行为之一，由公安机关对责任人员处以15日以下拘留、罚款或者警告；构成犯罪的，对责任人员依法追究刑事责任：
> （一）以暴力、威胁或者非法限制人身自由的手段强迫劳动的；
> （二）侮辱、体罚、殴打、非法搜查和拘禁劳动者的。
> 第九十七条　由于用人单位的原因订立的无效合同，对劳动者造成损害的，应当承担赔偿责任。
> ……
>
> 　　　　　　　　　　第十三章　附　则
>
> ……
> 第一百零七条　本法自1995年1月1日起施行。

六、劳动合同法

2007年6月29日中华人民共和国主席胡锦涛签发第65号主席令，公布由中华人民共和国第十届全国人民代表大会常务委员会第二十八次会议于2007年6月29日通过的《中华人民共和国劳动合同法》。

《劳动合同法》主要是针对有些用人单位不履行合同义务、劳动合同签订率偏低、内容不规范，严重影响了劳动者合法权益的保护和劳动合同制度的全面实施的现象。出台《劳动合同法》是为了规范市场经济条件下劳动合同制度，明确劳动合同的订立、履行、解除，以及相应的法律责任。

> **相关链接**
>
> 　　　　　　　　中华人民共和国劳动合同法（摘要）
> 　　　　　　　　　　　　第一章　总　则
> 第一条　为了完善劳动合同制度，明确劳动合同双方当事人的权利和义务，保护劳动者的合法权益，构建和发展和谐稳定的劳动关系，制定本法。

第十二章 质量管理与诚信守则

第二条 中华人民共和国境内的企业、个体经济组织、民办非企业单位等组织（以下称用人单位）与劳动者建立劳动关系，订立、履行、变更、解除或者终止劳动合同，适用本法。

国家机关、事业单位、社会团体和与其建立劳动关系的劳动者，订立、履行、变更、解除或者终止劳动合同，依照本法执行。

第三条 订立劳动合同，应当遵循合法、公平、平等自愿、协商一致、诚实信用的原则。

依法订立的劳动合同具有约束力，用人单位与劳动者应当履行劳动合同约定的义务。

第四条 用人单位应当依法建立和完善劳动规章制度，保障劳动者享有劳动权利、履行劳动义务。

用人单位在制定、修改或者决定有关劳动报酬、工作时间、休息休假、劳动安全卫生、保险福利、职工培训、劳动纪律以及劳动定额管理等直接涉及劳动者切身利益的规章制度或者重大事项时，应当经职工代表大会或者全体职工讨论，提出方案和意见，与工会或者职工代表平等协商确定。

在规章制度和重大事项决定实施过程中，工会或者职工认为不适当的，有权向用人单位提出，通过协商予以修改完善。

用人单位应当将直接涉及劳动者切身利益的规章制度和重大事项决定公示，或者告知劳动者。

……

第二章 劳动合同的订立

第七条 用人单位自用工之日起即与劳动者建立劳动关系。用人单位应当建立职工名册备查。

第八条 用人单位招用劳动者时，应当如实告知劳动者工作内容、工作条件、工作地点、职业危害、安全生产状况、劳动报酬，以及劳动者要求了解的其他情况；用人单位有权了解劳动者与劳动合同直接相关的基本情况，劳动者应当如实说明。

第九条 用人单位招用劳动者，不得扣押劳动者的居民身份证和其他证件，不得要求劳动者提供担保或者以其他名义向劳动者收取财物。

第十条 建立劳动关系，应当订立书面劳动合同。

已建立劳动关系，未同时订立书面劳动合同的，应当自用工之日起一个月内订立书面劳动合同。

用人单位与劳动者在用工前订立劳动合同的，劳动关系自用工之日起建立。

第十一条 用人单位未在用工的同时订立书面劳动合同，与劳动者约定的劳动报酬不明确的，新招用的劳动者的劳动报酬按照集体合同规定的标准执行；没有集体合同或者集体合同未规定的，实行同工同酬。

第十二条 劳动合同分为固定期限劳动合同、无固定期限劳动合同和以完成一定工作任务为期限的劳动合同。

第十三条 固定期限劳动合同,是指用人单位与劳动者约定合同终止时间的劳动合同。

用人单位与劳动者协商一致,可以订立固定期限劳动合同。

第十四条 无固定期限劳动合同,是指用人单位与劳动者约定无确定终止时间的劳动合同。

用人单位与劳动者协商一致,可以订立无固定期限劳动合同。有下列情形之一,劳动者提出或者同意续订、订立劳动合同的,除劳动者提出订立固定期限劳动合同外,应当订立无固定期限劳动合同:

(一)劳动者在该用人单位连续工作满十年的;

(二)用人单位初次实行劳动合同制度或者国有企业改制重新订立劳动合同时,劳动者在该用人单位连续工作满十年且距法定退休年龄不足十年的;

(三)连续订立二次固定期限劳动合同,且劳动者没有本法第三十九条和第四十条第一项、第二项规定的情形,续订劳动合同的。

用人单位自用工之日起满一年不与劳动者订立书面劳动合同的,视为用人单位与劳动者已订立无固定期限劳动合同。

第十五条 以完成一定工作任务为期限的劳动合同,是指用人单位与劳动者约定以某项工作的完成为合同期限的劳动合同。

用人单位与劳动者协商一致,可以订立以完成一定工作任务为期限的劳动合同。

第十六条 劳动合同由用人单位与劳动者协商一致,并经用人单位与劳动者在劳动合同文本上签字或者盖章生效。

劳动合同文本由用人单位和劳动者各执一份。

第十七条 劳动合同应当具备以下条款:

(一)用人单位的名称、住所和法定代表人或者主要负责人;

(二)劳动者的姓名、住址和居民身份证或者其他有效身份证件号码;

(三)劳动合同期限;

(四)工作内容和工作地点;

(五)工作时间和休息休假;

(六)劳动报酬;

(七)社会保险;

(八)劳动保护、劳动条件和职业危害防护;

(九)法律、法规规定应当纳入劳动合同的其他事项。

劳动合同除前款规定的必备条款外,用人单位与劳动者可以约定试用期、培训、保守秘密、补充保险和福利待遇等其他事项。

第十八条 劳动合同对劳动报酬和劳动条件等标准约定不明确,引发争议的,用人单位与劳动者可以重新协商；协商不成的，适用集体合同规定；没有集体合同或者集体合同未规定劳动报酬的，实行同工同酬；没有集体合同或者集体合同未规定劳动条件等标准的，适用国家有关规定。

第十九条 劳动合同期限三个月以上不满一年的，试用期不得超过一个月；劳动合同期限一年以上不满三年的，试用期不得超过二个月；三年以上固定期限和无固定期限的劳动合同，试用期不得超过六个月。

同一用人单位与同一劳动者只能约定一次试用期。

以完成一定工作任务为期限的劳动合同或者劳动合同期限不满三个月的，不得约定试用期。

试用期包含在劳动合同期限内。劳动合同仅约定试用期的，试用期不成立，该期限为劳动合同期限。

第二十条 劳动者在试用期的工资不得低于本单位相同岗位最低档工资或者劳动合同约定工资的百分之八十，并不得低于用人单位所在地的最低工资标准。

第二十一条 在试用期中，除劳动者有本法第三十九条和第四十条第一项、第二项规定的情形外，用人单位不得解除劳动合同。用人单位在试用期解除劳动合同的，应当向劳动者说明理由。

第二十二条 用人单位为劳动者提供专项培训费用，对其进行专业技术培训的，可以与该劳动者订立协议，约定服务期。

劳动者违反服务期约定的，应当按照约定向用人单位支付违约金。违约金的数额不得超过用人单位提供的培训费用。用人单位要求劳动者支付的违约金不得超过服务期尚未履行部分所应分摊的培训费用。

用人单位与劳动者约定服务期的，不影响按照正常的工资调整机制提高劳动者在服务期期间的劳动报酬。

第二十三条 用人单位与劳动者可以在劳动合同中约定保守用人单位的商业秘密和与知识产权相关的保密事项。

对负有保密义务的劳动者，用人单位可以在劳动合同或者保密协议中与劳动者约定竞业限制条款，并约定在解除或者终止劳动合同后，在竞业限制期限内按月给予劳动者经济补偿。劳动者违反竞业限制约定的，应当按照约定向用人单位支付违约金。

第二十四条 竞业限制的人员限于用人单位的高级管理人员、高级技术人员和其他负有保密义务的人员。竞业限制的范围、地域、期限由用人单位与劳动者约定，竞业限制的约定不得违反法律、法规的规定。

在解除或者终止劳动合同后，前款规定的人员到与本单位生产或者经营同类产品、从事同类业务的有竞争关系的其他用人单位，或者自己开业生产或者经营同类产品、从事同类业务的竞业限制期限，不得超过二年。

第二十五条 除本法第二十二条和第二十三条规定的情形外，用人单位不得与劳动者约定由劳动者承担违约金。

第二十六条 下列劳动合同无效或者部分无效：

（一）以欺诈、胁迫的手段或者乘人之危，使对方在违背真实意思的情况下订立或者变更劳动合同的；

（二）用人单位免除自己的法定责任、排除劳动者权利的；

（三）违反法律、行政法规强制性规定的。

对劳动合同的无效或者部分无效有争议的，由劳动争议仲裁机构或者人民法院确认。

第二十七条 劳动合同部分无效，不影响其他部分效力的，其他部分仍然有效。

第二十八条 劳动合同被确认无效，劳动者已付出劳动的，用人单位应当向劳动者支付劳动报酬。劳动报酬的数额，参照本单位相同或者相近岗位劳动者的劳动报酬确定。

第三章 劳动合同的履行和变更

第二十九条 用人单位与劳动者应当按照劳动合同的约定，全面履行各自的义务。

第三十条 用人单位应当按照劳动合同约定和国家规定，向劳动者及时足额支付劳动报酬。

用人单位拖欠或者未足额支付劳动报酬的，劳动者可以依法向当地人民法院申请支付令，人民法院应当依法发出支付令。

第三十一条 用人单位应当严格执行劳动定额标准，不得强迫或者变相强迫劳动者加班。用人单位安排加班的，应当按照国家有关规定向劳动者支付加班费。

第三十二条 劳动者拒绝用人单位管理人员违章指挥、强令冒险作业的，不视为违反劳动合同。

劳动者对危害生命安全和身体健康的劳动条件，有权对用人单位提出批评、检举和控告。

第三十三条 用人单位变更名称、法定代表人、主要负责人或者投资人等事项，不影响劳动合同的履行。

第三十四条 用人单位发生合并或者分立等情况，原劳动合同继续有效，劳动合同由承继其权利和义务的用人单位继续履行。

第三十五条 用人单位与劳动者协商一致，可以变更劳动合同约定的内容。变更劳动合同，应当采用书面形式。

变更后的劳动合同文本由用人单位和劳动者各执一份。

第四章 劳动合同的解除和终止

第三十六条 用人单位与劳动者协商一致，可以解除劳动合同。

第三十七条 劳动者提前三十日以书面形式通知用人单位，可以解除劳动合同。劳动者在试用期内提前三日通知用人单位，可以解除劳动合同。

第三十八条 用人单位有下列情形之一的，劳动者可以解除劳动合同：

（一）未按照劳动合同约定提供劳动保护或者劳动条件的；

（二）未及时足额支付劳动报酬的；

（三）未依法为劳动者缴纳社会保险费的；

（四）用人单位的规章制度违反法律、法规的规定，损害劳动者权益的；

（五）因本法第二十六条第一款规定的情形致使劳动合同无效的；

（六）法律、行政法规规定劳动者可以解除劳动合同的其他情形。

用人单位以暴力、威胁或者非法限制人身自由的手段强迫劳动者劳动的，或者用人单位违章指挥、强令冒险作业危及劳动者人身安全的，劳动者可以立即解除劳动合同，不需事先告知用人单位。

第三十九条 劳动者有下列情形之一的，用人单位可以解除劳动合同：

（一）在试用期间被证明不符合录用条件的；

（二）严重违反用人单位的规章制度的；

（三）严重失职，营私舞弊，给用人单位造成重大损害的；

（四）劳动者同时与其他用人单位建立劳动关系，对完成本单位的工作任务造成严重影响，或者经用人单位提出，拒不改正的；

（五）因本法第二十六条第一款第一项规定的情形致使劳动合同无效的；

（六）被依法追究刑事责任的。

第四十条 有下列情形之一的，用人单位提前三十日以书面形式通知劳动者本人或者额外支付劳动者一个月工资后，可以解除劳动合同：

（一）劳动者患病或者非因工负伤，在规定的医疗期满后不能从事原工作，也不能从事由用人单位另行安排的工作的；

（二）劳动者不能胜任工作，经过培训或者调整工作岗位，仍不能胜任工作的；

（三）劳动合同订立时所依据的客观情况发生重大变化，致使劳动合同无法履行，经用人单位与劳动者协商，未能就变更劳动合同内容达成协议的。

第四十一条 有下列情形之一，需要裁减人员二十人以上或者裁减不足二十人但占企业职工总数百分之十以上的，用人单位提前三十日向工会或者全体职工说明情况，听取工会或者职工的意见后，裁减人员方案经向劳动行政部门报告，可以裁减人员：

（一）依照企业破产法规定进行重整的；

（二）生产经营发生严重困难的；

（三）企业转产、重大技术革新或者经营方式调整，经变更劳动合同后，仍需裁减人员的；

（四）其他因劳动合同订立时所依据的客观经济情况发生重大变化，致使劳动合同无法履行的。

裁减人员时，应当优先留用下列人员：

（一）与本单位订立较长期限的固定期限劳动合同的；

（二）与本单位订立无固定期限劳动合同的；
（三）家庭无其他就业人员，有需要扶养的老人或者未成年人的。

用人单位依照本条第一款规定裁减人员，在六个月内重新招用人员的，应当通知被裁减的人员，并在同等条件下优先招用被裁减的人员。

第四十二条　劳动者有下列情形之一的，用人单位不得依照本法第四十条、第四十一条的规定解除劳动合同：
（一）从事接触职业病危害作业的劳动者未进行离岗前职业健康检查，或者疑似职业病病人在诊断或者医学观察期间的；
（二）在本单位患职业病或者因工负伤并被确认丧失或者部分丧失劳动能力的；
（三）患病或者非因工负伤，在规定的医疗期内的；
（四）女职工在孕期、产期、哺乳期的；
（五）在本单位连续工作满十五年，且距法定退休年龄不足五年的；
（六）法律、行政法规规定的其他情形。

第四十三条　用人单位单方解除劳动合同，应当事先将理由通知工会。用人单位违反法律、行政法规规定或者劳动合同约定的，工会有权要求用人单位纠正。用人单位应当研究工会的意见，并将处理结果书面通知工会。

第四十四条　有下列情形之一的，劳动合同终止：
（一）劳动合同期满的；
（二）劳动者开始依法享受基本养老保险待遇的；
（三）劳动者死亡，或者被人民法院宣告死亡或者宣告失踪的；
（四）用人单位被依法宣告破产的；
（五）用人单位被吊销营业执照、责令关闭、撤销或者用人单位决定提前解散的；
（六）法律、行政法规规定的其他情形。

第四十五条　劳动合同期满，有本法第四十二条规定情形之一的，劳动合同应当续延至相应的情形消失时终止。但是，本法第四十二条第二项规定丧失或者部分丧失劳动能力劳动者的劳动合同的终止，按照国家有关工伤保险的规定执行。

第四十六条　有下列情形之一的，用人单位应当向劳动者支付经济补偿：
（一）劳动者依照本法第三十八条规定解除劳动合同的；
（二）用人单位依照本法第三十六条规定向劳动者提出解除劳动合同并与劳动者协商一致解除劳动合同的；
（三）用人单位依照本法第四十条规定解除劳动合同的；
（四）用人单位依照本法第四十一条第一款规定解除劳动合同的；
（五）除用人单位维持或者提高劳动合同约定条件续订劳动合同，劳动者不同意续订的情形外，依照本法第四十四条第一项规定终止固定期限劳动合同的；
（六）依照本法第四十四条第四项、第五项规定终止劳动合同的；

（七）法律、行政法规规定的其他情形。

第四十七条　经济补偿按劳动者在本单位工作的年限，每满一年支付一个月工资的标准向劳动者支付。六个月以上不满一年的，按一年计算；不满六个月的，向劳动者支付半个月工资的经济补偿。

劳动者月工资高于用人单位所在直辖市、设区的市级人民政府公布的本地区上年度职工月平均工资三倍的，向其支付经济补偿的标准按职工月平均工资三倍的数额支付，向其支付经济补偿的年限最高不超过十二年。

本条所称月工资是指劳动者在劳动合同解除或者终止前十二个月的平均工资。

第四十八条　用人单位违反本法规定解除或者终止劳动合同，劳动者要求继续履行劳动合同的，用人单位应当继续履行；劳动者不要求继续履行劳动合同或者劳动合同已经不能继续履行的，用人单位应当依照本法第八十七条规定支付赔偿金。

第四十九条　国家采取措施，建立健全劳动者社会保险关系跨地区转移接续制度。

第五十条　用人单位应当在解除或者终止劳动合同时出具解除或者终止劳动合同的证明，并在十五日内为劳动者办理档案和社会保险关系转移手续。

劳动者应当按照双方约定，办理工作交接。用人单位依照本法有关规定应当向劳动者支付经济补偿的，在办理工作交接时支付。

用人单位对已经解除或者终止的劳动合同的文本，至少保存二年备查。

……

第五章　非全日制用工

第六十八条　非全日制用工，是指以小时计酬为主，劳动者在同一用人单位一般平均每日工作时间不超过4小时，每周工作时间累计不超过24小时的用工形式。

第六十九条　非全日制用工双方当事人可以订立口头协议。

从事非全日制用工的劳动者可以与一个或者一个以上用人单位订立劳动合同；但是，后订立的劳动合同不得影响先订立的劳动合同的履行。

第七十条　非全日制用工双方当事人不得约定试用期。

第七十一条　非全日制用工双方当事人任何一方都可以随时通知对方终止用工。终止用工，用人单位不向劳动者支付经济补偿。

第七十二条　非全日制用工小时计酬标准不得低于用人单位所在地人民政府规定的最低小时工资标准。

非全日制用工劳动报酬结算支付周期最长不得超过十五日。

第六章　监督检查

第七十三条　国务院劳动行政部门负责全国劳动合同制度实施的监督管理。

县级以上地方人民政府劳动行政部门负责本行政区域内劳动合同制度实施的监督管理。

县级以上各级人民政府劳动行政部门在劳动合同制度实施的监督管理工作中,应当听取工会、企业方面代表以及有关行业主管部门的意见。

第七十四条 县级以上地方人民政府劳动行政部门依法对下列实施劳动合同制度的情况进行监督检查:

(一)用人单位制定直接涉及劳动者切身利益的规章制度及其执行的情况;

(二)用人单位与劳动者订立和解除劳动合同的情况;

(三)劳务派遣单位和用工单位遵守劳务派遣有关规定的情况;

(四)用人单位遵守国家关于劳动者工作时间和休息休假规定的情况;

(五)用人单位支付劳动合同约定的劳动报酬和执行最低工资标准的情况;

(六)用人单位参加各项社会保险和缴纳社会保险费的情况;

(七)法律、法规规定的其他劳动监察事项。

第七十五条 县级以上地方人民政府劳动行政部门实施监督检查时,有权查阅与劳动合同、集体合同有关的材料,有权对劳动场所进行实地检查,用人单位和劳动者都应当如实提供有关情况和材料。

劳动行政部门的工作人员进行监督检查,应当出示证件,依法行使职权,文明执法。

第七十六条 县级以上人民政府建设、卫生、安全生产监督管理等有关主管部门在各自职责范围内,对用人单位执行劳动合同制度的情况进行监督管理。

第七十七条 劳动者合法权益受到侵害的,有权要求有关部门依法处理,或者依法申请仲裁、提起诉讼。

第七十八条 工会依法维护劳动者的合法权益,对用人单位履行劳动合同、集体合同的情况进行监督。用人单位违反劳动法律、法规和劳动合同、集体合同的,工会有权提出意见或者要求纠正;劳动者申请仲裁、提起诉讼的,工会依法给予支持和帮助。

第七十九条 任何组织或者个人对违反本法的行为都有权举报,县级以上人民政府劳动行政部门应当及时核实、处理,并对举报有功人员给予奖励。

第七章 法律责任

第八十条 用人单位直接涉及劳动者切身利益的规章制度违反法律、法规规定的,由劳动行政部门责令改正,给予警告;给劳动者造成损害的,应当承担赔偿责任。

第八十一条 用人单位提供的劳动合同文本未载明本法规定的劳动合同必备条款或者用人单位未将劳动合同文本交付劳动者的,由劳动行政部门责令改正;给劳动者造成损害的,应当承担赔偿责任。

第八十二条 用人单位自用工之日起超过一个月不满一年未与劳动者订立书面劳动合同的,应当向劳动者每月支付2倍的工资。

用人单位违反本法规定不与劳动者订立无固定期限劳动合同的,自应当订立无固定期限劳动合同之日起向劳动者每月支付2倍的工资。

第八十三条 用人单位违反本法规定与劳动者约定试用期的，由劳动行政部门责令改正；违法约定的试用期已经履行的，由用人单位以劳动者试用期满月工资为标准，按已经履行的超过法定试用期的时间向劳动者支付赔偿金。

第八十四条 用人单位违反本法规定，扣押劳动者居民身份证等证件的，由劳动行政部门责令限期退还劳动者本人，并依照有关法律规定给予处罚。

用人单位违反本法规定，以担保或者其他名义向劳动者收取财物的，由劳动行政部门责令限期退还劳动者本人，并以每人五百元以上二千元以下的标准处以罚款；给劳动者造成损害的，应当承担赔偿责任。

劳动者依法解除或者终止劳动合同，用人单位扣押劳动者档案或者其他物品的，依照前款规定处罚。

第八十五条 用人单位有下列情形之一的，由劳动行政部门责令限期支付劳动报酬、加班费或者经济补偿；劳动报酬低于当地最低工资标准的，应当支付其差额部分；逾期不支付的，责令用人单位按应付金额百分之五十以上百分之一百以下的标准向劳动者加付赔偿金：

（一）未按照劳动合同的约定或者国家规定及时足额支付劳动者劳动报酬的；

（二）低于当地最低工资标准支付劳动者工资的；

（三）安排加班不支付加班费的；

（四）解除或者终止劳动合同，未依照本法规定向劳动者支付经济补偿的。

第八十六条 劳动合同依照本法第二十六条规定被确认无效，给对方造成损害的，有过错的一方应当承担赔偿责任。

第八十七条 用人单位违反本法规定解除或者终止劳动合同的，应当依照本法第四十七条规定的经济补偿标准的2倍向劳动者支付赔偿金。

第八十八条 用人单位有下列情形之一的，依法给予行政处罚；构成犯罪的，依法追究刑事责任；给劳动者造成损害的，应当承担赔偿责任：

（一）以暴力、威胁或者非法限制人身自由的手段强迫劳动的；

（二）违章指挥或者强令冒险作业危及劳动者人身安全的；

（三）侮辱、体罚、殴打、非法搜查或者拘禁劳动者的；

（四）劳动条件恶劣、环境污染严重，给劳动者身心健康造成严重损害的。

第八十九条 用人单位违反本法规定未向劳动者出具解除或者终止劳动合同的书面证明，由劳动行政部门责令改正；给劳动者造成损害的，应当承担赔偿责任。

第九十条 劳动者违反本法规定解除劳动合同，或者违反劳动合同中约定的保密义务或者竞业限制，给用人单位造成损失的，应当承担赔偿责任。

第九十一条 用人单位招用与其他用人单位尚未解除或者终止劳动合同的劳动者，给其他用人单位造成损失的，应当承担连带赔偿责任。

第九十二条 劳务派遣单位违反本法规定的，由劳动行政部门和其他有关主管部门责令改正；情节严重的，以每人一千元以上五千元以下的标准处以罚款，并由工商行政管理部门吊销营业执照；给被派遣劳动者造成损害的，劳务派遣单位与用工单位承担连带赔偿责任。

第九十三条 对不具备合法经营资格的用人单位的违法犯罪行为，依法追究法律责任；劳动者已经付出劳动的，该单位或者其出资人应当依照本法有关规定向劳动者支付劳动报酬、经济补偿、赔偿金；给劳动者造成损害的，应当承担赔偿责任。

第九十四条 个人承包经营违反本法规定招用劳动者，给劳动者造成损害的，发包的组织与个人承包经营者承担连带赔偿责任。

第九十五条 劳动行政部门和其他有关主管部门及其工作人员玩忽职守、不履行法定职责，或者违法行使职权，给劳动者或者用人单位造成损害的，应当承担赔偿责任；对直接负责的主管人员和其他直接责任人员，依法给予行政处分；构成犯罪的，依法追究刑事责任。

第八章 附则

第九十六条 事业单位与实行聘用制的工作人员订立、履行、变更、解除或者终止劳动合同，法律、行政法规或者国务院另有规定的，依照其规定；未作规定的，依照本法有关规定执行。

第九十七条 本法施行前已依法订立且在本法施行之日存续的劳动合同，继续履行；本法第十四条第二款第三项规定连续订立固定期限劳动合同的次数，自本法施行后续订固定期限劳动合同时开始计算。

本法施行前已建立劳动关系，尚未订立书面劳动合同的，应当自本法施行之日起一个月内订立。

本法施行之日存续的劳动合同在本法施行后解除或者终止，依照本法第四十六条规定应当支付经济补偿的，经济补偿年限自本法施行之日起计算；本法施行前按照当时有关规定，用人单位应当向劳动者支付经济补偿的，按照当时有关规定执行。

第九十八条 本法自 2008 年 1 月 1 日起施行。

复习与思考

一、名词解释

质量管理　　菜点异物　　劳动合同法

二、填空

1. 餐饮产品的_____是衡量厨房管理水平的重要标志，是厨房各项工作质量的集中体现。

2. 由于种种因素的影响，厨房产品质量具有随时发生波动和变化的可能，而厨房管理的任务正是要保证各类出品质量的可靠和_____。

3. 诚信是一种无价的美好品德，对一个品牌、一家企业来讲，诚信是灵魂、是_____。

4. 餐饮企业首先要遵纪_____、诚信经营，做到顾客至上，信誉第一，努力打造企业品牌。

5. 许多菜品中的异物都是由于对菜品的生产、传递过程缺少_____造成的。

三、选择题（可多选）

1. 重大宴会活动中，厨房应设总指挥负责统一调度，确保出品次序，时刻与餐厅保持沟通。控制走菜速度。有时因受（　　）等活动的影响，要暂停上菜。
   A. 宾主致辞　　　B. 加菜　　　C. 演出　　　D. 祝酒

2. 2009年2月28日国家主席胡锦涛签发中华人民共和国第9号主席令公布的法律是（　　）。
   A.《食品安全法》　　　　　　　B.《食品卫生法》
   C.《中华人民共和国食品卫生法》　　D.《中华人民共和国食品安全法》

3. 餐饮产品的（　　）将直接影响到餐饮企业的社会声誉和经济效益。
   A. 质量　　　B. 价格　　　C. 廉价　　　D. 新奇

4. 菜品中常见的异物主要有（　　）。
   A. 头发　　　B. 杂草　　　C. 钢丝　　　D. 昆虫

四、思考题

1. 为什么说诚信经营对企业发展尤为重要？
2. 菜点异物控制的有效措施有哪些？

参考文献

［1］中华人民共和国人力资源和社会保障部. 厨政管理师（试行）［M］. 北京：中国劳动社会保障出版社，2009.

［2］戴桂宝. 现代餐饮管理［M］. 北京：北京大学出版社，2009.

［3］戴桂宝，王圣果. 烹饪学［M］. 杭州：浙江大学出版社，2011.

［4］张爱珍. 医学营养学［M］. 北京：人民卫生出版社，1998.

［5］任骋. 中国民间禁忌［M］. 北京：作家出版社，1991.

［6］马开良. 现代厨政管理［M］. 北京：高等教育出版社，2010.

［7］马开良. 餐饮管理与实务［M］. 北京：高等教育出版社，2009.

［8］曹仲文. 厨房器具与设备［M］. 南京：东南大学出版社，2007.

［9］何江红. 快餐产品设计与制作［M］. 北京：科学出版社，2010.

［10］宿春礼. 星级酒店成本控制手册［M］. 北京：光明日报出版社，2006.

［11］王起静. 现代酒店成本控制［M］. 广州：广东旅游出版社，2004.

［12］邵万宽. 厨房管理与菜品开发新思路［M］. 沈阳：辽宁科学技术出版社，2006.

［13］王美. 厨房管理实务［M］. 北京：清华大学出版社，2010.

［14］马开良. 现代厨房设计与管理［M］. 北京：化学工业出版社，2008.

［15］王亚伟. 食品卫生与安全［M］. 北京：科学出版社，2010.

［16］蒋云升. 烹饪卫生与安全［M］. 北京：中国轻工业出版社，2008.

［17］姜毅. 厨政管理［M］. 北京：中国旅游出版社. 2005.

［18］郝冬霞. 实战厨政管理大全［M］. 长春：吉林科技出版社，2008.

项目策划：段向民
责任编辑：孙妍峰
责任印制：冯冬青
封面设计：何 杰

图书在版编目（CIP）数据

厨政管理 / 戴桂宝主编. -- 2版. -- 北京：中国旅游出版社，2018.7（2025.7重印）
中国旅游院校五星联盟教材编写出版项目 中国骨干旅游高职院校教材编写出版项目
ISBN 978-7-5032-6013-1

Ⅰ.①厨… Ⅱ.①戴… Ⅲ.①饮食业－厨房－商业管理－高等职业教育－教材 Ⅳ.①F719.3②TS972.26

中国版本图书馆CIP数据核字（2018）第083337号

书　　名：厨政管理（第二版）

作　　者：戴桂宝　主编
出版发行：中国旅游出版社
（北京静安东里6号　邮编：100028）
http://www.cttp.net.cn　E-mail:cttp@mct.gov.cn
营销中心电话：010-57377103，010-57377106
读者服务部电话：010-57377107
排　　版：北京旅教文化传播有限公司
经　　销：全国各地新华书店
印　　刷：北京明恒达印务有限公司
版　　次：2018年7月第2版　2025年7月第7次印刷
开　　本：787毫米×1092毫米　1/16
印　　张：21.75
字　　数：340千
定　　价：39.80元
ISBN　978-7-5032-6013-1

版权所有　翻印必究
如发现质量问题，请直接与营销中心联系调换